英语翻译理论与探索方法研究

晏淑梅 ◎ 著

吉林出版集团股份有限公司

版权所有　侵权必究

图书在版编目（CIP）数据

英语翻译理论与探索方法研究 / 晏淑梅著. — 长春：吉林出版集团股份有限公司，2023.10

ISBN 978-7-5731-4379-2

Ⅰ.①英… Ⅱ.①晏… Ⅲ.①英语—翻译—教学研究—高等学校 Ⅳ.①H315.9

中国国家版本馆CIP数据核字（2023）第191666号

英语翻译理论与探索方法研究
YINGYU FANYI LILUN YU TANSUO FANGFA YANJIU

著　　者	晏淑梅
出版策划	崔文辉
责任编辑	刘虹伯
封面设计	文　一
出　　版	吉林出版集团股份有限公司
	（长春市福祉大路5788号，邮政编码：130118）
发　　行	吉林出版集团译文图书经营有限公司
	（http://shop34896900.taobao.com）
电　　话	总编办：0431-81629909　营销部：0431-81629880/81629900
印　　刷	廊坊市广阳区九洲印刷厂
开　　本	787mm×1092mm　1/16
字　　数	235千字
印　　张	13.5
版　　次	2023年10月第1版
印　　次	2024年1月第1次印刷
书　　号	ISBN 978-7-5731-4379-2
定　　价	78.00元

如发现印装质量问题，影响阅读，请与印刷厂联系调换。电话0316-2803040

前　言

自从进入21世纪以来，世界经济一体化的趋势不断加强，国家之间的接触和交往日益频繁，人们越来越注重与世界接轨。所以，学习和掌握一门甚至多门外语便成了人们努力的方向之一。互联网时代交流的便捷性更加促进了不同文化之间的渗透、交流乃至碰撞与冲突，各种文化间的对话与融合问题日益凸显。而作为文化交流的介质，语言翻译的作用及意义更为突出。

随着科学技术及经济的快速发展，全球化已成为不可抗拒的历史潮流。这种趋势在进入21世纪以后表现得尤为明显。来自不同文化背景的人们之间的交往日益频繁，跨文化交际越来越普遍，这已经成为21世纪最为显著的特色之一。如何接纳不同文化、理解多元文化，如何在面对不同文化时依然客观地思考问题、思考文化的差异与本质，是我们必须面对的问题。

英语作为一种国际交流语言，在日常国际交往与合作中起着重要的作用。英语翻译是在一定文化背景条件下进行的语言转换的形式。语言作为一种交流形式，蕴含于文化之中，而语言的发展也融合于文化的发展之中。研究语言的差异，特别是源语文化和译语文化之间的文化背景、社会历史背景、生活习惯、宗教信仰和思维方式的差异，探究在翻译过程中英语语言特性及跨文化的理论差异，借助分析英语翻译理论来探寻最有效的英语翻译方法，自然是必不可少且非常重要的一项工作。

本书主要目的是为翻译教学法的发展起到抛砖引玉的作用，为构建科学、系统的翻译教学法理论贡献一点微薄之力。翻译正是各国之间进行跨文化交流的桥梁，同时也是人类进行跨文化沟通的纽带。所以，现在对英语翻译的研究越来越多，而且对英语翻译教学的重视也日益凸显。

本书在编写的过程中，编者查阅了大量前辈所编写资料，在此对其深表谢意。由于时间仓促和专业水平有限，书中难免有所疏漏，还请广大专家、读者见谅并批评指正。

目 录

第一章 翻译研究综述 ……………………………………………… 1
 第一节 翻译的界定标准与审美 ………………………………… 1
 第二节 翻译学的发展及流派 …………………………………… 3
 第三节 翻译者的素质条件 ……………………………………… 12
 第四节 翻译的新定位与新定义 ………………………………… 14

第二章 翻译与文化的相关分析 …………………………………… 20
 第一节 语言与文化的关系 ……………………………………… 20
 第二节 文化与翻译的关系 ……………………………………… 27
 第三节 文化差异对翻译的影响 ………………………………… 34
 第四节 生态翻译理论与文化维度 ……………………………… 38

第三章 英语翻译教学理论概述 …………………………………… 44
 第一节 现代高校英语翻译教学概述 …………………………… 44
 第二节 英语翻译的准备与过程 ………………………………… 54
 第三节 翻译教学法的适度应用 ………………………………… 59
 第四节 英语翻译的基本理论与原则 …………………………… 64

第四章 高校英语翻译教学的现状与问题 ………………………… 75
 第一节 翻译教学主体交往的缺失与交往环境创设 …………… 75
 第二节 翻译教学现状与发展策略 ……………………………… 88
 第三节 英语翻译教学的模式创新探索 ………………………… 91

第五章 高校英语翻译的教学模式探索与差异研究 …… 97

第一节 国内外高校英语翻译教学模式概述 …… 97
第二节 以学生为中心的英语翻译教学 …… 106
第三节 翻译教学中应注意的环节与实践应用 …… 109
第四节 英语翻译教学中的文化差异研究 …… 120

第六章 英汉文化语言差异与等值翻译 …… 123

第一节 英汉修辞差异与等值翻译 …… 123
第二节 英汉习语差异与等值翻译 …… 132
第三节 英汉典故差异与等值翻译 …… 140

第七章 全球化语境下高校英语翻译教学探索 …… 147

第一节 语境的基本理论 …… 147
第二节 语境与语言人文教学 …… 158
第三节 语境视角下翻译教学探索 …… 163

第八章 大数据驱动下英语翻译技能与文化技能教学 …… 168

第一节 大数据驱动下的大学英语翻译教学 …… 168
第二节 大数据驱动下的大学英语文化教学 …… 176

第九章 跨文化背景下英语专业翻译创新 …… 185

第一节 英语翻译教学方式改进与转变 …… 185
第二节 英语翻译教学中导入跨文化因素 …… 195
第三节 跨文化背景下英语专业翻译教学发展策略 …… 201

参考文献 …… 209

第一章 翻译研究综述

众所周知,自从人类有了因民族而异的各种语言之后,翻译就应运而生。

古往今来,翻译就成了各国各民族交流的主要桥梁,不可或缺,可以说凡是有表述的内容,就必有翻译存在。翻译为世界上不同民族之间的交流提供了有效的途径。通过翻译,不同民族之间可以相互了解对方的思想及做事的方法,向外展示本民族的优秀文化,同时也可以了解到其他民族的文化成果。

第一节 翻译的界定标准与审美

一、翻译的界定与通用标准

(一)翻译的内涵

从广义的角度来看,翻译是指两种语言之间,还有语言和非语言之间的基本信息的传达及代码的转换。例如英语和汉语之间的相互转换,语言和声音、手势语之间的相互转换。

从狭义的角度来看,翻译是以克服语言障碍、转变语言形式来实现交流的一种跨文化的交际手段,是一种语言和另一种语言相互接触的活动。翻译是我们把一种语言所要表达的内容用另外一种语言的形式表达出来,是一种形式上的转换和意义上的传递。

从"翻译"的定义来看,翻译即为言语的转换,目的是使读者能够理解源语的含义。《新华字典》将其解释为"将一种语文的内容形式依照原来的意义改变成另一种语文的形式";《现代汉语词典》将其解释为"把一种语言文字的意义转化成另一种语言文字并将其意义表达出来"。翻译所要表达的基本含义有两个:一是翻译是以忠实于原作为目的来进行的行动;二是翻译是两种语言之间互换的活动。

此外，我国的范仲英教授曾提出："翻译是人类交流思想过程中沟通不同语言的桥梁，使通晓不同语言的人能通过原文的重新表达而进行思想交流。翻译是把一种语言（源语）的信息用另一种语言（译语）表达出来，使译文读者能得到原作者所表达的思想，得到与原文读者大致相同的感受。"

国外，费道罗夫认为："翻译是用一种语言手段忠实、全面地表达另一种语言表达的东西。"奈达认为："翻译是在接受语中寻找和源语信息尽可能接近的、自然的对等话语。"这些都道出了翻译的本质，即忠实地传达原意。因为语言不仅仅是交流的工具，还是文化的载体，它本身也有自己的意义，所以把翻译当成一个过滤装置，一经翻译只存意义，滤出语言形式（表达手段）的做法往往会使我们失去很多有价值的东西。

（二）翻译的通用标准

关于翻译的标准，可谓众说纷纭。其中，国内译界流传、遵循最广的翻译标准，至今仍是清末翻译家严复提出的"信、达、雅"三字说："信"指应用原作内容，取信于读者；"达"指译文酣畅地道，为译文读者所喜闻乐见；"雅"强调译语包装，增强译文的可读性。这实际就是从本质上肯定了翻译的第一要义。

二、翻译的审美

（一）翻译审美的原则

关于翻译的原则也有很多论述，笔者在这里只想强调以下两点：

一是必须确立翻译审美标准的相对性。不能简单地把一种语系之间的转换规律说成是另外一种语系之间的转换规律。语系转换规律具有相对适应性，因此，审美标准也要具有相对性。例如同一语系之间的双语转换可以容许有较多模拟式的形式美，而不同语系间的双语转换则应努力探求对应式或重建式的形式美。这点是针对当下理论界的"唯洋派"而说的。

二是必须确立翻译审美标准的依附性。翻译不是创作，不能不顾原文只一味臆造，因此，译者必须选择与原文审美构成相适应的审美再现手段。这点是针对当下理论界的"译者主体性""译作自创论"而说的。

（二）翻译审美的方法

一是模拟，即按照原文的语言形式美和文章气质美模仿并复制译文。

二是对应，要求译者善于捕捉原文模糊性审美构成，还必须对目的语具有较强的审美意识，能在目的语中找到与原文的美相对应的表达方式。

三是重建，是高层次的审美再现手段，前提是审美主体必须充分发挥自己的审美功能，完全进入"化境"，才能对原文的美重新加以塑造。

第二节 翻译学的发展及流派

一、翻译学的概念界定

在整个人类历史中，口笔译在人际交流中一直起着举足轻重的作用，至少在传播重要的学术和宗教文献方面是如此。随着国际贸易的不断增长，翻译的重要性也越发凸显出来。据统计，截至2008年，仅欧盟（每年）的口笔译交易额总值就达到57亿欧元。然而，翻译研究成为一门学科则是20世纪下半叶的事情。在语言学界，这一学科现在被称为"翻译学"。这一切都要归功于荷兰的美籍学者詹姆斯·霍姆斯。他确定了翻译研究的两大目标：一是描写从我们的经验世界里表现出来的有关翻译过程和翻译作品的各种现象；二是确立一些普遍原理，以描写和预测上述现象。

霍姆斯将翻译学分为应用翻译学研究和纯翻译研究两大类。他在1972年发表的论文具有非常重要的意义，为翻译学划定了界限，但该文直到1988年才为人们所熟悉。霍姆斯认为，当时刚刚诞生的翻译学科主要关注的是"围绕翻译活动和翻译作品的各种复杂问题"。

1995年，玛丽·斯奈尔-霍恩比的专著《翻译研究：综合法》第二版出版。在序言中，她已经提到"翻译学作为一个完全独立的学科所取得的惊人的发展"，以及对此学科在"国际范围内所进行的广泛的讨论"。

蒙娜·贝克在首版《翻译研究百科全书》的引言中，花了大量的篇幅讨论"这一令人振奋的、或许是整个20世纪90年代唯一的新兴学科"，认为这一学科内涵丰富，将众多较为传统的研究领域的学者聚到了一起。

2008年版的《翻译研究百科全书》便已反映了该学科所发生的巨大变化，并评述了"学科关注的一些新问题，所呈现出的越来越明显的多学科性趋势，以及在摆脱其欧洲中心学院排外特点的同时并未背离过去数十年所取得的成就。"

二、翻译学的发展阶段

（一）翻译学发展的第一阶段

乔姆斯基的生成转换语法和翻译语言学，对翻译学发展的第一阶段具有重大影响，它们共同的基础是结构主义语言学。

1. 生成转换语法——普遍性要素研究和翻译

可译性的讨论基于对语言与思维关系这一基本问题的不同认识。乔姆斯基的生成转换语法研究也涉及这一基本问题，由其引发的结构语义学又将普遍的语义要素引入到结构主义的语言理论。这是对现代翻译研究影响很大的理论之一。

生成转换语法有两对重要的概念：说明语言双重性的概念和说明语言使用者能力的概念。

（1）说明语言双重性的概念，包括深层结构和表层结构。

深层结构表示一句话在所有语言中共通的语义内容；表层结构表示经过转换规则，体现在各种语言中的同样语义内容的不同形式结构。深层结构和表层结构的概念、它们之间的转换规则和结构语义学，似乎为语言的可译性提供了理论基础。一种语言的表层结构可以通过源语转换规则的分析，回归为所有语言共通的深层（语义）结构，再通过译语转换规则的综合，生成译语的表层结构。生成转换语法理论甚至推动了计算机辅助翻译的模式化研究，激发起研究者们用机器翻译取代人工翻译的理想（最早的研究始于1945年，但主要在20世纪60年代），但这种尝试最后以失败告终。

（2）说明语言使用者能力的概念，包括语言能力和言语能力。

语言能力是指人类普遍具备的、理想的、已内化的规则和以有限语音和词汇为基础的语言知识。言语能力是指基于主观经验、受社会文化制约、在语言知识的基础上无限"生成"正确语句的语言运用能力。

生成转换语法和普遍性要素研究没有为翻译学带来更多成果的原因主要有以下几个方面：

（1）这些研究虽然克服了早期结构主义的某些缺陷，但其主要研究对象仍然是语言的系统结构和语言能力；语言的运用（即言语能力）的研究仅扮演了极次要的角色；语言的交际功能几乎没有被考虑。

（2）把翻译仅仅理解为按照既定规则进行的译码过程，是导致计算机翻译模式化研究失败的直接原因。

（3）乔姆斯基对语言深层结构的句法描述，以及之后的结构语义学又将普遍的语义要素引入结构主义的语言理论，在很大程度上都是针对以英语为主的西方语言的研究，因此在汉语研究上遇到了很多障碍。迄今为止，并没有得出各种语言共通的普遍认可的深层结构模式。

尽管如此，结构主义语言学和生成转换语法、普遍性要素的研究和机器翻译可行性的研究对翻译学的发展还是带来了不可忽视的重要影响。机器翻译的理论和应用研究在早期的完全替代人工翻译的理想破灭之后，仍在继续发展，但它不再是对人工翻译的威胁，而是一种极有用的新辅助手段。对机译文本的预处理和后处理为人工翻译开辟了新的工作领域。

2. 翻译语言学——等值理论

以翻译语言学为导向的翻译学，力图以语言学的手段描述源语及其与译语的关系。它认为，翻译是对信息的解读，这种信息由信息"发出者"用源语编码发出，由译者接收并转换为译语编码之后发送给译语"接收者"。此过程中，信息内容不变。这一内容的"不变量"作为源语语段和译语语段之间可比较的第三者，是评判翻译质量的决定性的标准。其翻译的可能性基于各个双语的最小片段之间潜在的"等值关系"或"等价关系"（equivalence），翻译时它们之间可以互相替代，被称为"最小翻译单元"。可以说，等值理论是翻译语言学的中心概念。

翻译语言学极其重视对这种双语之间潜在的"等值体"的描写和分类研究，使其在一段时期内与对比语言学有异曲同工之处，虽然出发点不同，但研究内容和方法相似。

翻译语言学研究从语料分析入手，即寻找源语的元素与其公开发表的译语中的对应体。这种主要为演绎式的研究得出一系列潜在的词汇及句法等值体的对照清单。这些成果常常成为传统翻译教学的主要内容和评价翻译质量的主要标准。

等值理论最初涉及的等值层面主要包括词汇意义等值和语法形式等值，并概括出四种等值体的对应关系，即一对一、一对多、多对一、一对零的对应关系。

坚持翻译语言学方向的学者面对早期模式（最小翻译单元的等值）的缺陷，对等值体的概念进行了修正和细化，提出了不同语言层面上的等值要求，从概念义等值、附加义等值、语篇规范等值、语用义等值直至美学形式等值。但是在实际翻译过程中，要在各个层次上都实现等值是不可能的，同时人人都明白，实际翻译中存在着大量"不对等"的翻译情况。对于在不能同时全面顾及不同层次的"等值"关系时，以什么原则来确定翻译的方法、如何解释"不对等"的翻译现象等问题，等值理论并没有给予满意的回答。

翻译语言学存在的问题如下：

（1）翻译语言学仅仅注意到翻译的结果（译文），没有注意到翻译的过程。

（2）以记录、描写方法获得的"等值体"对照清单，成为教科书上要求遵循的、规范式的"翻译规则"和"翻译技巧"，实际上却混淆和抹杀了语言和言语的区别。因为潜在的等值体属于语言系统层次，而译者却始终是在和言语（即语言系统在具体语篇中的实际运用）打交道。

（3）现实中经常能见到同一源语语篇的若干种相互"不等值"但均被普遍认可的译语版本，就很难用这种语言的规范系统来解释，更不用说来论证了。几乎所有的译者在无法进行逐词翻译时，就会毫不犹豫地抛开翻译教科书提供的"标准译法"，即潜在的等值体，而采用大相径庭的其他翻译方法。

（4）即便是同一个翻译任务，不同的译者对源文的理解、对译文读者的估量和个人的翻译水平（不仅是语言水平）等各个方面也肯定有所不同。这些不同自然会反映在翻译的结果上。

（5）仅针对"翻译单元"的切分而言，因为翻译教科书一般不考虑整个语篇，更不考虑具体的翻译任务要求和读者群体的期待，所以教科书提供的做法可能与实际翻译工作中的做法完全不同。

3. 翻译理论的转向

为了找到翻译语言学无法给出的答案，翻译学研究开始逐步转向强调语用、功能、过程、语篇研究的新方向，逐步脱离结构主义语言学的规范化的等值要求，这也是大势所趋。

维尔斯虽然仍在语言学的基础上研究翻译，但大大超出了传统的翻译研究层的语言学分析，从语篇语义、语篇功能和语篇语用等方面重构语篇形成的条件，以此作为前提，去发展具有不同语篇种类特点的翻译方法论。

美国翻译家奈达的研究成果为克服翻译语言学的众多缺陷做出了很大的贡献。从1964年起，他就认为翻译是一个分析、转换和综合的过程，这就意味着应当首先在意义上，其次在风格上尽可能自然地用译语产生出源语信息（而不是语言）的等值体。

因此，译者的座右铭应当是：实现面向接受者的源语语篇和译语语篇之间动态的等值。用功能翻译学的术语可以称为功能等值。

因为不同语言具有不同特点，所以源语语篇和译语语篇在语言形式上不可能完全一致，最佳的情况是达到功能的一致。这就要求译者在翻译时注意应优先考虑什么，场景和动态的一致比词句和形式的一致更重要，照顾译语接受者的文化比模仿源语文化更重要。在这个意义上，奈达可以算是后来产生的功能翻译学的先驱。

奈达的研究成果对于现代翻译学的发展具有重大意义。当然，他在清晰说明语篇整体和具体"翻译单元"的关系方面做得还不算成功，也没有彻底摘掉套在"等值休"概念上的神秘光环。他虽然强调了动态或功能，但仍然在讲"对等"，仍然没有摆脱"等值理论"的范式。

奈达的专长是《圣经》翻译，目的是最好地完成教会传播《圣经》的任务，需要将读者的易接受性放在首位，因此追求译语语篇与源语语篇的功能等值（动态等值）是很自然的。他还没有意识到，译语语篇与源语语篇功能相异的翻译也可能是重要且"合理合法"的翻译类型。

无论如何，奈达考虑到了译语的文化背景，因而在实际上考虑到了译者本人情况，同时他考虑到译文的目的，因此也考虑到了译文的接受者。所以，虽然他没有完全克服，但至少冲破了语言学对翻译理解的束缚。

（二）翻译学发展的第二阶段

20世纪的最后20年，翻译理论和翻译学逐步剪断了与语言学相连的脐带，成为独立的学科，而不再是语言学众多分支中的一支。国际上产生了不同的翻译新理论，为功能翻译学的最终诞生奠定了基础。

1. 翻译学的语篇语言学和语用学

在奈达之后，翻译学研究与语篇语言学（也称篇章语言学）研究几乎同步发展，既更重视语篇及其特征的研究，也重视与翻译者相关的研究。赖斯、梯尔及后来的诺德和贺尼西的有关语篇类型和语篇分析的研究成果，都给我们带来了重要的启示。

处在发展中的言语行为理论带来了对交际功能和语言形式相互关系的新认识。受其影响，翻译学领域发生了"语用学转向"：此时，除了语言和语篇的因素之外的在各个场景中的语言行为者，即语篇作者、译者、语篇接受者都进入了科学考察的视野。翻译实践家早就知道的（至少是揣摩到的）东西现在也得到了翻译学的承认：译语语篇的场景适宜性比源语和译语在词汇、句法以至形式上的等值更重要。

豪斯认为："作为研究语言运用的语言学分支，语用学研究语言使用者在具体场景中以整体经验为基础的语言运用的条件。语用的理论，即与场景和语言运用相关的语言理论对于翻译理论来说特别重要，它将翻译首先看作实践活动。具体地说，是运用语言的行为，是（可以一般化、约定俗成的）言语事件，是（更倾向于个体化的、心理语言学的）言语能力。关于翻译的这种观点，主要以莱比锡学派，尤其以诺易伯特为代表。"

贺尼西和库斯茅尔在1982年即对这种翻译的语用观点做了很有说服力的阐述，出发点是把翻译看成"译者和可确定的接受者之间的、受语篇约束的交际"，突出了语篇的交际功能。

翻译学的语篇语言学和语用学的最大贡献是将语篇与接受者的关系划分为四种基本的语用类型。这种划分得到实际翻译工作者的热烈赞同，因为这符合他们自己的职业经验。这四种基本类型如下所述：

（1）源语语篇和译语语篇所面向的接受者基本相同（如阅读专业语篇的专业读者），也就是说，源语语篇和译语语篇的朝向一致。在这种情况下，译语语篇自然更容易最佳地适应译语接受者的期待。

（2）源语语篇是专为源语的交际群体写的（如国内政策报道），也就是说，源语语篇面向源语的接受者。这样的语篇如果要翻译出来，无论如何都会使译语语篇的读者感觉陌生，除非通过变通或补充使之接近第一种类型。

（3）源语语篇主要面向源语接受者，潜在地也面向译语接受者（如畅销书）。这类语篇的翻译一部分按照第一种类型处理，另一部分按照第二种类型处理。

（4）源语语篇直接面向译语接受者，因为它本来就是为译语接受者拟就的（如某些广告语篇和所有为口译拟定的语篇）。这些语篇可以被称为"信息的建议"，可以由译者进行自由调整和利用，以期在译语语篇中实现应有的功能。

2. 描写翻译学

描写翻译学是指20世纪70年代出现的所谓操控学派的描写式翻译研究，也是翻译新理论之一。该理论强调译语语篇的重要性，坚决反对语言学对翻译的束缚（主要反对"等值"的要求），并反对翻译理论的标准化和规范化倾向。当然，该理论的研究主要集中在文学翻译上。

描写式翻译研究也预示了功能翻译学的主要特征：强调译语文化和语言的交际群体，译语语篇的功能要在它们之中实现，要为了它们而实现。描写翻译学认为，为了译语语篇功能的实现，必然或多或少地要对源语语篇进行操控，并提出一个论断："能够由译语的交际群体作为译文接受的每一语篇，都与源语语篇处于某种等值关系之中。"这种说法实际上是不再把传统的等值概念当作翻译学的中心概念。

3. 跨学科的研究

20世纪最后20年的翻译学具有跨学科发展的倾向，最著名的是斯奈尔·霍恩比于1988年提出的层级模式。斯奈尔·霍恩比还将菲尔默的场景与框架理论引进了翻译学研究，由此引发了翻译学的"认知学转向"。

斯奈尔·霍恩比的层级模式绝不是提倡规范化、标准化。这种模式的本质是描写式的，因为只有这样才能适当地把握住翻译的多面性的本质。这种将翻译学视为"交叉学科"的观点认为，翻译作为具体交际场景中的具体行为总是受到多重的、互补的制约。翻译完全不是一种单质的现象，对翻译的研究可以而且应当引入到不同的学科。

从这种观察角度来看，因为翻译是跨文化的交际，所以文化的概念所获得的地位比在以往的翻译语言学论述中重要得多。通过细致地考察源语语篇和译语语篇的场景框架，以及由此而得出的译语语篇的功能定位，源语语篇和译语语篇建立起新的相互关系。"神圣的原文"终于被摘掉了桂冠。

4. 功能翻译学

翻译的目的或功能成了一种与跨学科层级模式大约同时产生的新翻译理论关注的中心——赖斯和费尔梅尔的目的论，即功能翻译学——关注中心。

赖斯和费尔梅尔论述功能翻译学的著作名为《普通翻译学基础》。他们认为找到了能说明所有翻译种类的"普适理论"。实际上，功能翻译学是对从奈达以来的众多研究成果的综合。

功能翻译学将翻译定义为译者（译者应有的重要性终于在这里得到了承认）复杂的（即不仅是语言的）、跨文化交际的行为。翻译的目的是根据翻译任务的不同，在源语语篇和译语语篇之间建立功能的一致性或功能的相异性。翻译的质量不应以对源语语篇的忠实度来衡量，而是以译语语篇的功能适宜性来衡量，奈达已经在译语语篇的功能问题上提出了与功能翻译学类似的观点。虽然他只谈了一致的功能，未涉及相异的功能，但在他从事的《圣经》翻译事业中，译语语篇功能适宜性主要体现为源语语篇和译语语篇之间功能的一致性。贺尼西和库斯茅尔、从事描写翻译研究的学者及莱比锡学派的"语用学派"都已经将其当作论述翻译问题的前提条件。

功能翻译学的研究对象包括所有的广义及狭义的翻译种类，这意味着所有类型的"加工和处理"都可能是"具有充分价值的翻译"。更引人注目的是，这种对传统翻译概念的扩展获得了翻译实践家的真心赞同，而部分理论家尚持有异议。

费尔梅尔和他的学生发表了一大批进一步细化功能翻译学的论文，其中一部分也引起了热烈的讨论。这并不奇怪，因为功能翻译学本质上是对从奈达以来，包括贺尼西和库斯茅尔、诺易伯特、卡德、斯奈尔·霍恩比直至威尔斯等学者众多研究成果的综合。

功能翻译学理论很快得到了其他翻译学家的支持和补充。这些研究更多面向实践、面向应用，尤其是面向教学，如德国的诺德（语篇教学）、贺尼西、科尼西（翻译教学法）和库斯茅尔。贺尼西和库斯茅尔更是从1982年起就在他们的教科书中提出了很多与费尔梅尔类似的主张。

三、翻译学现状

功能翻译学的产生，以及针对费尔梅尔功能翻译学理论和观点所进行的直接或间接的学术讨论，推动了组织翻译学的发展。

20世纪80年代以后，很有希望带来新成果的是一批翻译学家，如贺龙西、克林斯、库斯茅尔、略舍尔，他们以心理语言学为基础，以翻译过程为中心开展研究工作。他们使用的研究方法为经验归纳式的调研、记录和分析，其主题是"译者思考的是什么"；其研究的目的是描述翻译过程，不是为翻译制定规范或建立翻译模式；其具体做法是让译者用口语或书面语，以独白或对话的形式大声地说出想法来，使用心理学研究中开发的"大声思考的记录"这一方法，记录下他们是如何思考和工作的，他们是怎样最后确定了自己的译语语篇版本的。威尔斯论述了这种过程研究的可能性和局限性。

另外，人工智能研究的发展也促使人们重新认识翻译过程。人们希望未来的人工智能研究能为实现计算机辅助翻译提供新的可能性。

迄今为止，对翻译过程的研究成果在数量上和质量上还很不够，自然不可能使翻译学普遍注意到翻译过程的研究。总的来说，20世纪末期，翻译科学呈现出多元的、不统一的景象。

翻译学的建构与发展之所以异常困难，主要是因为其研究对象的复杂性。总的来说，人文科学领域内建立学科理论要比自然科学领域困难得多，翻译领域更是如此，情况更为复杂。它不仅涉及不同的语言，还涉及不同的文化和交际群体。在翻译场合中相互交际的个人有着不同的兴趣、意图、表达和理解的可能性，同时又只能以间接的方式——通过译者进行交际。更何况，笔译或口译者本身也是相互不能替代的各自独立的个人。研究语言的现实就够难的了，而且要科学地并且明确、完整地把握笔译或口译过程中各种各样重要的非语言因素，并使之系统化，简直就是一项让人望而生畏的任务。

虽然现代科技尤其是计算机技术的迅速发展给机器翻译的发展带来了新的机遇，但是机器能翻译的也仅仅是一些极狭窄的专业领域里有意标准化了的语篇（如加拿大的英—法文天气预报），或逐词的翻译。机器翻译不仅没有代替人工，还为人工翻译开辟了新的工作途径，即机译的源语预处理和译语后处理工作。在绝大多数场合下，仍然要由译者靠个人对源语语篇的理解来完成译语语篇。

译者在工作时要遵守哪些标准和原则？要回答这个问题并不容易。前面说过，因为译者的认知能力和诠释能力不同，其译语表达能力也不同，所以实际上译者只能依照他力所能及的标准进行翻译，或者说他只能会多少翻译。

如果越来越多的学者能够努力从整体上全面考察翻译这一复杂现象，肯定会使翻译理论建设获得进步，而固守某种"模式"的做法应该过时了。这些"模式"是对复杂现象的不恰当的简化，因此一直以来都受到翻译实践家的怀疑，而这种怀疑不无道理。

原来主要由语言学（包括社会语言学、心理语言学、语篇语言学、符号学及行为理论）为翻译科学标记的领域扩大了，人们把重要的相邻学科，如交际学、文化理论和文化发生学、诠释学、跨文化学、国情对比研究、行为研究和人工智能研究、社会学、美学、逻辑学等融合在一起，对翻译进行跨学科的考察。此外，近年来，翻译学界对翻译教学法问题更看重了，虽然这方面的研究还亟待进一步改进。

所有这些可能会给翻译学带来一次大变革。同时，人们逐渐认识到，研究方向或学派相互间的是非之争不会带来任何好处。相反，面对笔译和口译这种复杂的对象，翻译学研究方向和研究方法的多样性共存才更有利于学科的发展。

对于现代翻译学来说，当前的任务是少给一些所谓"正确"笔译和口译的"处方"，多增强译者的自我意识，让他看到他的工作像万花筒，看到他在有各种矛盾因素的具体交际场合中有巨大的可选择性。方法是研究和描述交际行为的认知过程，使之成为可教可学的东西。用这种方法，翻译学可以为译者提供一种导向，帮助他对自己的实践进行理论的反思，以此为基础，使他自己的行为符合交际场景的要求；同时.他可以获得必要的自信，在需要时，他能够说明为什么自己选出的方案是最佳的解决方案。

如果译者能够自觉认识到自己到底是做什么的，也就能够通过不断扩展知识去适应不断变化的要求；理解外行的立场，建设性地与他们讨论译文的质量；向委托人和最后的使用者说明他们可以合理地期待什么，以及他们可以做些什么事，才能使翻译产品符合实际需要；判断他人的翻译质量；现实地评价和有效地利用辅助手段（特别是计算机辅助手段）；培训、指导其他共事者，评价他们的翻译；判断利用计算机翻译的可能性（必要时参与有关软件的开发）。

当今翻译学学术研究范围的扩大也有其负面的影响。新的发展凸显了翻译学"不精确"和"无法重现"的特点。"精确性"和"可重复性"是对自然科学的要求，而非对人文学科的要求。我们不能用它来要求人文学科，更不能用它来要求以语用学、交际理论为基础的翻译学。尽管如此，建构新翻译学所面临的任务比其作为语言学、文学或语文学的一个分支的时候更加任重而道远，这一点是无法否认的。

第三节　翻译者的素质条件

一、心理和生理素质

（一）翻译者的心理素质

由于口译工作总是在大庭广众之下进行的，译者要面对众多的听众。临场经验不足的译者总会有一种怯场心理，尤其是在比较重要的场合。怯场的原因多半是自信心不足，对专业或专业术语不熟，怕其他懂外语的人更挑剔。怯场难免会影响译者的情绪和口译的质量。

为此，译者要注意突破心理障碍，努力战胜自我，培养从容面对听众的良好的心理素质；具体方法是平时要注意锻炼在大庭广众之下说话的胆量，每一次会议前都要认真做好译前准备，尽量找机会与会议的组织者、发言人有所接触，尽可能多地了解会议的背景情况。如果是专业性较强的会议翻译，译者事先还要阅读有关方面的一些资料，强记专业术语，做到心中有底，以防情绪紧张而影响相应的翻译质量。

（二）翻译者的生理素质

（1）无论是本国民族语言还是外语，都要发音清楚，明白易懂。译者讲话不能带有方言土语，因为如果译者讲方言土语，可能会有很多人听不懂。另外，译者又必须懂得各种方言土语，因为讲话人可能来自不同的地方，如果听不懂的话，就无法翻译。

（2）说话要干脆利落，避免重复啰唆。

（3）语速要适当，停顿要自然。

（4）语调要自然，不能装腔作势，更不能喧宾夺主。

（5）声音大小要适中，声音太小会令听众听起来费劲，声音太大则可能产生噪声。

二、专业操作能力

（一）语言对比能力

译者要熟悉双语在语音、语法、词汇、句法、修辞和使用习惯上的种种差异，打破双语之间的天然壁垒。既要会"因循本质"，又能"依实出华"，收放有度，把地道的原文转换成规范的译文。

（二）跨文化能力

翻译是一个需要"了解一切"的专业，"不需要了解关于某件事的一切，但是需要了解每件事的一点点"，译者的知识面越宽越好。当然，样样精通是做不到的，但是"译一行通一行"却是存在可能的。对于源语的文化和译语的文化都要有一个系统的了解。在中国有一个十分独特的赞美词：学贯中西。学好中国文化不容易，学好西方文化也不容易，同时学好中国文化和西方文化，还能将两者融会贯通，更是难上加难。虽然在现实生活中，能配得上这个词的人更是少之又少，但它还是毫无疑问地成为我们衡量一个人是否广学博识的重要标准，它于无形中鞭策每个国人尽力学习中外文化知识。

跨文化能力的核心内涵是：尊重世界文化的多样性，具有跨文化同理心和批判性文化意识；掌握基本的跨文化研究理论知识和分析方法；熟悉所学语国家的历史与现状，理解中外文化的基本特点和异同；能对不同的文化现象、文本和制品进行阐释和评价；能得体和有效地进行跨文化沟通；能帮助有不同语言文化背景的人士进行有效的跨文化沟通——翻译。

三、广博的杂学知识

杂学知识，也被称为言外知识，指的是除了双语语言之外的诸多知识。译者需要具备广博的杂学知识，是一个永恒而常新的问题。在信息化迅猛发展的新时期，翻译这门学问并不可能孤立存在，必定会与人文、传统、宗教、经济、美学、心理学等各个领域的知识有千丝万缕的关系。

傅雷曾经说过："译事虽近舌人，要以艺术修养为根本；无敏感之心灵，无热烈之同情，无适当之鉴赏能力，无相当之社会经验，无充分之常识，势难彻底理解原作，即或理解，亦未必能深切领悟。"杨宪益曾与夫人戴乃迭合作翻译中国古典小说《魏晋南北朝小说选》《唐代传奇选》《资治通鉴》《聊斋选》《儒林外史》《红楼梦》等经典作品。其中，《儒林外史》描写秀才举人、翰院名士、市井细民、科举礼教、腐败事态、社会百态无不囊括其中；《红楼梦》的内容更是广博宏大、包罗万象，是我国古代优秀的文化百科全书，胭脂服饰、茶酒饮食、药材养生、园林建筑、宗教礼数、诗词戏曲等无所不包。杨宪益先生能将这些文化巨著译成英文，并且措辞妥帖、行文优美，实在是得益于其丰富的生活阅历、完整的知识体系，以及孜孜不倦、精益求精的工作精神。

学界泰斗季羡林的学术研究领域主要有印度古代语言、中印佛教史、吐火罗文译释、中印文化交流史、比较文学、文艺理论、东方文化、敦煌学等。季先生悉心研究中外历史、文化交流，其丰富的译著为传播人类先进文化思想做出极大贡献。翻译家傅雷在古今中外的文学、美术理论、美学批评各个领域都有极渊博的知识，因此才有影响了几代国人的《约翰·克利斯朵夫》《巴尔扎克全集》《伏尔泰小说选》等译著。

在《青年人的苦闷》这篇文章中，胡适先生用"一点一滴的努力，一尺一寸的改善"来鼓舞激励青年人。如今，这句微言大义的警句亦可以用来鞭策译者，只有在杂学知识方面孜孜不倦地学习、点滴地进行积累，才能在翻译的道路上行得正、走得远，取得"一尺一寸的改善"。

第四节　翻译的新定位与新定义

一、关于"生态范式"

范式（Paradigm）是个大概念，涉及特定研究领域中大的"方向"和大的"原则"，是一种研究途径或研究模式的总体理念、价值判断和研究方法的集中体现。

生态翻译学多次对其评论"范式"做出定位。例如在谈到生态翻译学的基础理论"翻译适应选择论"的研究目的时指出："在于试图找到一种既具有普适的哲学理据又符合翻译基本规律的译论范式。"其翻译观是"着眼于'人'，致力于'纲举目张'"，最终确立以译者为中心的"'翻译=适应+选择'的理论范式"。翻译适应选择论还被概括为"以达尔文'适应/选择'学说的基本原理和思想为指导，以'翻译即适应与选择'的主题概念为基调，以'译者为中心'的翻译理念为核心，能够对翻译本体做出新解的翻译理论范式"；该理论"致力于揭示和复现翻译之本来面目，并试图找到一种既有普适的哲学理据又符合翻译基本规律的译论范式"。

总之，作为一种具有跨学科性质的生态学翻译研究途径，生态翻译学是运用生态理性、从生态学视角对翻译进行综观的整体性研究，是一个"翻译即适应与选择"的生态范式和研究领域。

在《新牛津英汉词典（2007）》中，"paradigm"释意为范例、示范、典范。科学哲学家托马斯·库恩指出："科学不是事实、理论和方法的简单堆砌，科学的发展也不是知识的简单积累，而是通过范式的不断转换所进行的不断革命的进程。"

赫曼斯也指出，"范式"为翻译研究制定"指导原则"，是"研究特定问题的手段"和"解决问题的方法"。可见，范式实际上包括了学科共同体所共有的理论假设、研究模式、研究方法、价值标准和形而上学的原则，是某一学科共同体成员的世界观、价值观和方法论的"总和"。

在生态翻译学研究领域中，上述从生态学视角探讨翻译理论的"生态范式"正在逐步形成，并受到越来越多的认同，其主要标志是不少学者在研究相关问题时的基本观念、价值判断、研究方法，以及所采用的术语和结论的指向等，基本上都纳入了翻译理论的生态学研究途径。

这些聚集在生态翻译学"共同体"中的研究者认同生态翻译学对翻译的基本描述，接受生态翻译学对翻译研究的指导原则，遵循生态翻译学整体关联的研究方法，而他们在进行特定问题研究时也采用了生态翻译学共同的价值标准。这些研究已经不是孤立的、单一的个案研究，而是可以看成是在生态翻译学理论"范式"之下的共同研究。

二、关于"关联序链"

早在生态翻译学的基础理论研究之初，我们就阐述了翻译活动（翻译生态）和自然界（自然生态）之间的关联性和互动性，并曾图示了一条从"翻译"到"自然界"的具有内在逻辑联系的认知视野延展的链条，姑且可将其称为"关联序链"。

鉴于翻译是语言的转换，语言是文化的一部分，文化是人类活动的积淀，人类又是自然界的一部分，我们可以从中看到一个很有意义的内在联系，如图1-1所示。

翻译 ⟷ 语言 ⟷ 文化 ⟷ 人类 ⟷ 自然界

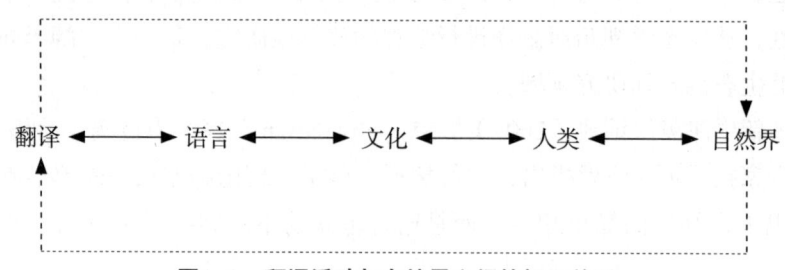

图1-1　翻译活动与自然界之间的相互关系

这一"关联序链"体现了人类认知视野拓展和理性进步的基本路径，它符合人类认知能力演化的基本规律，同时具有互动性和递进性的特征，可以说勾勒出了人类认知视野不断衍展的逻辑序列和内在的指向机制。翻译研究的重心从翻译本身到语言、文化、人类生态，其间又不断反复、互动，正好反映出这一走向及其特征。从上述"关联序链"也可以看出，翻译活动与生物自然界之间的互联关系，以及自然生态系统与人类社会系统共通互动的基本特征。

"关联序链"的重要性使之成为生态翻译学形成和发展的一个重要前提和依据。近年来，不断有学者开始注意并应用和发展"关联序链"的基本内容。

孟凡君（2010）在《生态翻译学视野下的当代翻译研究》一文中指出，翻译研究与学术系统内的其他学科研究一样，在本体论研究之后，就会按"语言学→文化学→社会学→人类学→生态学"的次序进行研究范式的转向。他认为，翻译研究的范式转换并非翻译研究视角的转向，而是翻译研究视野的扩大，这种视野的扩大如图1-2所示。

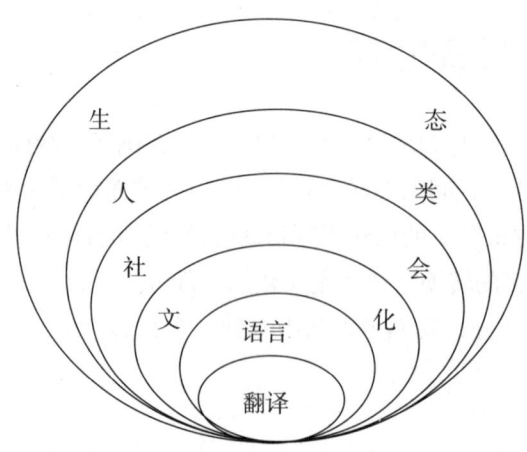

图1-2　翻译研究视野变化示意图

从生态翻译学中"关联序链"的理论视角来看，从"翻译"（翻译生态）到

"自然"（自然生态），其中具有明显的关联性、互动性和递进性的特征。该理论视点所勾勒出的"翻译——语言——文化——人类——自然界"的人类认知视野递进衍展的逻辑序列和关联界面，不论对于宏观的译学整体研究，还是对于微观的文本翻译研究和评析，显然会更为全面、更为系统，因而也会更为接近所研究事物的真实。

三、关于"译有所为"

生态翻译学基础理论中提出的"译有所为"，从内涵上看，主要表现在两个方面：一是译者从事翻译有其特定的动因（侧重主观动机）；二是翻译出来的东西可以做事情（侧重客观效果）。

对于前者，译者从事翻译活动有温饱情欲之需，有功名利禄之求，有道德伦理之爱，还有渴求天地宇宙之悟。因此，从译者主观动机的视角来看，"译有所为"可以"为"在"求生"，"为"在"弘志"，"为"在"适趣"，"为"在"移情"，"为"在"竞赛"，等等。

对于后者，翻译功能之大、业绩之丰无人否认。从"译有所为"的视角来看，可以"为"在促进交流沟通，"为"在引发语言创新，"为"在推动文化发展进程，"为"在催生社会变革，"为"在推动译学发展，等等。

四、关于"翻译生态环境"

"翻译生态环境"的概念最早是在《翻译适应选择论初探》一文中提出来的。其作者引入"翻译生态环境"的概念，而没有沿用"语境"或"文化语境"，主要是考虑到以下两个方面：

一是使用"生态环境"的提法能与达尔文生物进化论中"适应/选择"学说匹配。二是"翻译生态环境"与语境、文化语境在基本概念、范围、所指等方面有很大的不同。语境即使用语言的环境，而文化语境还是语境，只是侧重文化学视角，或只是用文化学的术语而已。语境是以使用语言为参照，不包含语言本身或语言使用，而"翻译生态环境"的构成要素包含了源语、原文和译语系统，是译者和译文生存状态的总体环境。因此"翻译生态环境"的概念要比翻译的"语境"更拓展一些。

随着研究的深入，"翻译生态环境"的概念更为明确，是指原文、源语和译语所构成的世界，即语言、交际、文化、社会，以及作者、读者、委托者等互联互动的整体。"翻译生态环境"构成的要素包含了源语、原文和译语系统．是译者和译文生存状态的总体环境，它既是制约译者最佳适应和优化选择的多种因素的集合，又是译者多维度适应与适应性选择的前提和依据。

近几年，"翻译生态环境"的定义变得更为宽泛，是指由所涉文本、文化语境与"翻译群落"，以及精神和物质所构成的集合体。翻译生态环境有大环境、中环境，小环境之分，既包括物质环境又包括精神环境等。可以这么说，对于翻译而言，译者以外的一切都可以视为翻译的生态环境，同时每位译者又都是他人翻译生态环境的组成部分。

"翻译生态环境"是生态翻译学的核心概念之一，特别是近年来其概念外延在不断调适和扩展，因此引起了学者们的关注。

如同一则英语名言"No context, no text"，"翻译生态环境"对于翻译文本的产生至关重要。对于具体翻译来说：大到内容风格，小到选词造句，都会与"翻译生态环境"有关联，只是这种关联可能表现为不同的形式（如直接的或间接的、物质的或精神的），或者不同的程度（如较密切的或稍远一点的）等。

五、关于"译者中心"

翻译理论的根本问题之一是如何描述和解释译者在翻译过程中所扮演的角色。译者在翻译过程中的重要性也使这一问题的研究成为翻译界一个永恒的话题。

生态翻译学研究的是译者与翻译生态环境的关系问题。针对译者而言，他/她是一个独立主体，翻译活动自始至终必须通过译者主体意识和主导作用才能完成。译者处于不同语言和不同文化间各种力量交互作用的交互点上，既是翻译过程的主体，又是译事得以进行的基石。生态翻译学认为，译者是翻译过程中一切"矛盾"的总和。"译者为中心"的翻译理念把活生生的、感性的、富有创造性的译者推向译论的前台，使翻译理论建立在真实的、具体的译者基础之上。

"译者为中心"翻译理念的提出，有助于使翻译学中译者研究的"研究半社"得到延伸并使其理论层次有所提升，同时对译者的自重、自律及自身素质的提高也有促进作用。

这种取向于译者并以译者为终极关照的翻译理论，其优越性日益彰显，从而使对译者中心、译者主导、译者主体等方面的专题研究不断拓展。

最后，对于翻译的本质与使命的阐述必须纳入对翻译定义的描述中。这样做有利于纠正目前国内翻译界一味沉醉于追求所谓的"合格的译文"，而忘记了翻译的本质是什么、翻译的使命是什么的现象。中国人一千多年前就已经提出了一个简明扼要、至今仍不失其现实意义的翻译定义，即"译即易，谓换易言语使相解也"，它凸显了翻译的本质与使命。2012年国际译联推出当年国际翻译日的庆祝主题"翻译即跨文化交际"，与这个古老的中国人的翻译定义可谓遥相呼应，再次强调了翻译的本质及使命，其中的深意值得人们反思。

今天在重新思考翻译的定位与定义时，一定要把翻译的本质及使命（也即其目标和功能）纳入翻译的定义中。只有这样，才有可能获得一个全面、完整的翻译定义。

第二章 翻译与文化的相关分析

翻译从表面上看是一种语言文字的转换，实际上是一种文化的重现和传播过程。对于那些具有文化内涵的语言、现象，要做到等值翻译是极为不易的。这是因为不同文化之间的差异往往为译者制造了一条难以逾越的鸿沟。要想跨过这条鸿沟，译者首先必须认清语言、文化、翻译三者之间的关系，了解文化差异对翻译的影响，这样才能做好文化翻译工作。本章将探讨语言与文化的关系、文化与翻译的关系及文化差异对翻译的影响。

第一节 语言与文化的关系

一、关于语言

（一）语言的定义

1. 外国学者的观点

现代语言学之父费尔迪南·德·索绪尔认为："语言是一种自足的结构系统，同时又是一种分类的原则。"

美国语言学家艾弗拉姆·诺姆·乔姆斯基认为："语言是一组有限或无限的句子的集合，其中每一个句子的长度都有限，并且由一组有限的成分构成。"

除上述两种观点外，《韦氏新世界词典》列出了"语言"最常见的几种释义。

（1） "any means of expressing or communicating, such as gestures, signals, animal sounds"（任何表达或交流的手段，如手势、信号、动物的声音）。

（2） "special set of symbol letters, numerals, etc., used for the transmission of information, as in a computer"（一套由符号、字母、数字、规则等组合成的特殊体系，用来传递信息，类似计算机中的信息传递）。

（3） "human speech"（人类言语）。

（4）"the ability to communicate by this means"（通过言语进行交际的能力）。

（5）"system of vocal sounds and combinations of such sounds to which meaning is attributed, used for the expression or communication of thoughts and feelings"（一套语音和语义组合系统，用来表达、交流思想和情感）。

（6）"the written representation of such system"（该系统的书面表达）。

2. 中国学者的观点

国学大师赵元任认为："语言是人跟人互通信息，用发音器官发出来的、成系统的行为方式。"

中国当代著名语言学家张世禄认为："语言是用声音来表达思想的。语言有两方面，思想是它的内容，声音是它的外形；人类之所以需要语言，是因为有了思想，不能不把它表达出来。"

综合上述观点，可以看出语言实际上是人类为了交际和表达思想而产生的，由词汇和语法构成的重要的符号系统。简单地说，语言其实就是人类交际的一种工具。我们说语言带有工具性质，是因为不论是口头的，还是书面的交际，其发生都具有目的性。语言同时还具有交际功能，只有在语言使用者熟悉人类社会交际互动规则的情况下，语言的交际功能才能得到很好地发挥。由此可见，语言、社会和文化是不可分割的一个整体。

（二）语言的属性

1. 系统性

语言的系统性主要体现在两个方面，即二层性和逻辑关系。

（1）二层性

语言是由语素、语音、词、句子等单位构成的，这些单位之间存在层级性，据此可以将这些单位分为底层结构和上层结构。语言的底层结构是音位，没有任何意义；语言的上层结构是音义结合的符号及符号组成的序列，故上层结构有明确的含义。其中，上层结构主要分为三个等级，第一级是语素，第二级是词，第三级是句子。语言的层级体系通常被称为"语言的二层性"。

语言单位的数量会随着层级数目的增加而成倍扩大。例如最底层的音位系统是由无意义的语音组成的，即音节（如前缀和后缀）；这些数量有限的音节组合起来，并与意义相联系，便构成了数量翻倍的语素；语素结合又构成了成千上万的词；词组合起来便形成了无限数量的句子。

（2）逻辑关系

语言的逻辑关系是指语言单位结合在一起时构成的组合关系和聚合关系。

①组合关系是指两个具有相同性质或等级的结构单位按照线性的顺序组合而

成的关系。这种关系往往是固有的、已经实现了的关系。例如"read the letter"是由"read""the"和"letter"三个语言单位组成的。其中,"read"第一个是动词,"the"是定冠词,修饰限定后面的宾语"letter",于是"read the letter"就构成了动宾关系。

②聚合关系是指具有相同组合能力的语言单位可以在语言的组合机构的同一位置上互相替换的关系。例如"red pen"中的"red"也可以用"yellow""black"等词语替换,构成新的词组。这就是语言单位之间的聚合关系。

2. 创造性

语言的创造性来源于语言的二层性和递归性。如前所述,语言的二层性可以使语言单位创造出无限多的句子,即使很多句子人们从未听过,但也能够理解。

句子的这种可创造性,在下面这个例子中体现得极为明显。

English is an interesting subject.

I know English is an interesting subject.

You know I know English is an interesting subject.

Mary knows that you know I know English is an interesting subject.

Is it true that Mary knows that you know I know English is an interesting subject?

……

3. 任意性

语言的任意性是指语言符号形式与其所代表的含义之间并无必然联系。索绪尔认为:"A Linguistic sign is not link between a thing and a name, but between a concept and a sound pattern, or the hearer's psychological impression of a sound."(语言符号并非一个事物与其名称的连接,而是一个概念与一种声音形式,或听话人对一种声音的心理印象的连接。)换言之,语言符号是由"概念"和"发音"两个要素结合而成的,而"概念"和"发音"之间是没有任何逻辑联系的。正如我们无法解释为什么"桌子"(table)要读作[teible]。

语言的任意性还体现在同一事物在不同的语言中对应不同的表达上。例如:汉语中的"桌子"在英语中是"table",在法语中是"tableau",在德语中是"Tisch"。

当然,也有人以拟声词为例对语言的任意性提出过反对意见。对此,索绪尔认为:"拟声词不能算是构成语言系统的有机成分,它们不仅数量十分有限,而且在选择上也具有一定的任意性,它们只是对某种声音的模仿,这种模仿或多或少是约定俗成的。"

4. 移位性

语言的移位性是指语言使用者可以用语言谈论与自己所处时间、空间不同的事物。例如我们在家里可以谈论其他国家发生的事情，也可以谈论历史上的著名人物、事件，还可以谈论明天的天气状况。虽然这些国家、人物、事件离我们很遥远，未来的事情更是不可知的，但语言可以表达这些事物，这其实就是语言的移位性。

在这里需要指出的是，动物虽然也有其自身沟通交流的方式，但不可能抛开时间和空间的限制去交流，因此动物的"语言"不具有移位性。

二、关于文化

（一）文化的定义

"culture"一词来源于拉丁文"cultura"，原意是"耕作、培养、教育"，其基本含义包括两个方面：在物质活动方面意味着耕作，而在精神修养方面的含义则涉及宗教崇拜。随着社会及近代科学的不断发展，尤其是文艺复兴、地理大发现和宗教改革的推动，人们对形形色色文化的区分，以及对文化内涵和外延的研究产生了浓厚的兴趣，并赋予了"文化"新的内涵，使文化成为人们专门探讨的一门学问。

关于文化的定义，中外学者有着各自不同的看法。下面列出一些具有代表性的观点，以供参考。

1. 外国学者的观点

英国文化人类学家爱德华·伯内特·泰勒在《原始文化》（Primmye1871）一书中首次将文化作为一个概念提出来，指出"文化是一种复杂体，它包括知识、信仰、艺术、道德、法律、风俗，以及其余社会上学得的能力与习惯"。

英国社会人类学家马林诺夫斯基则认为，文化是一种具有满足人类某种生存需要的功能的"社会制度"，是"一群利用物质工具而固定生活于某一环境中的人们所推行的一套有组织的风俗与活动的体系"。

以上两种观点均得到了人们的广泛推崇。但除此以外，也有不少学者提出了较为全面、合理的观点。

美国学者戴维·波普诺就曾对文化下了一个比较全面的定义。他认为文化应由三个因素构成：一是符号意义和价值观——这些都用来解释现实和确定好坏、正误标准；二是规范准则——对在一个特定的社会中人们怎样思维、感觉和行动的解释；三是物质文化——实际的和人造的物体，它反映了非物质的文化意义。

美国学者理查德·波特和拉里·萨莫瓦指出："文化是一个大的人群在许多代中通过个人和集体的努力获得的知识、经验、信念、价值、态度、角色、空间关系、宇宙观念的积淀，以及他们获得的物质的东西和所有物。文化表现于语言的模式及活动和行为的样式。这些模式和样式是人们适应性行动和交际方式的样板，它使得人们得以在处于特定的技术发展阶段、特定的时间、特定的地理环境的社会里生活。"

2. 中国学者的观点

"文化"一词在中国古已有之。"文"的本义指各色交错的纹理，有纹饰、文章之意。《说文解字》称："文，错画也，象交文。"在这里，"文"就是指各种象征符号，以及文物典章、礼仪制度等。而"化"本义是变易、生成、造化，如《周易·系辞下》中的"万物化生"。"化"也可引申为改造、教化、培育等。

西汉以后，"文"与"化"合并为一个词语。西汉刘向在《说苑·指武》中写道："圣人之治天下也，先文德而后武力。凡武之兴为不服也。文化不改，然后加诛。"此句中的"文"和"诛"是两种根本不同的治理社会的手段。这段话的意思是圣人治理天下，先施以文德教化，如不奏效，再施加武力，即先礼后兵。此后，"文化"一词的用法延至后世，并进一步引申出多种含义，分别与天造地设的"自然"相对，或者与无教化的"质朴""野蛮"相对，取其人伦、人文之意。

《辞海》对文化的定义是"文化广义指人类在社会实践过程中所获得的物质、精神的生产能力和创造的物质、精神财富的总和。狭义指精神生产能力和精神产品，包括一切社会意识形态：自然科学、技术科学和社会意识形态。有时又专指教育、科学、文学、艺术、卫生、体育等方面的知识与设施。"

综合上述观点可以看出，文化是历史的结晶，是通过积累逐渐形成的，是人类在社会实践中创造出来的精神和物质财富。我们从中还可以了解到，文化的定义有广义与狭义之分，广义文化包括精神文化和物质文化，而狭义文化仅指精神文化。

（二）文化的特征

1. 共同性

文化是人类认识自然、改造社会的实践活动在物质、精神方面取得的成果的总和。文化是由全人类共同创造的，又为全人类所享有和继承，因而文化具有人类共同性。物质文化以物质实体反映了人对自然界的认识和利用，因而具有非常明显的人类共同性。在不同社会环境中形成的制度文化、行为文化、心态文化，彼此之间也具有可借鉴性：科学技术发明、科技产品及先进的管理方式等已经成为全人类共有的文化；具有永恒生命力的文学艺术作品会受到东西方人们的普遍欢迎和喜爱，如西方莎士比亚的作品、我国曹雪芹的《红楼梦》等文学艺术作品均受到古今中外读者的喜爱。

3. 传承性

文化要想存在和延续下去，前提是文化的相关要素和信息具有传承性和继承性。正如布瑞斯林所说："如果某些价值观已存续多年并被认为是社会的核心理念，则这些价值观一定会代代相传下去。"文化之所以具有传承性，是因为文化具有可传承的内在需求和价值。无论是知识文化还是交际文化，无论是物质文化还是精神文化，都是某一民族思想的结晶和经验的总结，对后人有着巨大的意义，是人们巨大的精神财富。正因为文化的这种重要性，才使文化具有传承的可能性。

4. 时代性

不同的时代有着不同的文化，这是因为任何文化都是在历史发展演变的过程中产生的。原始人驯养动物、种植植物、创造文字，创造了原始文化；蒸汽机的发明、产业革命的完成，促使人类进入近代文化历史阶段，催生了资本主义文化。文化的依次演进实际上是一个"扬弃"的过程，也就是说，文化的不断发展实际上是对既有文化进行批判、继承和改造的过程。在某些历史时期看来先进的文化，在后来的历史时期可能就失去了先进性，成为落伍、落后的文化，并且被更为先进的文化取代。

5. 变化性

随着时间的推移，社会不断发生变化，与之紧密相连的文化不可避免地受其影响，也会随之发生变化。虽然文化在不断发展，但文化的某些方面，如行为交往方式、思维模式、价值取向等，还是相对稳定、不易改变的。例如有学者曾对美国的价值观进行过一次调查研究，结果表明，美国20世纪90年代的大多数文化价值观与两百多年前相比并没有发生多大变化。

正如利内尔·戴维斯曾指出的那样，所有文化都是动态的，而非静止的。它们在社会历史事件的冲击之下，通过与其他文化的接触交往而不断地变动着、进化着。行为举止与社会习俗的变化可能发生得较为快速，而基本模式与价值观、世界观及意义系统方面的变化往往发生得较为缓慢。

6. 民族性

民族是人们在历史上形成的有共同语言、共同地域、共同经济生活，以及表现于共同的民族文化特点上的共同心理素质这四个基本特征的稳定的共同体。虽然文化的共同性决定了某些文化能够为全人类所有，不过文化首先是民族的，其次才是人类的。实际上，针对文化的产生与存在而言，文化原本都是民族的。民族是一种社会共同体，因此越是古老的社会，文化所具有的民族性就越鲜明。每个民族都有能够体现本民族特色的文化，如蒙古族人善骑马射箭、维吾尔族人能歌善舞等。

三、语言与文化

长期以来，学术界对语言与文化的关系一直争论不休。这是因为语言与文化之间的关系十分复杂，忽略任何一方面都会导致我们的看法不全面、不客观。因此，必须多角度、多方面、辩证地去看待两者之间的关系。

关于语言与文化的关系，许多学者都曾提出过自己的看法和观点，其中以美国人萨丕尔及其弟子沃尔夫提出的"萨丕尔-沃尔夫假说"最为著名。这一假说的中心思想是语言决定思维，大意是说不同语言的人对世界的感受和想法也不尽相同。因此，不同的语言结构决定了不同的世界观、不同的思维方式。该假说一经提出就引起了学术界的巨大争议，有的学者支持这一假说，有的学者则认为该假说过于绝对，认为语言对思维的影响只是相对的，而非绝对的。

今天，随着人们对语言学研究的不断深入，几乎没有人绝对赞同"语言决定思维方式"的观点，但也不能全盘否定该假说的正确性。因此，部分承认该假说的正确性才是合理的态度。

虽然对于语言和文化的关系众说纷纭，但可以肯定的是，语言和文化是密不可分的。语言是社会文化的一部分，是一种社会文化现象，同时社会文化的发展又对语言起到制约作用。正如萨丕尔曾指出的那样："语言的背后是有东西的，而且语言不能离开文化而存在。"可见，语言和文化是不可分割的一个整体。

另外，文化包括物质文化和精神文化。物质文化中语言的作用并不明显，但语言对于精神文化的建设至关重要。精神文化需要语言来表现，来记载，因而语言是精神文化得以产生和发展的必要前提之一。因此，我们可以说，语言本身便是文化的一个特殊组成部分。

换个角度来说，文化的发展也离不开语言，任何文化的传承和记载都是依靠语言来实现的，不同文化之间的交流和沟通也是通过语言这一手段进行的，可以说语言是文化发展的必要前提。

同时，文化的发展对语言具有促进和制约作用。语言的发展同样需要文化的推动。社会文化的进步可以带动语言的进步。语言体系的完善和丰富，归根结底还是来源于文化的不断发展。

第二节　文化与翻译的关系

一、关于翻译

（一）翻译的定义

翻译工作无论是在我国还是在西方，都可谓历史悠久、源远流长。语言学家、翻译家、翻译理论家等纷纷对翻译进行定义，有的人认为翻译是一项活动，有的人则认为翻译是一门艺术，也有人认为翻译是一门科学。本节主要通过中外学者给出的翻译的不同定义，来了解翻译这一概念。

1. 外国学者的观点

（1）英国著名语言学家和翻译理论家约翰·卡特福德认为，翻译是用一种等值的语言（译语）的文本材料去替换另一种语言的文本材料。卡特福德认为，翻译主要是两种存在状态：一种是源语，即译出语；另一种是目标语，即译入语。

（2）美国翻译理论家尤金·奈达认为，翻译是指从语义到文体在译语中用最切近且最自然的对等语再现源语的信息。

（3）苏联翻译理论家巴尔胡达罗夫认为，翻译是把一种语言的言语产物，在保持内容也就是意义不变的情况下，改变为另一种语言的言语产物的过程。

2. 中国学者的观点

（1）许慎在《说文解字》中，曾把"翻"解释为"翻：飞也。从羽，番声。或从飞"；用现代汉语来说就是"翻意为飞，形声字，羽为形符，番为声符"。而"译"的解释则是"译：传译四夷之言者。从言，睪声"；用现代汉语讲即是"译指翻译，即将一种语言文字翻译成另一种语言文字的人。形声字，言为形符，睪为声符"。

（2）茅盾认为，文学翻译是用另一种语言把原作的艺术意境传达出来，使读者在读译文的时候能够像读原作一样得到启发、感动和美的感受。

（3）张培基认为，翻译是运用一种语言把另一种语言所表达的思维内容准确而完整地重新表达出来的语言活动。

（4）方梦之认为，翻译是按社会认知需要，在具有不同规则的符号系统之间所做的信息传递过程。这一定义具有高度的概括力。此外，方梦之在其主编的《译学词典》中认为，"翻译"一词具有五个意项：翻译过程、翻译行为、翻译者、译文或译语及翻译工作。

（二）翻译的过程

翻译是理解原文并创造性地运用另一种语言再现原文的过程，也是一种有别于其他语言活动的思维过程。概括来说，翻译包括三个阶段，即理解阶段、表达阶段和校改阶段。下面就对这几个阶段分别进行论述。

1. 理解阶段

正确、透彻地理解原文是译文恰当而充分地表达原文的前提。不理解原文，翻译也就无从说起。

（1）理解词汇含义

英语中存在很多一词多义的现象，同一个词在不同的语言环境中往往有不同的含义。因此，译者在翻译过程中除了要注意词的一般意义，还要注意词在具体语境中的引申含义。例如英语"deep"一词的基本含义是"深的"，但在实际运用中，它还有许多其他含义，如"deep in study（专心学习）""deep voice（低沉的嗓音）""deep red（鲜红色）""deep sleep（酣睡）""deep thinker（知识渊博的思想家）"等。

因此，译者在翻译时一定要理解词汇在具体语境中的准确含义，这样才能做出较为准确的翻译。例如：

原文：Sometimes you might think the machine we worship make all chief appointments, promoting the human beings who seem closest to them.

译文：有时你可能认为，一切重要的官职都是由我们所崇拜的当权人物任命的，他们提拔那些似乎与他们最亲近的人。

如果将原文中的"machine"理解为"机器"，那么译文会令人难懂且不符合逻辑。因为句中的代词"them"指代"machine"，这就说明"machine"一词在句中是一个集合名词，而根据句中的动词"make"和"promoting"引导的分词短语这一具体的语境，说明"machine"一词在此处是有生命的、有思想的，意为"核心人物"或"当权人物"。

原文：I hate to see a story about a bank swindler who has jiggered the books to his own advantage because I trust banks.

译文：因为我信任银行，所以我讨厌看到银行诈骗犯篡改账目、损人利己的报道。

在翻译原句时，根据上下文，不能将原句中的"story"译为"故事"，而应理解为"报道、新闻"之意；不能将原句中的"books"译为"书本"，而应理解为"账目"。

（2）理解句法结构

英汉两种语言属于不同的语系，汉语属于汉藏语系，英语则属于印欧语系，且不同民族在思维方式上也不同，这就导致英汉语句结构存在很大的差异。

在表达同一个意思时，英语和汉语有时会采用不同的句法结构。因此在翻译时，译者需要认真理解原文中的句法结构并进行仔细分析。例如：

原文：It will strengthen you to know that your distinguished career is so widely respected and appreciated.

译文：当您认识到您的杰出事业是如此广泛地受到人们的尊敬和赞赏时，您就会为自己增添力量。

原句引自美国前总统理查德·尼克松于1972年写给病危中的美国著名记者埃德加·斯诺的慰问信。译者要想翻译这句话，首先应正确分析句子结构，否则容易引起表达错误。如果把该句误译成"这样会使您更加认识到，您的杰出事业是如此广泛地受到人们的尊敬和赞赏，就是把不定式短语 to know that...appreciated"错误地当作"will strengthen"的状语，没有看出这一不定式才是句子的真正主语，而"it"只是充当形式主语，没有任何意义。

原文：There was no living in the island. 译文：那座岛不能居住。

译者需要准确理解英语中句型"there is+ 动名词"的意思。这一句型实际上相当于"we cannot+ 动词原形"或"it is impossible to do"。因此，如果译为"那岛上无生物"就是错误的。

2. 表达阶段

表达是实现由源语到目的语信息转换的关键。在表达阶段，译者要了解源语和目的语在表达方式和文化上的差异，以使译文忠于原作，且符合译语的表达习惯，此外，译文还要恰当地再现原文的风格。具体来讲，译者翻译时需要在以下几个层次上对原文和译文负责。

（1）自然层次

自然层次是对译文行文的基本标准。对所有类型的文本，译文都必须自然流畅，符合译人语的习惯。只有极少数例外的情况，初学翻译的人可能常常译出很别扭的译文来，除了本身文字功底尚欠火候之外，主要是过于拘泥于原文，选词用字照抄词典，不顾上下文是否合适，过于拘泥于原文的句子结构，如词序等。例如：

原文：The men and women throughout the world who think that a living future is preferable to a dead world of rocks and deserts will have to rise and demand, in tones so loud that they cannot be ignored, that common sense, humanity, and the dictates of that moral law which Mr. Dulles believes that he respects, should guide our troubled era into that happiness which only its own folly is preventing.

译文1：希望有一个可以活下去的世界而不要一个到处是岩石和沙漠的死亡的世界，各国的男男女女必须起来用一种人们不能置之不理的洪亮声音，大声疾呼，要求让理智、人道和杜勒斯先生所说的他所尊重的道义原则，来引导这个多事之秋的时代，进入只有时代本身的愚蠢在阻止人们达到的幸福境地。

译文2：充满生机的未来世界胜于遍布岩石和沙漠的荒野，凡持此观点的世人，都应该行动起来，用无比洪亮的声音唤醒众人。正是我们今天的愚蠢做法在阻碍着人类走向幸福，我们必须依靠理智、仁慈及杜勒斯先生所倡导的道义原则，来引导这个动乱的时代迈入幸福的天堂。

原文一句话多达71个单词，其中套着3个定语从句、1个宾语从句和1个状语从句。

译文1没有分好层次，显得十分生硬，仅主语就达39字之多，表达十分笨重；译文2分清层次，将句式做了调整，清爽了许多。

（2）文本层次

文本层次是指原文的字面意义。原文既是翻译活动的起点，也是终点，任何翻译都不能离开原文。但是，即使是同一个意思，原文表达的方法不同，翻译时所应采取的策略、译文表达也会不同。有时即使是同一个词也会有不同的译法。例如：

[例1]She is the last woman to come.

译文：她是最后一个来的。

[例2]She is the last woman to do it.

译文：她绝不会干那件事的。

以上两个例句中的"last"，虽然都取其"最后"的含义，但翻译出来的说法并不一样。

例1可以直接翻译成"最后"，而例2则要取"最不可能做某事"的含义，这样译文才能更加准确、清楚。

（3）黏着层次

黏着是指语篇中句子之间的衔接。对于英汉两种语言来说，两者在语法、词序上有很大的差别。另外，英语多长句，句中经常包含很多从句；汉语多短句，句中少有衔接词汇。这些差别都要求译者在翻译时必须注意调整译文结构，使译文成为一个符合目的语读者表达习惯的连贯整体。例如：

原文：The English arrived in North America with hopes of duplicating the exploits of the Spanish in where South America, where explorers had discovered immense fortunes in gold and silver. Although Spain and England shared a pronounced lust for wealth, differences between the two cultures were profound.

原译：英国人抱着和西班牙人开拓南美洲一样的动机来到北美洲，西班牙的探险者在南美洲发现了大批金银财宝。虽然西班牙和英国都同样明显地贪图财富，但是两国的文化却存在着很大的差异。

改译：当年西班牙探险者在南美洲发现了大批金银财宝，而英国人来到北美洲的动机也如出一辙。虽然两国对财富的欲望同样强烈，但是两国在文化上却存在着巨大的差异。

本例原文的第一句含有一个定语从句，原译将它拖在主句的后面，结果两个句子之间的衔接显得非常别扭，整个段落支离破碎。改译中根据汉语习惯，按时空顺序组织句子的规律，将原文中的定语从句译成汉语后放在主句之前，这样整个段落就比较连贯了。

3. 校改阶段

校改阶段是翻译的最后一个阶段。译文不论翻译得多好，也难免会有疏忽和错漏的地方，因此需要认真校改再加以补正。校改实际上是对原文内容的进一步核实，以及对译文语言的进一步推敲和完善的阶段。因此，校改并不是简单地改错，译者必须认真对待这一环节。校改阶段主要完成两个任务：一是检查译文是否精确；二是检查译文是否自然简练。在校改阶段，译者应注意以下几个方面：

（1）审校人名、地名、数字和方位是否有错误。

（2）审校译文中大的翻译单位，查看有无错漏、误译或欠妥之处。

（3）审校专业术语是否正确。

（4）核查成语及其他固化的表达结构是否准确、恰当，包括各种修辞手法和修辞习惯。

（5）校正错误的标点符号，使其符合目的语的语言规范。

（6）力求译文没有冷僻罕见的词汇或陈词滥调，译文段落表达自然、简练。

通常来说，译文必须校改两遍以上，第一遍着重校改内容，第二遍着重润饰。润饰是为了去掉初稿中的斧凿痕迹，即原文对目的语的影响或干扰，使译文更加自然流畅，更符合目的语的习惯；通常的做法是先抛开原文，以地道的目的语的标准去检查和衡量译文，并进行修改和润饰。如果时间允许，再把已校改两遍的译文对照原文通读一遍，进行最后一次的检查、修改，务必使所有问题都得到解决，这样的译文才算是定稿。此外，如果条件允许，最好能请别人挑错，因为译者本人往往受自身思维模式的束缚，很难发现自己的错误。译者还可以在校改完之后将译文放置几天，再拿出来看时或许会发现一些之前没发现的问题。

二、翻译与文化的相互作用

美国翻译理论家奈达曾在其著作《语言、文化与翻译》一书中指出："对于成功的翻译而言，双文化能力比双语言能力更加重要，这是因为词语只有从它们所赖以生存的文化的角度去考察才真正具有意义。"由此可以看出，翻译与文化之间是紧密相连、互相影响的关系。一方面，翻译可以促进和丰富文化；另一方面，文化又促进并制约着翻译。

（一）翻译促进、丰富文化

翻译作为一种跨文化交际行为，通常担负着传播文化、丰富文化的使命，这也是翻译的意义与价值所在。翻译不仅能促进译入语文化的发展，还促进了不同文化之间的传播与交流。语言作为文化的代码，不仅具有认知表达功能，还有储存文化信息和传播文化的功能。当人们用文字来表达某种思想或叙述某种事物时，不单是在进行知识的传播，也是在进行文化的传播，并且是多维文化的传播。而通过翻译这一中介，世界各地的文化都得以传播、交流、融合，碰撞出新的火花，焕发出新的生机。下面就从新词的产生和文学的发展这两个方面，对这一点进行说明。

（1）随着我国改革开放的深入，汉语同英语之间的交流也达到了空前的深度与广度，其中最明显的体现便是外来新词的不断产生与涌入，如表2-1所示。

表2-1 新型词汇

新型词汇	新型词汇
DVD（影碟）	AA（各付各账）
WTO（世界贸易组织）	VIP（贵宾）
cool（酷）	sofa（沙发）
E-mail（电子邮件）	coffee（咖啡）
party（派对）	ID（身份证）
honeymoon（蜜月）	Cold war（冷战）
Credit card（信用卡）	Olive leaf（橄榄枝）
blueprint（蓝图）	Black market（黑市）
Tower of ivory（象牙塔）	show（秀）

以上这些词语或是音译的结果，或是在中西交流中语义引申的结果，或是外来词异化翻译的结果。无论哪种，它们都已为人们所接受，并成为汉语表达的一部分，从而使中国的语言文字有了新的发展，也使我们开始更为精确地表达在本土文化中本不存在的事物或现象。

在西方文化传入中国的同时，中国传统文化也有部分传入了西方，并对世界产生了广泛的影响。今天，外国许多国家都知道了中国的太极拳、少林寺和武术，了解了中国的节日习俗，认可了中国人名的表达方式，如跨栏飞人叫"刘翔（Liu Xiang）"而不是"Xiang Liu"，篮球明星是"姚明（Yao Ming）"而不是"Ming Yao"。

（2）针对文学来说，中国文学在1890—1919年掀起一次翻译高潮，对我国文学发展产生了以下几个方面的重要影响：

①大量的外国文学作品尤其是外国小说被介绍给中国读者，这使中国传统的知识分子开始承认小说的独特价值，并将之纳入文化领域，使其置身于诗词古文作品之间。

②小说的翻译改变了我国传统的写作技巧。西方小说注重心理描写及细腻的景色描写，这打破了我国传统的重意境渲染的文学写作风格一统天下的局面，对文学写作的多样化产生了巨大影响。

③文学翻译还改变原有的文学观念，引入了新的思想内容，对我国新诗、话剧、白话小说的诞生与发展产生了巨大影响，直接促进了我国文学发展的现代化。

（二）文化促进、制约翻译

1. 文化影响翻译选材

文化影响翻译选材具体表现在翻译目的与文本选择方面，而这里所说的文化主要是指文化中的意识形态。在中国翻译史上，翻译介绍外国名作为中国政治服务，用外国作品的政治态度或作者的思想观点作为翻译选材的标准，这样的例子非常多。

在中国近代翻译活动中，严复、林纾可谓风云人物。林纾在翻译斯托夫人的《黑奴吁天录》时，其目的动机非常明确。19世纪40年代，中国广东沿海一带成千上万的贫民被拐骗到美国开发矿山、修筑铁路。他们为在艰苦的环境中求得生存，付出了难以承受的繁重劳动。然而，19世纪50年代，美国加州通过并出台了一系列歧视排斥华人的法律；1868年西海岸有4万名华工被逐出矿区；1871年洛杉矶的中国劳工惨遭屠杀；排华运动愈演愈烈。1882年，美国国会干脆通过排华法案，可是腐败的清政府并不敢同美国政府进行交涉。林纾认为，华工之所以受尽欺侮，关键是中国的国力太弱。林纾说，他翻译《黑奴吁天录》就是要使中国人正视这种"为奴之势逼及吾种"的现实。在该书的《跋》中，他再次强调与魏易翻译此书的愿望："余与魏君同译是书，非巧于叙悲以博阅者无端之眼泪，特为奴之势逼及吾种。当今变政之始，而吾书适成。吾书虽俚浅，亦足为振作志气，爱国保种之一助。"林纾出于爱国热忱，希望通过翻译此书给国民敲响警钟，使其均认识到亡国灭种的危险。

2. 文化影响翻译过程

美国语言学家爱德华·霍尔认为："翻译不但是两种语言体系的接触，而且是两种不同文化的接触，乃至是不同程度的文明的接触。翻译过程不仅仅由语言因素所决定，还由社会因素和心理因素所决定。"由此可以看出，翻译不仅仅是两种语言之间的转换，也是形式的转化，更是文化的转换。换句话说，翻译在语言转换的过程中要把整个交际语境考虑在内，同时又能允许读者以一种他们认为自然而又妥当的方式对译文做出回应。这里的交际语境，指的就是文化因素。一方面，文化具有共同性，任何文化之间都会有一定的重叠，这也是翻译的基础；另一方面，文化也具有多样性，大多数的文化意义都是存在差异的，这便是翻译的难点。

概括来说，翻译可以分为两大阶段，即理解和表达阶段。理解是翻译精准、得当的前提，表达是落实这一标准的实际行动。无论在理解阶段，还是在表达阶段，译者都必须结合文化因素来思考和选词造句。一篇文章对读者所传达的不仅是文字知识，还包括其在特定社会条件下所形成的独特的文化信息，如民族情感、个人情感、生活态度、风俗习惯等。因此，如果译者仅从文字的表面推敲，就很难准确理解原文的精神实质，译文自然也就难以再现原文的神韵。

这就需要译者准确分析和翻译原文的文化意义。但由于译者本身也是一个文化个体，虽然他可能并没有意识到，但他其实确实正受到自身文化取向和文化身份的影响。因此，无论译者在翻译时再怎么努力摒弃主观因素，也抛不掉自己身上的文化烙印。这种烙印根深蒂固，其影响甚至会贯穿整个翻译过程的始终。

第三节　文化差异对翻译的影响

通过前面的介绍可以推断，文化差异必然会给作为跨文化交际中一个重要形式的翻译带来极大的影响。根据奈达对翻译中的文化因素所做的分类，本节结合实例来分析中西文化差异对英汉翻译的影响。

一、语言文化差异对翻译的影响

语言不仅是文化的重要组成部分，还是文化的载体。英汉两种语言的词汇、句法、习语、修辞等都有各自的特点，而且这些特点对翻译有着最为直接的影响。

（一）词汇方面

词汇含义的部分重合或字面含义相同、实际或文化含义不同的现象十分常见。例如汉语中的"宠儿"是指被他人特别宠爱的孩子，而英语中的"favorite son"指的却是被自己所在的州所拥护的政治候选人。如果译者不了解这些不同，就可能产生误译问题。由此可见，译者在翻译的过程中了解词汇的深层文化内涵非常重要。例如：

原文：It was Saturday afternoon, and the landlady was cleaning the stairs.

译文：那是一个星期六的下午，女房东正在打扫楼梯。

在英国，常有人将房屋分间进行出租，这样的人通常被称为"landlord"或"landlady"。译者如果不了解这一文化背景知识，则很有可能将"landlady"错译为"女地主"。

（二）句法方面

在句法上，汉语造句要注重意义连贯，句子形式可根据表意需要加以变通，较为随意，即汉语重意合。相比之下，英语造句对结构有着严格的要求：句子不仅要结构完整，还要注重形式接应，句子的形式严格受到语法的制约，即英语重形合。因此，在句子翻译层面上，译者必须要考虑到英汉句子衔接方式的不同，从而使译文更加符合目的语的表达习惯。例如：

原文：种瓜得瓜，种豆得豆。

译文：As you sow, so will you reap.

本例汉语表达中并无任何连接词，却能得到很好地理解。而英语句子却需要靠"as"和"so"来衔接前后，表明逻辑关系。由此即可看出汉语重意合、英语重形合的特点。

除了形合、意合的差异外，英汉句子在主语表达上也存在差异：英语习惯用非生物名词做主语，而汉语习惯用生物名词做主语。所以，译者在翻译时要注意对主语进行位置上的调换。例如：

【例1】It is believed that his performance is the best.

译文：人们认为他的表演最好。

【例2】Not a sound reached our ears.

译文：我们没有听到任何声音。

（三）习语方面

习语是一个民族文化的积淀和人民智慧的结晶，有着明显的民族性。因此，英汉两种语言中的习语也存在着很多形似而意悖的现象，所要表达的意思与其字面意思往往没有直接的关系。因此，习语的翻译往往要求译者对习语本身有十分透彻的理解，否则就很容易产生误译。例如：

原文：He is the man who always wears two hats.

从字面上理解，"wears two hats"可译为"戴两顶帽子"，但如果这样翻译，读者会对译文不知所云。其实，这一习语是"身兼两职、双重身份"的意思，如果了解了这一含义，上句的翻译就不会出现错误了。再如：

原文：Since Mike's wife passed away, he's been wearing two hats at home as both father and mother.

译文：自从迈克的妻子去世以后，他在家里既当爹又当妈。

原文：They are so shorthanded at Joe's office that he has to wear two hats.

译文：乔的公司太缺人手了，他不得不同时担任两个职务。

（四）修辞方面

修辞是语言表达艺术化的一个重要方法，在文学作品和日常生活中多有涉及。很多修辞虽然同时存在于汉语和英语中，但在具体使用上却存在或多或少的差异。这些差异对翻译造成了不小的障碍。例如：

原文："...you had got to the fifth bend, I think?"

译文："……你说到了第五个弯儿了，不是吗？"

原文："I had not!" cried the Mouse, sharply and very angrily.

译文：那老鼠很凶很愤怒地喊道："我没有到！"

原文："A knot!" said Alice, "oh, do let me help to undo it."

译文：爱丽丝道："你没有刀吗？让我给你找一把罢！"

本例原文利用"not"和"knot"这两个谐音单词制造出双关修辞，贴切地表现了爱丽丝的心不在焉的状态，达到了幽默的效果。一般来说，双关几乎是不可翻译的，因为汉语中很难找到合适的词与英语单词谐音。如果照搬直译，译为"一个结。噢，让我来帮你解开（结）"，一则显得单调乏味，二则没有体现出"not"和"knot"这两个谐音单词制造出的双关修辞。但赵元任先生利用"到"和"刀"这两个谐音汉字也制造出了双关修辞，再现了原文的语言特色，实属佳译。

总而言之，英汉两种语言所属语系不同，其语言表达习惯、形式等都有巨大的差异。这就要求译者必须熟悉和灵活处理这些差异，将原文的语言风格、文化内涵原汁原味地呈现给读者，这样才能译得准、译得好。

二、社会文化差异对翻译的影响

社会文化错综复杂，包罗万象。一个民族的历史、政治、经济、风俗习惯、价值观、思维方式，以及社会活动的特点和形式等都是社会文化的表现。与其他差异相比，社会文化差异对翻译造成的影响更大一些。以下将针对几种英汉社会文化表现差异对翻译的影响进行简要介绍。

（一）价值观念

翻译必然涉及价值。翻译价值问题是翻译研究中的一个重要话题。我国翻译研究领域的诸多知名学者都曾围绕该话题有过精辟论述。方梦之指出："一个独立的社会群体往往会有一套完整的价值体系。面对翻译，人们遵从特定的价值基准而抱有一套信念、原则和标准。"

由此而言，翻译原则、翻译标准的确立都基于特定语境下的翻译价值观，而翻译行为必然以一定的价值追求为目的。许钧甚至认为，翻译作用、翻译功能、翻译影响及翻译价值这些词语，"虽然意义有所区别，但就本质而言，指的都是翻译活动应该起到或所起的作用"，因此，"在这个意义上，建立翻译的价值观，可为我们进行翻译评价与批评提供理论的基础"。

汉语社会文化价值观推崇谦虚，如在文章中经常可以看到"鄙人""犬子""拙文"等谦辞。而英语社会文化则推崇个人表现，目的是展现个人的自信，故很少有这类自谦的用词。

（二）思维方式

相对而言，中国人重具象思维，对事物的描述和表达都尽可能具体；而英美人重抽象思维，擅长用抽象的表达描述具体的事物。因此，英语科技文章中多概括、笼统的抽象名词，而汉语文章中多具体词语。译者在翻译这些具体词语时，如果生硬直译，必然会使译文晦涩难懂，因此需要将英语中的大量抽象名词具体化，以使译文符合汉语表达习惯。例如：

原　文：Is this emigration of intelligence to become an issue as absorbing as the immigration of strong muscle?

译文：脑力劳动者移居国外是不是会和体力劳动者迁居国外同样构成问题呢？

本例原文中的"intelligence"一词原意为"智力，理解力"，"muscle"的原意为"肌肉，体力"。但译文并没有进行死译，而是灵活地将它们译为"脑力劳动者"和"体力劳动者"。很明显，将抽象名词具体化以后，译文就更容易被读者所理解了。

(三) 风俗习惯

风俗习惯涵盖的范围很广,如称呼、寒暄语等都属于风俗习惯的范畴。中西方风俗习惯上的差异也要求翻译者必须综合考虑源语文化和目的语文化,对其灵活进行翻译,不能将源语文化"生拉硬拽"至目的语中,否则译文就得不到目的语读者的理解和接受,达不到文化传播的目的。

在称呼方面,英语中的亲属称谓只有"dad""mum""grandpa""aunt""uncle"等为数不多的几种表达,而且多数情况下人们经常直呼其名。但中国素有"礼仪之邦"之称,称谓尊卑有别、长幼有序,区分得十分严格。有时一个称谓不止一种叫法,如"妻子",英语中只有"wife"一种叫法,但汉语中则有"老婆""爱人""内人""内子""拙荆""堂客"等多种称呼。因此,在翻译中遇到这种情况时,译者需要根据上下文情况弄明白文中人物的亲属关系,从而确定具体应该翻译成汉语中的何种称谓。

在寒暄语方面,中国人见面打招呼时常说"你要去哪儿""你吃饭了吗"。类似这样的话语只不过是礼节性打招呼的一种方式,并无深意。然而,西方人对这几句话却非常敏感,如果译者翻译时直译,容易令他们不知所措甚至有可能引发冲突。因此,译者要视具体情况做出相应的客套话的转换,改用英语惯用语"Good morning""Hello"或者"How are you"等。中国人在至爱亲朋之间,很少用"请""谢谢"之类的用语,因为不是外人,无须那样客套,若多用反而见外。可是在英语文化中,"thank you""please""excuse me"等却常不离口,即使在夫妻之间、父母与子女之间、好朋友之间也要不厌其烦地使用。

在祝贺、赞扬、道谢等方面,英汉民族的习惯基本上也不相同。例如英美人士听到他人对自己的赞美时,通常会接受赞美,并表示感谢,而中国人面对赞美时常表示出自己受之有愧。

第四节 生态翻译理论与文化维度

一、生态翻译学及其渊源

(一) 生态翻译学简述

生态学与翻译学的联姻使翻译研究出现了更广阔的研究空间。2004 年,胡庚申教授出版了译论专著《翻译适应选择论》。此专著以达尔文的适应选择学说为指导，认为翻译是译者适应翻译生态环境的选择活动。在此基础上，他又多次撰文明确提出了自己对生态学与翻译学联姻的看法，提出了"生态翻译学"及翻译研究的"生态转向"。

胡庚申认为，"生态翻译学起步于2001年，全面展开于2009年"，所谓"生态翻译学是一种生态学的翻译观，或者说是一种生态学的翻译研究途径。它着眼于翻译生态的整体性，从翻译生态环境的视角解读翻译过程，描述译者与翻译生态环境之间的关系，聚焦译者的生存境遇和翻译能力发展"。单从概念定义可以看出，生态翻译学聚焦了"生态学""生态环境"等关键词，尝试引入跨学科的新途径来研究翻译。从内容上看，生态翻译学倡导"译者为中心"，基于翻译理论的生态学建构和整体生态系统内的翻译环境，从译者视角对翻译本体活动做出新的描述和解释。从语法学角度来看，翻译学是"生态翻译学"中的核心词，生态是修饰语，可以理解为从生态学的色度来探索翻译现象，与语言翻译学、文化翻译学、认知翻译学、社会翻译学同属于翻译学范畴。从翻译学的本位立场出发，"生态翻译学"比较适合作为翻译学一门分支学科的称谓。

生态翻译学是翻译研究的新范式还是新视角？它是否具有存在的科学性？它的理论基础和理论核心是什么？它能否成为一门学科？它的研究对象、研究方法是什么？其未来发展前景如何？这些问题目前在学术界还没有达成共识，一切都还处于探索和质疑阶段，人们对生态翻译的关注还比较少。翻译中具有生态元素的研究才只有二十余年时间。1988年，彼得·纽马克在翻译过程文化介入的分类中包含了翻译的生态学特征。笔者认为，生态翻译学研究应该有两个目的：一是借鉴生态学的基本思想，如整体观、联系观及和谐观，用于翻译研究，从而拓展、改进和丰富翻译研究；二是从生态学的立场出发，以生态学视角的翻译研究作为跨学科整合研究的龙头学科，以生态学的思想为依据来建构翻译学，从而使翻译研究多维化、语境化、整体化和系统化。

（二）生态翻译学产生的渊源

生态翻译学的产生具有多维因素，主要包括历史必然性、时代特殊性、理论基础性、学科方法性及本体兼容性等。自18世纪60年代蒸汽机开启工业革命时代，到现在的互联网产业蓬勃发展，凭借科技力量，人类管理万物的身份完全确立。人类中心主义思想在西方长期盛行，"植物的存在就是为了动物的降生，其他一些动物又是为了人类而生存。驯养动物就是为了便于使用和作为人们的食品，野生动物虽非全部，但其绝大部分是作为人们的美味，为人们提供衣服及各类器具而存在"。亚氏的自然目的论思想为人类征服自然和统治自然提供了充分的理由和不竭的力量，也造成了西方人类与自然、文明与环境的对抗。人类中心主义在拔地而起的工厂、伐木造田、截流开道等方面得到了淋漓尽致的体现。森林的迅速消失，物种濒于灭绝，沙尘暴、泥石流、空气污染、海啸、气候变暖、甲型流感等现象表明，久被践踏的自然生态环境受到了严重的破坏并直接威胁到人类生存。这种生态失衡使人类不得不在不同的领域，从不同的层面去思考、去解决问题。历史的因素注定了生态危机的爆发只是时间的问题，这就决定了生态视域翻译研究的产生具有一定的历史必然性。

从1978年美国学者威廉·鲁克特尔在《文学与生态学：一次生态批评实验》的文章中首次提出生态批评到现在的短短几十年间，生态批评表现出了顽强的生命力。从美国到欧洲、亚洲，再到全世界，从生态学到文学、哲学、教育学、建筑学、翻译学等不同领域。生态批评逐渐成为人们研究的显学。这说明在不同区域、不同领域、不同国度及不同意识形态之间都存在着严重的生态失衡。

在当今世界全球化背景下，种族之间、区域之间、国际之间的交往更加频繁，多元文化主义的全球性盛行使翻译研究必须适应这一时代的特殊性，采取跨学科整合统一的方法和视角。

生态视域翻译研究产生的理论基础性在于翻译研究本身已取得的理论成果。在翻译研究出现语用学、文化和认知等转向后，语言翻译学、女性翻译学及认知翻译学等，都为生态视域翻译研究的产生和理论建构提供了一定的思想启示，做出了一定的贡献。另外，"翻译适应选择论对翻译本体的探讨和描述，对生态翻译学话语体系的建构来说具有举足轻重的意义"。翻译研究的生态跨学科性离不开生态学、生态哲学的学科支撑，而生态学及生态哲学中的许多思想促成了生态翻译学的概念、原理等的生成。任何事物的产生都离不开母体，翻译的目的性决定了它的兼容性，而本体的兼容性特点加速了生态翻译的出现。翻译中的一系列差异和不对等阻碍了翻译中主体间性对话的流畅实现，生态视域翻译研究的目的就在于解构这些差异和不平等，建构新的翻译研究范式。

二、翻译研究的物种、性别和种族维度

在全球一体化的今天，不同种族、民族、国家间的交往变得更加频繁，多元异质文化存在不断碰撞、交融和共生的现象。翻译研究作为人类的交际活动之一，在多维因素的影响下，相继出现了语用学转向、文化转向、经验论转向和全球化转向。在当前全球生态危机不断恶化的背景下，生态平衡与和谐是全球共同的责

任。这种责任必将使翻译研究领域出现生态转向,重视蕴含于翻译文本的生态失衡和历史语境。在全球化的多元文化主义下,翻译研究早就已超越了简单的异语转换。它已经与经济、社会、政治、种族、性别、物种及环境等问题紧密相关。

德国学者贾斯塔·霍尔兹·曼塔利提出了"译行为"指代"翻译",用来的生态之维至少体现在物种、性别、种族、区域及阶级等多个维度。生态翻译就是要消解隐含在翻译中的人类中心论、男性中心论、向人中心论、欧洲中心论及财富中心论等思想。

自1978年美国学者鲁克尔特提出生态批评至今,生态批评经历了人类中心主义、生物中心主义、地球中心主义及生态中心主义,最后到生态整体主义的发展历程。生物中心主义的提出,将人与动物、植物的关系研究推向了一个新的浪潮。西方人文社会科学领域在20世纪80年代后出现了"动物转向",这使人与动物的关系得到"'爆炸性'研究",文学作品中对动物的研究取得了空前的关注。如何在翻译中消解动物的他者地位,恢复其应有的主体性,实现主体间性原则,维护翻译生态环境的整体平衡与和谐,是生态翻译学研究不应忽视的一个问题。

胡庚申认为:"翻译是语言的转换,而语言是文化的一部分;文化是人类活动的积淀,而人类又是自然界的一部分。"同时,人类作为自然界中的成员,长期的人类交际活动形成文化,文化以语言为媒介传播,语言不通就需要翻译,因此,胡庚申得出翻译活动与自然界之间的相互关系,认为"作为人类行为的翻译活动与自然界的活动,不管是直接的还是间接的,总体上是关联的和共通的"。胡庚申的翻译活动与自然界之间的相互关系,为生态翻译奠定了重要基础。翻译到自然界不是线性的生成过程,这一翻译过程的实现经过了人脑的认知转化,有一定的时空性。同时,这一过程是在一种理想状态下的理论设想,要使翻译与自然界之间的相互关系得以顺利实现,必须解构其中包含的种种中心论和不平等的思想观念,在此基础上,可以衍生出生态翻译的多个维度图。

生态翻译首先是意识到生态差异的翻译,这种差异体现在多个维度。由于长期的人类与非人类、男性与女性、白种人与有色人种的二元对立,导致了物种维度、性别维度成为生态翻译中必须首要解决的维度问题,重点论述这两个维度问题,兼与胡庚申教授商榷其存在的合理性。译者只有意识到这些差异,才能在翻译中适应性地选择、解构性地建构,才能更好地做到翻译的"信、达、雅"。生态翻译观是主体间性原则指导下的平等翻译,它的目的在于解构一切中心主义和不平等主义,从而更好地服务于交流和信息的传达。

此外,生态翻译观是发展的翻译,因为"翻译理论本身是一个综合的、开放的系统,它与许多学科与艺术门类息息相通"。要实现生态翻译,必须在翻译生态环境系统内实现平衡对等，克服在物种、性别方面的制约因素。

（一）物种维度

一定历史语境下的语言和文化难免会烙上时代的印记。在人类中心主义思想下，在以人为万物的价值尺度衡量标准的前提下，人与自然界及其他物种处在一种统治与被统治的失衡状态下。而这种状态具体体现在语言和文化层面上。因此，在实际操作过程中会有许多影响翻译平衡的因素存在，如果忽视了自然界中其他生物的主体性，就等于忽略了部分交流的群体。生态翻译学的指导思想是生态整体主义，"生态整体观的基本前提就是'非中心化'，它的核心特征是对整体内部联系的强调"。生态系统中的所有成员是主体间性关系，不存在主体与客体、主动与被动、利用与被利用的关系。长期的人类中心论思想将自然界中的其他物种置于人类的支配和统治下，导致人与自然的二元对立。人是万物的主体，剥夺了非人类的主体性，使之成为他者，成为人类的对象性、工具性而存在，其他非人类世界没有内在价值，只有工具性价值。这种思想具体体现在语言文化上，从而在意识形态上体现一种人类中心主义的观点，阻碍了主体间性原则在翻译中的实施，影响了翻译系统的生态平衡。而生态翻译的物种维度就是要解构这种人类中心论思想，在语言文化翻译上恢复非人类世界的主体性，实现人类与非人类之间在语言文化层面上的主体间性原则，从而促进翻译中主体间性对话的流畅实现，解构人与自然的二元对立，实现人与自然的和谐，实现在物种维度上的生态平衡，从而维护翻译系统的生态平衡。

（二）性别维度

生态女性主义和女性主义翻译的兴起，是生态翻译性别维度产生的基础。法国学者佛朗索瓦·奥波尼于1974年在《女人或死亡》中首次提出了生态女性主义。生态女性主义者认为，女性和自然之间有着天然的联系，女性被自然化，自然被女性化，"女人＝生殖＝自然，男人＝生产＝文化"。对女性的压迫和对自然的支配在很大程度上促使了生态女性主义的产生，"生态女性主义的核心就是把男权社会对自然的压迫和对女性的歧视联系起来……在反对男权压迫与支配的斗争中寻求解放女性和解决生态危机的出路"，实现女性在政治、语言和权力等方面的平等，与男性进行主体间性原则的交往，实现两性之间的和谐。

20世纪80年代起逐渐兴起了女性主义翻译研究。女性主义者关注译作与原作的地位问题，认为传统的观点把译作与原作视作两极，所谓"优美的不忠"的内涵实质上体现了原作与译作之间的主从地位。"翻译像女人，忠实的不漂亮，漂亮的不忠实"不但包含着对女性的性别歧视，而且包含着对译作的歧视。女性主义者抨击翻译中男性话语的统治地位，试图利用新词、外来语及双关语等建立女性的语言格式，瓦解传统的语言观念。

女性主义翻译"过于情绪化、宗派化、观念化，实际上太主观"，过于强调"语言游戏的政治影响"。生态翻译的性别维度正是为了消解男性话语霸权和语言上的性别歧视，解构男性中心论，弥补女性主义翻译的局限性，恢复女性的话语权，实现两性在语言文化层面上的平等，实现主体间性原则的交往，实现生态平衡在性别维度上的体现，从而维持翻译系统的生态平衡。

基于生态整体主义的指导思想，从生态翻译的原则和目的来看，交互主体性翻译中，翻译的目的在于顺利完成翻译活动，从而促进交流，实现翻译生态环境的平衡。当译语的对象处于主体性地位时，译者在翻译时要意识到源语生成时的历史文化语境，源语作者的写作意图、对象和目的等，从而在翻译时解构消解源语中的性别歧视、文化霸权等影响翻译生态环境和谐的因素，实现和维护全球文化生态翻译系统的平衡。主体间性在生态翻译中具有重要的地位。没有翻译生态环境中的主体间性，译者中心论的存在就没有意义，它的存在就具有某种"中心主义"的色彩。

第三章　英语翻译教学理论概述

第一节　现代高校英语翻译教学概述

一、我国翻译学素质教育的基本目标

（一）语言分析和运用能力

翻译的工作对象是语言，工作目的是符合预期目的和交流任务的语际意义对应转换，这就要求译者首先要在语言分析上下足功夫，其中包括对语义（意义和意向）分析、语法结构分析和语段（即语篇）分析，在结构和成分分析的基础上正确把握语言的内容与形式，能做到操控自如。可以说，翻译教学的一切计划、措施、科目设置和教学环节及进程安排，都应当不失培养能力的宗旨，而且首先是语言分析和操控能力。

（二）文化辨析和表现能力

语言与文化相连，尤其是意义，与文化密切相关。语义分析不能脱离文化参照。在很多情况下，语义辨析涉及文化诠释，已超出了单纯的语义辨析范围，文化参照成了决定语义的根本依据。而且，语言的文化色彩遍及词语层、短语层、句子层及语段（篇章）层；语音、文字、文体、风格等各个功能层级也都有必须析出文化意义的问题。这一切有赖于译者的辨析能力。

（三）审美判断和表现能力

伴随语言文化分析的是审美判断，其实，翻译中的审美判断不限于文艺文体，任何文体（包括公文、科技文等）都有一个用词、用句是否适体、得当的考量，这就是审美。高层级的审美任务（包括意象、意境和风格把握等）更复杂，更有待于系统的能力培养。审美判断能力源于审美经验，绝非生而有之，关键在于培养。

（四）双向转换和表达能力

双向语言表达能力属于高级的语言转换活动。"双向"指既能从语言甲（源语）到语言乙（译语），又能从语言乙（译语）到语言甲（源语）。翻译要能做到"双向"并非易事，因此双向表达能力是翻译能力的重要指标。首先，"表达"有一个思维的内在过程，它是语言分析成果、文化辨析成果、审美判断成果这三个方面的思维活动成果期待于表达的整合和"全程归递"，它标志着思维已进入了有组织的高级形态；其次，表达式标志着经过整合、归递的有组织的高级思维内容的"句法赋形"，要能达到这个标准，非经过有计划的培训不可。

（五）逻辑分析和校正能力

上面已经提到了语言表达中的逻辑问题。其实表达中的逻辑问题源于思维逻辑，亦如上述。思维逻辑表现为概念、判断和推理的科学性（包括清晰性、有序性和前后一致性），这对翻译而言是十分重要的。有时候，词、句意义把握并无错误，问题出在逻辑上，整个翻译便功亏一篑。

以上五项就是翻译能力培养的主要方面，也可以说是翻译能力结构的五个维度。实际上，翻译能力培训的过程，也就是强化受培训者的认知的过程，是他从对翻译、对学习翻译知之不多到知之较多，最后达到知之甚多的过程。

二、翻译教学方法研究

世上没有任何科学根据可以让人们描述一种理想的教学方法。翻译教学也是如此，本书不可能罗列所有的教学方法，也不可能确定出最好的教学方法，而只能尝试在分析相关文献和观察翻译教学实际的基础上，结合相关教育教学理论，提出一些有益于教学的原则。

（一）突出学科特点原则

在翻译教学中主要指强调翻译学的特点和教育学的属性。具体说来，无论是教学内容的选择，还是教法的运用，既要结合翻译自身的理论，又要考虑到教育学的发展态势。譬如在口译教学中要考虑口译的即时交际、瞬时记忆、注重达意等特点，结合教育学关于记忆、思维等的理论来确定教学方法。

（二）以学习者为本原则

随着人本主义理念的普及，学习者成为教学的主体，充分发挥其主观能动性，建构知识，提升能力；而教师起到主导作用，为促进者、指导者和合作者。

（三）互动合作原则

社会学习理论强调行为、个体与环境之间相互交错的影响。而合作学习论者主张为学习者创设学习环境，指导他们在异质小组中互相合作，提高个人学习效果并达成共同学习目标。在翻译教学中，运用网络、多媒体等现代教育技术增强教学氛围的互动性、提高教学各因素之间的合作，有助于提升教学效果。

（四）问题探究原则

随着创新教育理念的推行，对于拓展学生的视野和思维，提高其问题意识、创新能力的要求越来越高。发现学习理论强调学生作为积极的知识探究者的作用。在翻译教学中，鼓励并引导学习者在广泛搜集资料的基础上，不断进行思索和探究，有利于培养应变能力强、敢于创新的翻译人才。

（五）开放发展原则

教育本身具有开放发展性，翻译教学也不例外。建构主义强调学习主体与客体之间的相互作用。知识建构过程是不断发展的。这里的开放发展有两层含义：一方面，学生在学习过程中实现认知和个性的和谐发展；另一方面，随着现代教育技术、教育学、语言学等理论技术的发展，教学理念、教学方法等也是动态的、演变的。

传统的翻译教学一定程度上受行为主义刺激—反应论的影响，虽然也有一定学习效果，但与以学习者为本、强调互动的教学理念大相径庭。我们应以学生为主体，以任务为形式，以现代教育技术为依托，创设互动合作的学习氛围，鼓励翻译理论反思和技能训练，并在实践中检验教学和学习效果。

三、高校外语翻译教学的基本教学模式

（一）以学习者为本，倡导自主式教学

该教学方法主要以人本主义教育理念为依据，教师在课堂上一方面关注学习者的整体需求，另一方面也考虑学习者之间的个体差异，因材施教，激发其学习动机和兴趣，培养其自主学习能力。人本主义理论关注个人的感情、知觉、信念和意图，以学习者为本、以兴趣为前提、以激发成就动机为出发点，使学生在感知识知的过程中自我发展。意义学习把逻辑与直觉、理智与情感、概念与经验、观念与意义等结合在一起。

依据这一观点，在翻译专业教学中，无论是课型语言知识课、翻译知识课、语言技能课还是翻译技能课，都应该针对学生的学习需求，激发其学习兴趣和动

机，结合其年龄、性别、性格、认知风格、学习策略等方面的不同，根据教学内容设置相应学习任务，使整体性教学与个别化教学相结合，顺利完成教学目标。同时，教师有责任指导学生去选择有效的学习方法和学习策略，鼓励学生确定学习目标，培养自我评估意识，使其能够在一定范围内控制学习内容，指导自身的学习行为。

针对学生知识技能的掌握程度，性格，学习风格（视觉学习者、听觉学习者、动觉学习者等），元认知策略，认知策略，社交情感策略等方面的不同，采用同伴教学、分组讨论、角色扮演、翻译工作坊、学习档案袋、成果展示等不同方式激发其主观能动性，使其乐于知、乐于学。

实践表明，在教学过程中尊重学生的学习风格有助于他们选择相应的学习策略，提高学业成就。同时，学生自己也可以在自我反思评价的基础上，选择学习资源（网络、教师、教材、同伴、专家、学术杂志等）或学习方式（讨论式、专题式、演讲式、任务式、探究式等），真正做到自主学习。

（二）以任务为中心，鼓励合作探究式教学

该方法主要以建构主义和合作学习理论为依据。发现学习理论主要强调教师要为学生创造独立探究的情境，培养其好奇心，使其具有内在学习动机，在发现学习的过程中组织并获取信息。知识的获取是一种积极的认知过程，是学生通过独立思考获得新知识的过程。合作学习的倡导者主张运用小组等形式，最大限度地促进学习者自身与他人的学习。合作学习是一种为获得学习效果而达成共同学习目标的教学方法体系。

合作探究式教学主张学习者在一定情境下通过合作探究等形式，借助必要的信息资源积累和发现过程主动建构相应的知识体系。其中教师并非知识的灌输者，而是学习的促进者和鼓励者，强调学生学习的主动性、目的性和合作性等。

该方法同时强调在翻译教学中以任务为中心。一是因为翻译的实践性和跨学科性较强，以任务形式组织教学活动有助于增强教学效果；二是目前任务型教学理念已经比较普及，未来的大学生早在基础教育阶段对该教学模式就有所接触，且了解其程序及功能，有助于开展教学。该方法应用范围广泛，无论是翻译理论学习还是翻译实务演练，无论是知识建构还是技能操练，都可以进行任务型合作探究。

具体说来，可以围绕某个学习主题，设定某个教学目标，将学生进行分组，组织他们按照一定的程序、顺序、进度等，通过运用相关教学资源和学习策略，在合作探究中完成某项活动，有一定的学习成果并达到评估要求。在翻译理论课教学中，鉴于翻译理论的纷繁庞杂，教师可以采用专题式或人物志式就相关理论

问题（翻译标准、译者作用、译学框架等）先进行阐释归纳，然后设定研究任务，提出要求并提供学术网址、杂志名称、相关研究概况等资料，将学生分成4~5人一组，要求他们在查找资料、咨询专家、互相研讨等的基础上，根据自身体验和思考结果，在一个月内撰写一篇5000字左右的符合学术规范的论文。最后，根据创新性、理论意义与实践意义、语言文学水平、学术规范等要求，评定论文重量，统一记入小组成绩，并作为课堂评估的一部分。这样将有助于培养学生的探究能力和合作精神，也在一定程度上提升了他们的科研意识，加深了他们对翻译理论的理解和感悟。

一般情况下，在真正的翻译实践中，译者通常会针对自己的译文检查几次来纠正错误及表达，然而据调查，学生在翻译时很少会在翻译后进行检查，这也是专业译者与非专业译者的区别。所以在教学过程中，教师应该要求学生在翻译的整个过程中对译文文本进行检查，这种检查并不是重新阅读一遍，而是需要重新进行思考。

首先，学生应该从翻译材料本身开始，检查源语中是否存在一些错误。其次，学生要回到源语和相关的源语材料中来与译文进行对比，看一看两种文本之间是否存在一定的偏离（从语言角度）。通过对比，教师应当为学生提供一些翻译理论基础并让这些理论基础运用到翻译实践中，这样学生才可能对一些翻译理论理解得更加深刻，并且逐渐地培养一定的洞察力来运用到以后的其他翻译实践中。在这一过程中，教师的角色是一个传统的教师，他们需要要求学生进行译文检查并找出其中问题。他们还需要为学生讲解一些翻译理论基础并引导学生将理论与实践相结合。而学生在这一阶段则是一个参与者的角色，并且能够在翻译过程中起到一个积极主动的因素的作用。在检查译文的过程中，灵感和创造力对于译者来说尤其重要。此外还有一点需要在这里提及的就是一些课外需要做的。事实上，课堂时间是极其有限的。但是对于翻译来讲最重要的要素就是要有足够的练习，其能够增加学生的翻译实践与知识并提高学生的语言能力，无论是在课堂上还是在实际交流过程中，语言知识都是翻译的基础，它是和翻译能力紧紧相连的。因此我们应该将这些知识看成是翻译的一个核心部分。然而，在某种程度上，知识结构也影响着翻译的进行。想要解决两者间的矛盾，这一模式建议教师应该尽可能地给学生提供书籍、杂志及网站，来让他们选择其中的一些进行课外的训练与知识的扩充。教师还应该安排一定的时间来检查学生的课外自学完成情况或者给学生一定的时间来答疑。有效的课外练习监督是翻译教学过程中不可分割的部分。在这一阶段，教师的角色是信息的提供者和咨询者，他们要给予学生足够的学习资源或比较优秀的译文文本，并帮助他们解决整个过程中涉及的问题。而学生的角色则是一个命令的执行者和问题的提出者。他们需要做教师要求他们做的所有事,并针对不懂的地方及时向教师反馈以寻求解决方案。

(三)重视互动式教学

该教学方法主要以社会学习理论为依据。该理论把行为,个体(主要指认知等其他个人因素)和环境看作是相互影响的、互为联结的一个系统,三者互为作用,但作用强度因活动、个人及环境条件的不同而不同;强调人类的许多学习都是认知性的,而人类学习主要来源于反应的结果和观察,榜样的展现会产生观察学习效应(观察者习得了一种新奇的反应),抵制效应(观察者加强对自己已有行为的抑制),解除抵制效应(观察者削弱对自己已有行为的抑制),社交促进效应(引发观察者行为库中已有的反应)等不同结果。学习者在学习过程中相互启发、相互影响,主动构筑知识结构。

在具体教学中,这种交互作用可以体现为课堂学习活动、教师、学生与学习环境之间所存在的相互作用,而这些因素之间的积极互动必然会促进学习者知识与技能的训练。这种交互作用在传统的注入式教学中是不可能的,因为在传统的以黑板、粉笔、教材为主的学习环境中,教师一般占据主体地位,占有学习资源(如教材),在课堂上拥有话语权,而学生处于被动接受的地位,在课堂上几乎没有话语权。这时的信息交流是单向的,缺乏民主互动的。我们应该在教学中营造宽松的氛围,优化教学和学习环境,促进各教学因素之间的交互作用,提升教学效果。该教学法适合与多媒体、网络技术等相结合,因为现代教育技术为交互作用提供了更加宽松适合的环境,可以进行双向或多向的师生、学生之间以及人机等的交流。特别是在讨论具体的翻译技能或者合作完成某项翻译任务时,电子邮件、博客、网络音频等为跨文化交际提供了相对民主便捷的交际方式,而搜索引擎所能找到的国内外各学术网站、报刊文摘、引用数据库等提供了大量的资源,又如口译教学中为了促进互动,师生、学生之间互相配合可以模拟国际会议、商务谈判等口译活动,同时通过同伴反馈、教师反馈、专家反馈、计算机反馈等方式帮助学生认识搭配不当、逻辑混乱、欠额翻译、超额翻译等问题,指导学生进行及时修改和练习。当然,在传统的翻译专题讨论或者讲解式课堂教学中师生之间、学生之间的及时互动也有助于活跃翻译课堂气氛,避免理论阐释或技能分析的单一枯燥,促进教学成效。

(四)运用现代教育技术,丰富翻译教学手段

随着现代教育技术的发展,多媒体、网络、语料库等在外语教学中广泛应用,

不仅丰富了教学材料，也改变了传统单一的"黑板＋粉笔＋课本"的教学方法和手段。目前，多媒体信息系统把文本、声音、图像等进行集成，信息呈现形式既包括静态的、动态的，也包括视觉的、听觉的，而且易于操作，可以实现人机交互的界面内交互。

互联网为学习者和译者提供了大量开放的超文本信息资源，而且也为实时交流和非实时讨论提供了技术支持与便利条件，方便了师生、学生之间进行互动交流。而电脑语料库（包括原始语料库、附码语料库、平行语料库、学习者语料库、网格式语料库等）因其信息容量大、语料真实、便于检索等优势也在外语教学研究中发挥着日益重要的作用，不仅用于编写教材，还用于研究学习语言。尤其是课堂教学中，语料库将大量有真实语境意义的实例以数据或语境共现的形式呈现，有助于学习者进行知识认知和建构。

可以说，现代教育技术所带来的方法手段的变化将成为外语教育现代化的突破口。在翻译教学中，现代教育技术促进了翻译教学手段的现代化：无论是教师授课、学生学习还是师生交流，多媒体和网络已经成为重要的信息呈现方式、资料来源渠道和沟通交流媒介。机器翻译、自动编辑与校对软件的使用，信息传送等也成为教学内容之一。尤其是口译或同声传译教学，如果没有语言实验室、翻译箱等设备则形同虚设。目前通过网络、电视、广播等收集翻译信息和例证（包括纯语言类文章和实用类文章等），在翻译课堂上用多媒体呈现授课信息已经比较普遍。有的教师将所教授翻译理论流派的主要内容、教案、教学反思等上传到网上，同时与相关网站链接呈现相关知识背景、研究动态、发展趋势等，以加深学生的理解；有的教师借助多媒体与学生分组探讨翻译中的热点问题（如译学框架、译学趋势，翻译研究动态，译业行规等），创设师生互动氛围；有的教师尝试开发翻译教学软件，建构翻译教学平台，以在课堂上对学生的翻译过程进行动态监控、及时反馈、个别指导，学生自身也可以随时了解自己的学习情况；有的翻译教师在广泛搜集资料的基础上，自建教学资源库（如翻译英语语料库），大会翻译资源库，法律翻译资源库，英汉语文化资源库，翻译流派资源库等，应用到课堂教学中，鼓励学生到资源库中检索某一翻译现象在口笔译实践中出现的频率、常见的处理方式及效果等，在分析利用语料库资源（如文本等值概率分析、译文风格分析等）的基础上去总结规律，提升研究能力。总之，随着信息技术的飞速发展，电脑已经从辅助全面走向了教学前台。

四、高校外语翻译教学的基本目标

陈小曼、郑长贵认为，判断翻译作品质量的标准就是"原文之形，译文之义"，而为了将这一标准描述得更加具体，《课程要求》描述了高校外语翻译教学基本目标的三个层次的要求。其中，一般要求是学生"能借助词典对题材熟悉的文章进行英汉互译，英汉译速为每小时约 300 个英语单词，汉英译速为每小时约 250 个汉字。译文基本准确，无重大的理解和语言表达错误"。对学生的较高要求是"能摘译所学专业的英语文献资料，能借助词典翻译英语国家大众性报刊上题材熟悉的文章，英汉译速为每小时约 350 个英语单词，汉英译速为每小时约 300 个汉字。译文通顺达意，理解和语言表达错误较少，能使用适当的翻译技巧"。而对学生的更高要求是"能借助词典翻译所学专业的文献资料和英语国家报刊上有一定难度的文章，能翻译介绍中国国情或文化的文章。英汉译速为每小时约 400 个英语单词，汉英译速为每小时约 350 个汉字。译文内容准确，基本其中无错译、漏译，文字通顺达意，语言表达错误较少"。一般要求即可被看作高校外语翻译教学的基本目标。

五、高校外语翻译教学的内容

前面提过，翻译是综合语言输出形式，也是一种语言应用翻译，还融合了说和写的能力，因此，翻译教学中需要包含以下内容：

（一）英汉语言差异

由于翻译是目的语和母语这两种语言间的变换，翻译教学的首要内容就是两种语言间的差异。对我国的高校外语翻译教学而言，翻译就是英语和汉语之间的变化，因此，我国的翻译教学必须注重英汉两种语言之间的差异。连淑能从 10 个方面对英汉两种语言进行了对比。这 10 个方面分别为：综合语与分析语、聚集与流散、形合与意合、繁复与简短、物称与人称、被动与主动、静态与动态、抽象与具体、间接与直接、替换与重复。其中，前半部分是英语的特点，后半部分则是汉语的特点。当然，英汉语之间的差异远不止这 10 个方面，但这些方面的特点基本上总结了英汉语言之间的差异。高校外语教师在翻译教学中很有必要给学生传授一些此方面的知识，这可以有效减少中式英语或者英式汉语出现的频率。

（二）英汉文化差异

翻译还被认为是一种跨文化交际活动。而由于诸如地理环境、意识形态、宗教信仰、历史等方面的不同，不同文化下的语言在从表达形式到表达内容等很多方面都有区别，因此翻译与文化紧密相连。李建波从语用意义、历史典故、文学作品等方面对英汉语言中的文化差异进行了探讨，并讨论了"高校外语翻译教学中处理文化差异的基本原则与方法"。翻译教学中适当地介绍母语与目的语之间的文化差异将有助于减少理解上的误差，缩小两种语言间的距离，增强跨文化交际的顺畅度。

（三）常用翻译方法

翻译是各族人民沟通思想、交流的重要手段，也是学习外语的重要方式之一。翻译分为翻译理论方法和翻译实践两部分，二者之间是辩证统一的关系。翻译实践是翻译理论方法的基础，又常被用来检验翻译理论方法是否有效；翻译理论方法是对以前的翻译实践经验的总结，对这些理论方法的掌握有助于提高我们的翻译水平，促进翻译实践。张培基等认为，翻译常用的方法有增词法、重复法、省略法、正反—反正表达法、词类转译法、分句—合句法等，而在实际的英汉翻译过程中，除了一些常用的翻译方法之外，翻译者还需注意两种语言中特定句子结构及形式、特殊语言现象的翻译，如被动语态、名词从句、定语从句、状语从句、长句、习语、拟声词、外来词等。

（四）翻译核心策略

为了更好地将翻译内容通过目的语加以传递，或者在母语与目的语之间实现完美的转换，翻译过程中必须坚持一定的翻译策略：常见的翻译策略有三组：归化与异化、直译与意译、拆分与组合。

1. 归化与异化

归化与异化的概念最先由美国翻译理论家劳伦斯提出，它是翻译的策略与评判标准。归化译法以目的语文化为最终归宿，译者要以目的语文化中的读者为目标读者，因此，归化是通过采用目的语读者所习惯的方式来对原文的内容和信息进行表达，而异化则以源语文化为最终归宿，译者要以源语文化中的读者为目标读者，因此，异化是通过采用源语读者所习惯的表达方式来对原文的内容和信息进行表达。相对而言，归化有助于产生更流畅的译文，读起来可以使读者产生亲切感，有利于交流的顺畅；而异化有助于确保原文意义的真实性，读起来更有异国情调。

2. 直译与意译

直译与意译是翻译中常用的策略，主要聚焦于译文在形式及内容上与原文的一致关系。直译强调的是译文在形式及内容上与原文完全一致，即参照原文的信息和风格进行翻译；意译强调的是译文的内容与原文一致，但表达形式却与目的语一致，当前文学作品多采用意译的方式进行翻译。直译以源语读者为主要对象，而意译则以目的语读者为主要对象。

3. 拆分与组合

拆分与组合的翻译策略更加适用于英译汉，而非汉译英。拆分主要指拆分英语句子中的语法结构，因为英语是形合型语言，无论句子有多复杂，句子内部都是由一定的语法手段及逻辑手段连接起来的，所以英译汉时要先通读整个句子，然后根据语法结构和逻辑关系将句子拆分，主要是主从句的拆分、句子主干与其他辅助成分的拆分。在完成句子结构的拆分之后就需要进行句子的组合。组合是汉语句子的组合，是将原句所表达的意思按照汉语习惯进行重新组织的过程？由此可见，拆分与组合其实可以看作归化的一种形式。

六、高校外语翻译教学的方法

与高校外语教学中的其他领域的教学一样，翻译教学也需要讲究方法。在一定教学方法指导下的翻译教学将更加符合教学实际，也更能满足学生需求。栾奕认为，翻译教学应该讲究方法，而翻译教学中常见的教学方法有九种：重视理论和实践的结合、重视翻译教学和语言教学的结合、重视经验论和方法论的结合、重视汉英互译的结合、重视翻译教学中的学习自主性的培养、重视翻译教学中的任务型教学法、重视翻译教学与现代教育技术的结合、重视汉英语篇对比、重视工具书的使用。

从这些翻译教学方法可以得知，翻译教学中既要注重语言知识的积累，又要注重学生学习习惯的培养，还要注重学生翻译理论和翻译方法的应用，更要注重翻译理论和实践的结合。唐晓也提出将错误分析法运用在高校外语翻译教学中的建议，认为这一方法既可以使教师"有效了解学生学习情况、检查教学效果"，又可以"利用翻译中的错误信息有针对性地组织教学，采取相应的教学方法，促进教学质量的提高"。

第二节　英语翻译的准备与过程

翻译是运用两种语言的复杂过程，它包括正确理解原文和准确运用另一种语言再现原文的思想内容、感情、风格等。由于翻译工作的复杂性，故而适当的准备工作是不可缺少的。通过准备，翻译才能顺利进行。

一、翻译的准备

翻译应该进行必要的准备，以利于翻译能一路顺风，善始善终。

正式动手翻译之前可以做的工作很多，主要精力应放在查询相关资料上，以便翻译者能对原作及其作者有一个大概的了解，同时为了保证质量和节省时间，还应熟悉整个翻译过程可能使用的工具书和参考书。

（一）了解作者

对于作者，需要弄清楚他的简略生平、生活时代、政治态度、社会背景、创作意图、个人风格等。比如若要翻译一名作家的一篇小说，为了获得有关作者的一些基本信息，可以阅读作者自己的传记、回忆录，或者别人写的评传，或者研读文学史、百科全书、知识词典等，还可阅读用汉语解说的相同辞书，如《中国大百科全书》（中国大百科全书出版社），《辞海》（上海辞书出版社），《辞海（增补本）》（上海辞书出版社），《简明不列颠百科全书》（中国大百科全书出版社），《外国名作家传》（张英伦等编，中国社会科学出版社），《外国人名辞典》（上海辞书出版社），《外国历史名人》（朱庭光编，中国社会科学出版社）。

（二）了解相关背景知识与超语言知识

背景知识是指与作品的创作、传播及与作品内容有关的知识；超语言知识按语言学的定义指交际行为的环境、文章描述的环境及交际的参加者等。两个概念的外延合起来大约涵盖了前辈翻译家说的"杂学"范畴。

具体说来，背景知识与超语言知识大致包括以下几个方面的内容：

1. 作品产生的背景

小而言之，作品产生的背景指作者创作的时间、地点、动机、心态，创作经历等；大而言之，则要包括源语的整个文化状态。

2. 事件发生的背景

即文学作品的故事情节发生、发展的背景,其也有大小之分、真实与虚构之分。

3. 专业知识

翻译某个学科、某个专业的作品,就应具备该学科、该专业的基础知识,这是翻译实用性资料的起码要求。

4. 常识

有的知识算不上专业知识,只是源语文化中的常识,但在翻译的理解中却不可掉以轻心。

5. 作品传播知识

即原作成竹后的传播情况,如版本、评注、译文及社会效益等。

掌握背景知识对语言、逻辑、艺术和主题分析等内容都具有十分重要的意义。

任何一部作品都是一定历史条件下的产物,所以有关作品反映的年代以及有关国家、人民的文化、社会、宗教、政治、历史、地理、风俗等我们也要略知一二,可以浏览一些关于概况、游记的书籍和期刊。如《各国概况》(人民出版社),《英美概况(新增订本)》(来安方编,河南人民出版社),《国际时事辞典》(商务印书馆),《外语工作者百科知识词典》(张后尘编,科学出版社)。

(三)了解作者的创作手法

为了准确地把握作者翻译者,至少应该阅读作者的代表作,并从中体会作者的思想倾向、创作手法、表述特点等,尤其是翻译一些经典作品,更应选读作者的某些其他作品,这样对作者的理解就会深刻一些。

(四)了解作者的语言风格

作者的语言风格也是十分重要的,译者可以试读若干段落,琢磨语篇的语体修辞特点和行文的词汇语句特色,初步接触作者运笔表意的特异之处,对自己翻译时驾驭译语的语言会有较大的参考价值。

(五)准备工具书

翻译是一种双语转换的过程,所以英语和汉语方面的语言工具书是必不可少的,除了一些常用的工具书外,译者还要准备以下工具书,这些准备工作在翻译过程中一定会有很大的帮助。如《新英汉词典》(上海译文出版社),《英华大词典》(商务印书馆),《英语搭配大词典》(江苏教育出版社),《中级英语修饰语搭配词典》(湖北辞书出版社),《英语惯用短语词典》(湖北人民出版社),《美国俚语大全》(中国对外翻译出版公司),《现代汉语实词搭配词典》(商务印书馆)。

这些辞书主要是供查阅使用,学习者最好熟知各种辞书的特点,并且掌握检索的基本方法。

二、翻译的过程

翻译的过程是十分繁杂的，其工作重点是如何准确地理解原文思想，同时又恰当地表达原文意义。换言之，翻译的过程就是译者理解原文，并把这种理解恰当地传递给读者的过程，它由三个相互关联的环节组成，即理解、表达和校改。这三个环节是相互联系、往返反复的统一流程，彼此既不能分开隔断，又不能均衡齐观。

在此，笔者把翻译过程中的理解、表达、校改三个环节分别进行简略论述。

（一）理解

1. 翻译中理解的特点

翻译中的理解在许多方面有其自身的特点。

第一，翻译中的理解有着鲜明的目的性，即以忠实表达原作的意义并尽可能再现原作的形式之美为目的，因此，它要求对作品的理解比一般的阅读中的理解更透彻、更细致。翻译的理解系统从宏观上看，要包括原作产生的社会、历史和文化背景；从微观上看，则要细致到词语的色彩、语音，甚至词形。从某种意义上来说，以翻译为目的的理解比以其他为目的的理解所面临的困难都要多。以消遣为目的的理解显然无须去分析作品的风格，更无须每个词都认识。即使以研究为目的的理解也无须面面俱到，只是对所关注的内容（如美学价值、史学价值、科学价值、实用价值等）的理解精度要求高一些。

第二，以翻译为目的的理解采用的思维方式不同于一般的理解。一般的理解，其思维方式大都是单语思维，读汉语作品用汉语进行思维，读英语作品就用英语进行思维。以翻译为目的的理解采用的是双语思维方式，既用源语进行思维，又用译入语进行思维。源语与译入语在译者的大脑里交替出现，正确的理解也逐步向忠实的表达推进。

第三，以翻译为目的的理解—表达过程的思维方向遵从的是逆向——顺向模式。一般的抽象思维的方向是从概念系统到语言系统，而阅读理解中的思维则是从语言系统到概念系统，是逆向的。一般的阅读理解捕捉到语言的概念系统后任务便完成了，而翻译则要从这个概念系统出发，建构出另一种语言系统。

2. 顺向思维过程

（1）理解中应注意的方面

理解是翻译过程中的第一步，是表达的前提。这是最关键，也是最容易出问题的一个环节。如果不能准确透彻地理解原文就无法谈及表达问题。理解首先要从原文的语言现象入手，其次还要涉及文化背景、逻辑关系和具体语境以及专业知识等。

第一，理解语言现象：语言现象的理解主要涉及词汇意义、句法结构、修辞手段和习惯用法等。

第二，弄清文化背景：英美的文化背景和我们不同，由此产生了与其民族文化有关的习惯表达法。译者进行翻译时必须弄清历史文化背景，包括有关的典故等。

第三，理解原文所涉及的专业知识。

第四，透过字面的意思，理解原文内在的深层含义：翻译时需弄清具体含义，切忌望文生义。特别是对文学作品，还要抓住其艺术特色，并深入领会其寓意。

第五，联系上下文语言环境：认真阅读上下文，了解语言环境，也就是要在一定的语言环境中才能理解得深刻透彻，只有联系上下文，才能理解原文的逻辑关系，才能确定词语的特定含义。透过表层理解深层意义，同样要靠上下文语言环境。

从语言学的观点看，孤立的一个单词、短语、句子，很难看出它是什么意思，必须在特定的语言环境中，有一定的上下文才能确定它的意义，才能得以正确地理解。

例如：In the sunbeam passing through the window are fine grains of dust shining like gold.

译：细微的尘埃在射进窗内的阳光下像金子般闪闪发光。

句中的 fine 一词在此处做"纤细""微小"解，不能译为"好的"。这是一词多义的现象。

语言的组合语境、情景语境和社会文化语境对理解原文非常重要。如英语单词"fall"在"I will go to the U.S.this fall"这样的组合语境中是"秋天"的意思，而在"fall down"中是"摔倒"之义，并且"fall"的"秋天"含义在英国文化背景下一般不会出现。又如"fire"在战场上和火灾现场则分别为"打"和"火"。而"。Could I help you?"出自店员和出租汽车司机口里意义则不大相同。前者意思是"想买什么？"，后者则可译为"要车吗？"。

例如：The spirit drove him into the wilderness.

在对原文的理解这一环节，必须通过语言现象揭示出原文中词与词、词组与词组、句子与句子，乃至段落与段落之间的内在本质联系。首先，对原文多义词在特定上下文中的具体词义的理解，必须根据一个词与其他词的结合和搭配来进行逻辑分析,才能做出准确理解。其次,对一词多类的词,还需要在词与词的结合中判断其词类。然后,是英语句子语法结构,一般比较容易理解,但有时也会遇到语法结构不够严密或比较复杂的句子,这就需要结合上下文来分析、判断、区别。最后,必须抓住原文的风格特点,才有可能以同样的风格在译文中表现出其特点。

综上所述,理解在翻译过程中至关重要,而要做到理解准确,除精通语言外,译者还要熟悉文化背景,正确处理语义与逻辑和语境的关系。

(2) 表达

表达是翻译过程中的第二步,是实现由源语至译语信息转换的关键。理解是表达的基础,表达是理解的目的和结果,表达好坏取决于对源语的理解程度和译者实际运用和驾驭译语的能力。

理解准确为表达奠定了基础,为确保译文的科学性创造了条件。但理解准确并不意味着一定能翻译出高质量的译文,这是因为翻译还有其艺术性。而翻译的艺术性则依赖于译者的译语水平、翻译方法和技能技巧。就译语而言,译者首先要做到遣词准确无误,其次还要考虑语体、修辞等因素,切忌随便乱译。如 a little, yellow, ragged, lame, unshaven beggar 语义比较清楚,有人将其译为"一个要饭的,身材短小,面黄肌瘦,衣衫褴褛,瘸腿,满脸短髭"。这就在表达中出现了各种语体混杂和遣词失当的错误,没有弄清汉语的"髭"相当于英语的 moustache,且为书面用语,而"要饭的""衣衫褴褛"等词并非属于同一语域。另外,表达还受社会方言、地域方言、作者的创作手法、写作风格以及源语的影响。

翻译时还必须根据具体的情况选择合适的语言单位。如果把句子作为翻译单位,在句子内部又要考虑词素、词、词组,成语等作为翻译单位的对应词语,同时在句子外部还需考虑句子与句子之间的衔接和风格的统一等等。由于两种语言之间的差异,译者在翻译单位的对应方面仍会遇到表达的困难。因此,译者必须对两种语言不同的特点进行对比研究,从而找出克服困难的某些具体方法和技巧。

由此可见,理解源语只是翻译过程的第一步,译文准确妥帖与否还受很多因素的影响,表达恰当才是翻译的实质。

(3) 校改

校对和修改译文也是翻译过程中不可缺少的一个环节。翻译得再好,也难免会有疏忽和错漏的地方,只有认真校改加以补正才能使翻译得当;即使没有错译或漏译的地方,有些术语、译名、概念以及行文的语气风格也会有前后不一致的情况,必须通过校改使之一致起来。在文字上,译文还须加以润饰,比如把表达不够准确的词语改成能够完全传神达意的词语;把逻辑上不贯通或语气上不顺的句子改好、理顺等；在分段和标点符号的使用上，应按译文语言的习惯来进行处理。

具体而言：核对人名、地名、数字和方位等是否有错漏；核对译文中大的翻译单位有无错漏；修正译文中误译或欠妥的翻译单位；校正错误的标点符号；文字润色、统一文体，使译文流畅。

校改是理解的进一步深化，通过校改可以深入推敲译文。一般来讲，译文要校改 2~3 遍。第一遍重在核实较小的翻译单位，如词、句，看其是否准确。第二遍着重检查句群、段落等大的翻译单位并润色文字。第三遍则要过渡到译文的整体，看其语体是否一致，行文是否流畅协调。切忌佶屈聱牙或通篇充斥生僻罕见、陈腐过时的词句。总之，第一、二遍由微观入手，第三遍则要上升到宏观校核。当然，如时间允许，多校对几遍也很有必要。

（4）理解、表达和校改三者之间的关系

上述理解、表达与校改都是翻译过程中不可缺少的环节，而且这三个环节是相互联系的。特别是理解与表达，是很难截然分开的。在翻译实践中，译者理解原文时，必然同时要考虑选择什么样的表达方式；在表达时，必然又在加深对原文的理解。对原文某一词语的初步理解不够准确时，就有可能使用与上下文不相适应的表达方式。这时就会迫使译者不得不再一次深入理解原文，从而找出更恰当的表达方式。由此可见，在翻译实践中，理解与表达是一个多次反复，而又互相联系的过程。至于校改，一般说来是在完成理解与表达的初译过程之后进行的。但是理解与表达过程中多次反复的分析与斟酌，实质上也就包含了反复校改的过程。而且在最后校改的阶段，也必然伴随着理解与表达的活动。所谓"校"，就是指通过对译文表达形式的校阅，来检查对译者对原文的理解是否准确无误；所谓"改"，就是把译文中欠妥的表达形式进一步用更好的语言形式表达出来。

第三节 翻译教学法的适度应用

一、语法翻译法的发展与影响

"语法翻译法"创建了在外语教学中利用母语的理论，成为外语教学史上最早的一个教学法体系。它的出现为建立外语教学法这一门独立的科学体系奠定了基础"。语法翻译法是"外语教学中历史最长与使用最广泛的方法之一"，却也并非一成不变。翻译法重视语言知识的传授，忽视口语教学，为了完善翻译法，便产生了自觉对比法。自觉对比法继承了翻译法的"语法为纲"而发展了对比，使学生把注意力集中于语言形式本身，把外语同母语进行对比。认知法是在翻译法的基础上发展起来的，它强调掌握句子结构为重点，克服了翻译法的极端化、片面性，并吸取了其他教学法的长处，发展了翻译法。因此，认知法也被称为新语法翻译法。

"语法翻译法历经修整，仍旧以各种各样的面貌在现代社会里广泛流传着。""直至今天，在许多学校里，它仍然是一种标准的语言教学方法。"语法翻译法自产生起，就一直呈现出发展的态势，从开始的只注重词汇和语法教学，慢慢过渡到"以文字为依托，读、听、写、说齐头并进"的教学模式。到20世纪中叶，语法翻译法又吸取了现代相关学科的研究成果，发展成为近代的翻译法。

二、适度渗透翻译教学

李泉认为："翻译在课堂教学中是必要的，但并非否定直接教学听说法等交际教学方法，用母语教学，也存在很多弊端。"假如仅仅通过口头翻译解释词义，即使学生明白，却未必能用好。因为语法中，中英文没有完全对应。只讲用法，即使偶尔用对了，却未必了解词语的真正含义，原因在于用法与规则也不是一成不变的。因此，在具体教学过程中，我们必须既解释词义又讲清用法，因地制宜、因时制宜地将翻译教学融入我们的英语课堂教学，使学生能真正掌握与熟练运用该词。

随着各种教学方法（如直接法、听说法、视听法、认知法等）相继出现，语法翻译教学法逐步被摒弃并退出了历史舞台。笔者认为，翻译教学在二语习得中有不可取代的作用。尤其在英语口语交流罕见的地区，翻译仍是必不可少的。母语对于外语学习，固有其负面影响，却也会产生重要的促进作用，必须扬长避短。在二语习得过程中，完全摒弃翻译教学，既不应该，也不现实，因为母语也是一种可以开发利用的资源。

三、适度运用翻译教学与传统的语法翻译法

语法翻译法是用母语翻译教授外语的一种传统的外语教学法，即用语法讲解加翻译练习的方式来进行外语教学。翻译是重要教学手段（尤其是句子翻译），又是教学目的。课堂教学过程中语法讲解与翻译操练相互增进。语法翻译法注重培养学生的阅读能力与翻译能力，重视语法规则与词汇的记忆。但是，随着科学

技术的进步以及各种心理学和语言学理论的兴起，传统的语法翻译法受到了理论界广泛的批评与摒弃。

提倡适度运用翻译教学，正是充分认识到传统的语法翻译法虽然有过分强调语言知识传授，不重视交际技能培养的缺点，但同时也具有使用方便、便于控制教学进程、测试方式直观，教学成绩见效快等优点。它既能培养学生的阅读能力，也有利于学生对目标语言的深入理解，能帮助学生巩固知识，打好基础，掌握语言结构，从而促进外语学习。

适度运用翻译教学，指在任务型教学的基础上，将分析、比较英汉两种语言在结构和表达上的差异作为重点，从课文中选出有代表性的例子，找出其内在规律。翻译教学还可以引入文化背景知识的学习，因为一定的文化背景知识有助于促进语言应用能力的提高。

语法翻译法更注重阅读能力以及理解力，而翻译教学则注重阅读与表达。语法翻译法强调的是笔头的输出，而翻译教学兼顾笔头和口头的输出技能。语法翻译法强调语言本身的翻译，而忽视了文化、语言环境、文体等因素，过分强调语法结构，教学中以教师为中心。这一点与翻译教学法有诸多的不同。翻译教学法以学生为中心，课堂上有多种交流方式，翻译实践以分析法和归纳法为主。因此不能简单地把这两者等同起来。如果采用翻译教学，除了在英语课堂适度运用翻译，教师还应加强学生的课后练习并及时进行错误分析，平时的积累和大量的练习，必定能够促使学生更好地学习英语。

四、适度运用翻译教学与交际法

交际法突出交际能力，旨在提高学生的英语应用能力。其理论依据是仅仅学习语言知识是不够的，还得有更多的操练语言的机会以获得应用语言的能力。交际能力是运用我们学过的语言知识点来正确而有效地在各种场合中和不同的人进行交际。语法翻译法是一种传统的语言教学方法，而交际法则是一种比较时髦而流行的教学法。一边是根深蒂固的传统，一边是众人追捧的时髦，两者是否水火不容？究竟有没有一种最完美的教学方法呢？对其进行反思，能否更好地促进我们的教学？任何事物都有其正反两方面。交际法具有灵活性，却太过随意。交际法教学活动以学生为中心，重视语篇教学，培养交际能力，却忽视了语言的纯洁性，假设的情景也缺乏真实性。并且言语交际有很大的主观性和随意性，学生很难通过此方法获得系统的语言知识。

如前所述，语法翻译法以学习语言的语法系统为中心，有着自己的可取之处，但是，弊端也不断凸显，已经不能适应时代发展的步伐。而交际法是一种以语言功能项目为纲，发展交际能力为目标的教学法体系，然而在实际运用中它仍然有很多不足并受到很多限制。因此，必须扬长避短，互补地运用，在交际教学中适度运用翻译教学。

五、适度运用翻译教学与任务型教学法

任务型语言教学是指以意义为中心，以参与、体验、互动、交流、合作为学习方式，充分发挥学习者自身的认知能力来完成交际任务的外语教学方法。该理论认为：掌握语言大多是在活动中使用语言的结果，而不是单纯训练语言技能和学习语言知识的结果。近年来，这种教学理论在我国英语课堂教学中逐步推广，是我国外语课程教学改革的一个走向，比较以往各种教学方法，广大语言学家和英语教学者对任务型教学较为推崇。

任务型教学有助于更好地实现教学目标，有利于解决我国当前外语教学中普遍存在的症结，培养学生的英语学习兴趣和提高其应用能力。在学习过程中，学生综合运用多种技能和知识，有利于语言各方面能力的发展。同时，我们应清醒地认识到：采用任务型教学模式，课堂效率低，难以保证大班课堂教学任务的完成；课堂的组织和任务的实施过分依赖教师，很难保证大面积提升教学质量；难以有效监督和控制学生的个体活动，反馈效率低，中国地域广阔，东西部发展不均，就我国目前师资水平和班级规模看，完全采用任务型教学并不可取。而上面所述翻译教学的一些优点恰好可以对此进行弥补。

六、适度翻译对英语教学的作用

（一）适度翻译与词汇教学

在教学过程中，首先要加强词汇教学。词汇是组成语言的最基本材料，如同盖房子，词汇是砖瓦，没有词汇的积累，语言这个大厦就无从盖起。英国语言学家威尔斯认为："没有语法不能表达很多东西，没有词汇则不能表达任何东西。"确实，影响理解和应用的最重要因素是词汇。恰当使用翻译法，可有效促进英语教学的实施和学生知识的巩固。在英语课堂教学过程中，并非所有内容都可用实物、形体语言表达，有时难以创设情景说明，而此时借助翻译来帮助学生掌握英语知识，可以事半功倍。例如 fresh（新鲜的），flash（闪光），flesh（肉），用

英文解释很费时，但如果借助翻译就能一目了然，既节约课堂教学时间又便于学生的比较记忆。此外，面临新的英语词汇时，教师往往会给学生提供一些汉语例句，给学生创设一定的应用情境来帮助学生理解和记忆。比如：decide on，AIDS，at risk，the way (to do/doing)，virus。

例：我们必须决定两件事，对艾滋病患者的最佳援助方式和对具有病毒感染危险者的最佳教育方式。

译：We must(or have to) decide on two things: the best way to help people who already have AIDS and the best way of educating people who are at risk of being infected with the virus. 通过对此句子的翻译，学生可理解和掌握上述词汇并学会应用。这种方法也是广大教师在日常教学中广泛应用的。根据克拉申的输入理论，教师在课堂上必须确保语言输入的可理解性。然而，如果教师完全用英语组织课堂教学，学生会遇到一些超出认知水平的信息，而感到不知所措，学习效率必然低下。借助翻译，用母语解释难理解的信息，可提高可理解性输入和输出的质量。此外，学英语的最终目的是应用，利用翻译对某一字词的掌握情况进行巩固训练，不仅可以巩固学生的词汇知识，还可以提高其学习兴趣。

（二）适度翻译与语法教学

在英汉互译过程中，不仅要考虑到两种语言词汇的运用，还要考虑到语法结构的区别。因此，让学生进行英汉互译能够促进其对语法、句法结构的理解，并发现英语和母语之间的异同，从而促进双语能力的发展。

（三）适度翻译与阅读教学

在英语阅读教学中适度运用翻译，有助于学生理解语篇。此外，翻译法简便易行，可操作性强，便于实施。其具体优点如下。

第一，有助于对难句和长句的理解。恰当地采用翻译方法，深化句子结构的理解，讲解疑难句及习语，能使学生准确理解原文，提高阅读理解能力，激发学习兴趣。

第二，有助于提高语篇的理解力。翻译就是集语言的接受性和运用性于一体的综合性技能，能全面体现学生的语言水平。翻译的过程，也就是语言理解力、交际能力综合运用的过程，有助于学生最大限度地理解原文。

第三，有助于检测学生的阅读理解效果。翻译包括理解和表达两个阶段。必须对文章完全理解，才有可能翻译正确，所以可以用翻译来检测学生的掌握程度，找到学生的不足之处，从而对症下药。

第四，有助于培养学生的双向思维习惯。翻译教学可以帮助学生准确地获取书面信息，培养双向思维习惯，从而达到语言实际交流的目的。在阅读教学中，翻译也并非简单的语言转换。它蕴含语言、文化、思想等多方面内容，集中体现了理解、推理、表达等综合能力。在阅读教学中恰当使用翻译法，对长难句加以分析，对语言背景加以铺垫，能增强学生的语言知识和文化知识，达到阅读理解和文化知识双丰收的效果。

（四）适度翻译与写作教学

写作是通过创造性思维活动，运用语言文字符号，以篇章的形式来表达对世界某种认知的过程。而翻译是用一种语言把另一种语言所表达的内容忠实地表达出来的过程。译者必须具备掌握这两种语言的能力，因为母语和外语的素质高低直接影响着译作的质量好坏。实际上许多著名的译者同时也是伟大的作家，如郭沫若、郁达夫、鲁迅、余光中、钱钟书等人。因此，写作能力对于一名译者来说也是非常重要的。同时，在写作训练过程中养成的修改习惯和自我纠错能力，必然会对翻译工作大有帮助。

翻译和英语写作是异曲同工、相辅相成的，只有翻译能力提高了，才能用英语表述得更完整、更贴切。因此，无论是优秀的翻译作品，还是地道的英文作文，都必须懂得汉英语言转换的真谛是什么。传统观念认为，翻译教学是进入大学以后的事，离高中教学相去甚远。其实，高考书面表达多数情况是给出中文材料，要求学生用英语表达，这跟翻译有很大的联系。没有翻译的基本功，就无法译出好文章。事实上，不要说英语初学者，即便学习英语十多年或几十年的专家学者，要完全使用英语思维也是一件难事。

翻译理论过于深奥难懂，对其过分注重会给学生造成额外负担。而翻译技巧是在实际运用过程中的经验总结，容易理解和掌握。适度传授翻译知识与技巧，结合教学实际与生活，能切实、快速地提高学生的英语写作水平。借助它们，学生能够在英语写作中熟练、灵活地运用所学到的东西，较大幅度地提高英语写作水平，提高英语实际应用能力。

第四节　英语翻译的基本理论与原则

一、翻译的内涵与性质

翻译是语际交流过程中沟通不同语言的桥梁，是在准确（信），通顺（达），优美（雅）的基础上，把一种语言信息转变成另一种语言信息的行为。翻译是将一种相对陌生的表达方式，转换成相对熟悉的表达方式的过程。作为人类最早从事的智力活动之一，翻译在人类历史上已经有几千年的悠久历史。在中国，早在周朝时期就有明确的翻译活动和翻译官职的记载；在西方国家，"翻译史在公元前3世纪就揭开了它的第一页"。无论是东方还是西方，语言的翻译几乎和语言本身一样古老。

（一）翻译的内涵

语言学理论者和符号学理论者从语言内部结构以及其内部构成规律来定义翻译，缺少对语言系统外部的关注，忽略了许多与翻译相关的要素，如政治因素、意识形态、文化传统、信息交流与传播等，从而影响了翻译理论的实践指导意义。

翻译是一种在一定的社会语境下发生的言语活动，而不是在一个真空的、不受任何外界干扰与影响的环境中进行的纯粹的语言活动。在翻译活动中，有许多因素影响、制约着这一语言活动，继而影响并决定着其担负的信息交流与传播的任务是否完成，交际活动是否成功。因此，我们在研究语言内部的结构性与规律性的同时，也必须研究翻译所涉及的其他外部语言因素对其的影响。

翻译的本质特征是意义传达活动，即运用一种语言把另一种语言所蕴含的思想内容完整、准确地重新表达出来。从表面上看，翻译似乎仅仅是语言层面上的事情，但实际上译者的翻译过程更是文化信息传递的过程，因为语言既是文化的组成部分，也是文化的符号，其使用方式和表达内容都具有一定的文化内涵，语言受文化的影响和制约。从文化的角度探讨翻译，翻译便是"译者将一种语言文字所蕴含的意思用另一种语言文字表述出来的文化活动"。翻译理论者们肯定文化在翻译中的地位，同时强调文化对翻译的制约作用，把翻译看作宏观的文化转换。在翻译文本时，译者不但要以正确的形式尽量完整地传达出准确的语义，还应了解源语和接受语的文化，因为许多事物在一种文化中存在，对另一种文化而言可能是缺失或是迥异。因此，翻译活动本身就涉及一个文化问题，涉及两种文化的对比研究和互动关系。

（二）翻译的性质

人们对翻译的性质的认识经历了一个由现象到本质、由低一级的本质到高一级的本质的历史发展过程。人们首先认识到的是翻译过程中语言外壳的变身。如《翻译名义集（卷一）》中说："夫翻译者，谓翻梵天之语，转成汉地之言。音虽似别，义则大同。"中国现代文学家朱自清先生也说："我是中国人，我现在所说的译，就是拿外国文翻译成中国文。"此后，人们慢慢认识到，语言外壳的变易只是一个表面现象，更重要的是原作内容的传译。于是，人们根据自己对原作内容的不同理解（意义、意思、思想、意味、概念、内涵、精神、味道、情调、意趣、神韵、风格等），提出了各种各样的定义，说明人们对翻译的性质的认识不断加深。

林汉达说："我们可以说，翻译只有两种：一种是正确的翻译；一种是错误的翻译。什么叫作正确的翻译呢？就是尽可能地按照中国语文的习惯，忠实地表达原文中所有的意义。"

徐永说："翻译是译者用一种语言（归宿语言）来表达原作者用另一种语言（出发语言）表达的思想。"

金岳霖说："翻译大致说来有两种，一种是译意，另一种是译味。这里所谓译味，是把句子所有的各种情感上的意味，用不同的语言文字表示出来；而所谓译意，就是把字句意念上的意义，用不同种的语言文字表示出来。"

瞿秋白说："翻译应当把原文的本意，完全正确地介绍给中国读者，使中国读者所得到的概念等于英、俄、日、德、法……读者从原文得来的概念……"

茅盾说："'直译'的意义就是不要歪曲了原作的面目，要能表达原作的精神。"

王以铸说："好的翻译绝不是把原文的一字一句硬搬过来，而主要的是要传达原文的神韵。"

郑振铎说："除了忠实地翻译原作的意义外，一种对于原文的著作风格与态度的同化，在译文里也是很必要的，能够办到这一层，这个翻译，才能算是好而且完全的。"

以上都是根据翻译实践经验提出来的，因而大体上也是正确的。但是这些定义都是常识性的、经验性的定义，并不是真正科学的定义。后来，人们又认识到原作的内容同原作的形式有密不可分的关系。因此，又有一些翻译理论家尝试从这个角度给翻译下定义。例如苏联文艺学派翻译理论家索伯列夫说："翻译的目的就是把一种语言中的内容和形式移植到另一种语言中去。"这个定义，严格来说是不科学的。因为在原作的形式中就包含有语言因素，而一种语言是不可能移植到另一种语言中去的。苏联语言学派翻译理论家费道罗夫给翻译所下的定义，要比索伯列夫的定义周密一些。费道罗夫的定义是："翻译就是用一种语言把另一种语言在内容和形式不可分割的统一中所有已表达出来的东西，准确而完全地表达出来。"

随着现代语言学的发展，人们对翻译的性质又有了深入一步的认识。人们认识到，翻译首先是一种言语活动，一种交际活动。翻译不但与语言有关，而且也和交际环境及言语活动参与者的实践经验与知识结构有密切关系。苏联翻译理论家巴尔胡达罗夫认为："翻译是把一种语言的言语产物，在保持内容方面也就是意义不变的情况下，改变为另外一种语言的言语产物的过程。"他认识到翻译理论不可能建立在纯语言学的基础之上，还必须考虑到各种非语言的因素。这一观点的优点在于，它认识到翻译是一种言语活动、交际活动；缺点在于没有认识到翻译还是一种思维活动，即一种逻辑思维和形象思维交织在一起的活动。当代美国翻译理论家奈达把信息论引入翻译理论，他认为翻译过程就是信息语言代码的转换过程，使人们对翻译的性质有了进一步的认识。翻译是传输信息的过程，而不只是传输意义的过程，而且，奈达提出了防止信息失真和信息中断的方法。但是他的理论也有一个根本性的、不可克服的缺陷——信息是功能的属性，信息论缺乏深刻的历史（社会）感。因此，一旦涉及意识形态问题，特别是复杂而又微妙的文学现象，他的理论就显得无能为力了。再进一步，人们才对翻译活动的社会历史内容有所认识。例如蓝峰指出："究其本质，（翻译）仍不外乎一种社会实践活动。它包含着个体与群体双重性质的内容。作为个体活动，在每一次具体的翻译实践中，翻译主体（即译者）决定着翻译工作方法，并在很大程度上决定着翻译对象的取舍……作为具有群体性质的社会活动，翻译是双向文化交流的主要物化形式，是某一语言文化群体在改造环境和自身时借助外力的实践运动……同其他形式的文化交流一样，翻译具有强烈的功利性和目的性，也就是鲁迅说的'拿来主义'。"

这些见解都给人很大启发。因此，只有根据辩证唯物主义和历史唯物主义，才能对翻译的性质给予科学的说明。虽然翻译表面上是译者个人的活动，但是译者对于翻译材料、翻译方法及翻译标准的选择却不能不受着他所属的社会集团的要求和愿望的制约。如果译者属于进步的社会集团，他的翻译活动就反映着社会发展的需要和方向；如果他属于没落的社会集团，他的翻译活动就同社会发展的需要和方向背道而驰。

总之，翻译作为一种社会实践活动，是群体的普遍制约性和个体的高度自主性的对立统一。至于作为个体活动的翻译的性质，也需要用列宁的反映论来加以阐释。按照列宁的反映论，原作乃是作者对现实世界的逻辑反映或艺术反映；翻译则是把原作中包含的现实世界的逻辑映象或艺术映象进行再认识再反映。有人用摄影艺术来比喻创作和翻译，创作是直接取景拍照，翻译则是翻拍。这种比喻有一定道理。但是，不论创作还是翻译，都要经过人的头脑进行加工，都不像摄影艺术那样死板。原作中包含的现实世界的逻辑映象或艺术映象，乃是原作者根据一定世界观对现实世界的反映，其中不但包含着现实世界的映象，而且包含着原作者对现实世界的理解和评价,即原作者作为社会人和科学家(艺术家)的面貌。而在译文中重新反映出来的现实世界的逻辑映象或艺术映象,不但包含着原作中的现实世界映象以及原作者的面貌,而且还包含着译者按照自己的世界观对前两者的理解和评价,即译者作为社会人和科学家(艺术家)的面貌,因此,从反映论角度来看,翻译是一种十分复杂的现象。

翻译是两个语言社会之间的交际过程和交际工具,它的目的是要促进本语言社会的政治、经济和(或)文化进步,它的任务是要把原作中包含的现实世界的逻辑映象或艺术映象,完好无损地从一种语言中移注到另一种语言中去,并且要把现实世界的逻辑映象或艺术映象从一种语言中移注到另一种语言中去,并不像把酒从旧瓶移注到新瓶中去那样简单。这是因为,包含在原作中的现实世界映象是在它的天然的语言土壤中物质化和客观化了的,同它的表现材料须臾不可分离,正像画同画布和颜料须臾不可分离一样。因此,要把这种现实世界映象移注到另一种语言中去,就必须使这种映象重新反映在译者的头脑中,然后再在另一种语言中重新物质化和客观化。而这另一种语言却不是这种映象的天然土壤,因而移植过程就不能不充满着矛盾和困难。这些矛盾和困难是由五个方面的原因造成的:(1)一种文化和另一种文化之间有一定距离;(2)一种语言和另一种语言之间有一定距离;(3)译者对原作的理解和原作的本意之间有一定距离;(4)译者的表达能力和译者对原作的理解之间有一定距离;(5)译者的气质和创作个性同原作者的气质和创作个性之间有一定距离。因此,作为个体活动,从绝对意义上讲,翻译不能不是一种歪曲事物本性的相当不自然的现象。但是,作为群体活动,从相对意义上讲,翻译又是一种十分自然的现象:因为,如果没有翻译这一交际工具,两个语言社会之间就难以实现任何重大的交际活动。从历史上看,翻译对世界历史的发展的确起过,而且至今还在起着巨大的作用。所以,翻译又是一种十分自然的现象。翻译之所以具有这种自然又不自然的特性,正是由于自然语言有一种奇特的矛盾特性:它既是人类交际的工具,又是阻碍人类交际的工具。

二、翻译的标准和原则

对翻译标准问题的探讨历来是中外翻译界的热点话题,特别是在我国,翻译标准一直是翻译理论界讨论的焦点问题。那么什么是翻译的标准?《译学词典》是这样定义的:"翻译标准指翻译活动必须遵循的准则,是衡量译文质量的尺度,是翻译工作者不断努力以期达到的目标。"

从事任何翻译实践都要遵循一定的标准或原则。然而，由于各种主观因素，人们看待翻译的角度不同，采用的标准也就各异。因此，翻译界至今对翻译的标准和原则还没有完全一致的定论。

（一）中国具有代表性的翻译标准和原则

1.善译

清末外交家、学者马建忠提出了"善译"的观点。"善译"标准是译者要熟悉两种语言，清楚语言间的差异；要弄清原文的意旨神情和文体风格，把它传达出来；译文与原文要对等，读者读了译文后的感受要与读原文的感受相同。其实，后来西方的一众翻译理论家如费道罗夫和奈达提出的"等值翻译""动态对等"与他的这个观点是类似的，但由于马建忠本人没有从事翻译实践活动，他没有用实践去证实自己的理论，因此，他的"善译"标准没有得到后人的重视，但对今天的翻译工作仍具有很大的指导意义。

2.信、达、雅

清代翻译家严复提出了"信、达、雅"的标准。他指出："译事三难：信、达、雅。求其信，已大难矣。顾信矣不达，虽译犹不译也，则达尚焉……《易》曰：'修辞立诚。'子曰：'辞达而已！'又曰：'言之无文，行之不远。'三者乃文章正轨，亦即为译事楷模。故信、达而外，求其尔雅。"

"信、达、雅"是严复吸收古代佛经翻译思想并基于自己的翻译实践活动，对翻译经验和切身感受的概括与总结，严复在提出把"信"作为翻译首要标准的同时，又强调了"达"的作用。在严复提出的"信、达、雅"标准中，最受非议的是"雅"。他说的"雅"，即"尔雅、古雅"，指的是译文应采用汉代以前的文言文。而且"雅"容易误导大众，如果原文不"雅"，译文"雅"的话就不"信"了。因此，现代翻译学家赋予了"雅"新的含义，要求译文要艺术地再现和加强原作的风格特色来吸引读者。译文应保持原作的风格，不能以译者的风格代替原作的风格。如果原作是通俗的口语体，不能为了"雅"而译成书面体；如果原作是文雅洗练的，译文则应保持其"雅"的风格，不能译成通俗的口语体。严复认为，翻译要做到"信、达、雅"是很难的，其中，"信"是最重要也是最难做到的。在确保"信"的前提下，又需求"达"。求"达"是为了确保"信"，不"达"则不"信"。为了"达"，就必须采用"达"的翻译方法。也就是说，要充分考虑中西文法、句法的不同，把原意吃透之后再"下笔抒词"，而不是逐字翻译。"信""达"之后，还要"雅"。三者虽有前后主次之分，但又是相互依存的。

严复提出的"信、达、雅"翻译标准，引起了很多翻译界人士的关注和评论，并且一直在中国翻译理论上占有极高的地位,成为我国翻译界影响最深、最具生命力的翻译标准。

3. 忠实、通顺、美

学贯中西的翻译家林语堂在其《论翻译》中提出了"忠实、通顺、美"的标准。这一提法实质上是将严复的标准进行了继承与拓展,用"美的标准"代替了严复"雅"的标准。他认为译者不但要求达义,而且要以传神为目的,译文必须忠实于原文之字词句气与言外之意。

4. 神似

现代翻译家、文艺评论家傅雷提出:"以效果而论,翻译应像临画一样,所求的不在形似,而是神似。"他认为任何作品,不精读四五遍决不动笔,是为译本基本法门。首先要将原作(连同思想、感情、气氛、情调等)化为我有,方能谈到移译。

5. 化境

现代作家、文学研究家钱钟书指出:"文学翻译的最高标准可以说是'化'。把作品从一国文字转变成另一国文字,既能不因语文习惯的差异而露出生硬牵强的痕迹,又能完全保存原作的风味,那就算得入于'化境'。"即把原作翻译过来时,文字换了,可原文的思想、感情、风格都不留痕迹地由译人语传达出来,译文读者读来就如在读原作一样。钱钟书将"化境"比为原作的"投胎转世",躯体换了一个,而精魂依然故我。

6. 意美、音美、形美

曾获得翻译文化终身成就奖的翻译家许渊冲认为,翻译不仅要译意,还要译音、译形,争取意美、音美、形美。他总结的"译经"对翻译工作有着很好的指导作用,其内容是:"译可译,非常译;忘其形,得其意。得意,理解之初;忘形,表达之母。故应得意,以求其同;故可忘形,以存其异。两者同出,异名同谓:得意忘形,求同存异,翻译之门。"

7. 翻译标准多元互补论

所谓"翻译标准多元互补论",是指一个由若干个具体标准组成的相辅相成的标准系统,它们各自具有其特定的功能。该理论提出者、国际中西文化比较协会会长辜正坤认为,具体的翻译标准应该是多元的而不是一元的。翻译标准可以分成抽象标准和具体标准两大类,这两大标准构成一个互相制约和补充的有机系统。抽象标准具有一元性,具体标准具有多元性,其理论的要点有以下四方面。

(1)翻译标准是多元的。(2)翻译标准是一个有机的然而变动不居的标准系统。

在这个系统中，最高标准是最佳近似度。这是一个形同虚设的抽象标准，真正有实际意义的是一大群具体标准。（3）具体标准中又有主标准和次标准的区别，主标准也称为可变主标准。（4）多元标准是互补的。辜正坤教授认为翻译应该博采众长，使译文无限接近原文。由于文学接受者（含翻译工作者）的文化素养和审美心理有差别，他们对译文价值的认同程度也会出现差异。对此，翻译标准就会因人而异，其结果没有也不可能有一个绝对的标准。翻译的标准应该是多元化的，而且各种标准只有在互相补足的情况下才能发挥自己的优势，才能成就上佳的译文。

该理论从辩证的、客观的角度出发，肯定了各种标准的优点，处理好了具体和抽象的问题，论证了各种标准同时存在的意义和同时运用多种标准的可能性与合理性。这种在原来的一元标准论基础上建立起来的多元标准系统，具有很强的包容性，在翻译实践中能够灵活而且广泛地运用。

（二）国外具有代表性的翻译标准和原则

1. "好的翻译"的总原则和翻译的三条基本原则

18世纪末，英国爱丁堡大学教授泰特勒给"好的翻译"定的总原则是："我因此描述好的翻译应该是，把原作的长处完全地移注到另一种语言，以使译人语所属国家的本地人能明白地领悟、强烈地感受，如同使用原作语言的人所领悟、所感受的一样。"

泰特勒在该书中还系统地提出了进行翻译和评判翻译的三条基本原则。

（1）A translation should give a complete transcript of the ideas of the original work.（译文应完全传达原文的思想。）

（2）The style and style of the translation should be consistent with the original.（译文的风格和笔调应与原文一致。）

（3）The translation should be as smooth as the original.（译文应像原文一样流畅。）

泰特勒提出的三原则成为后来诸多翻译家所遵循的信条，并对19-20世纪西方的翻译理论产生了积极影响，

2. 确切翻译原则

苏联的翻译理论家费道罗夫在1953年出版的《翻译理论概要》一书中提出了"确切翻译原则"，认为翻译的确切性就是表达原文思想内容的完全准确和在修饰作用上与原文的完全一致。这是苏联第一部从语言学角度研究翻译理论的专著，其核心内容就是"等值论"或"等值翻译"。

费道罗夫认为有两项原则对于一切翻译工作者来说都是共通的：（1）翻

译的目的是尽量确切地使不懂原文的读者（或听者）了解原作或讲话的内容；（2）翻译就是用一种语言把另一种语言在内容与形式不可分割的统一中业已表达出来的东西准确而完全地表达出来。

费道罗夫是第一个从语言学角度对翻译理论进行系统研究，并向传统的翻译理论研究发起挑战的学者，他坚持认为译文与原文之间完全是确切对等的关系。

3. 形式对等和动态对等

美国著名翻译理论家奈达从语言和翻译的基本原理出发提出了形式对等和动态对等理论。前者在形式和内容上强调语言信息本身，因而能够体现"源语形式特征机械地得以复制地接受语译文的质量"；后者则体现另一种译文质量，即"原文信息在接受语中得以传递，以至译文接受者的反应与原文接受者的反应基本相同"。

奈达指出，两种语言之间有时不存在对等成分，采用形式对等可能会带来一些问题，如译文读者看不懂译文。此外，形式对等还可能使源语的语法以及文体风格发生扭曲，从而使信息理解出现误差；动态对等注重的是原文意义的再现。所谓动态对等，是指译语接受者与源语接受者能获得大致相同的反应，是和源语信息最接近的、自然的对等。

奈达认为，在翻译过程中，译者必须尊重接受语的特征，不要随意创造语言，要不断思考该怎样才能更好地表达接受语。按照奈达的观点，判断译文的优劣不能停留在对应的词义、语法结构和修辞手段的对比上，而是要注重接触译文的人有哪种程度的正确理解，换言之，译文对译文接受者所起的作用，应与原文对原文接受者所起的作用大体相同。

4. 文本中心论

英国著名翻译理论家纽马克教授提出了文本中心论。他把要翻译的对象看成文本，并根据语言的功能把文本分为表达型、信息型和呼唤型三大类。表达型包括严肃的文学作品、声明和信件等；信息型包括书籍、报告、论文、备忘录等；呼唤型包括各种宣传片、说明书和通俗小说等。他认为不同的文本应该用不同的翻译方法。纽马克把翻译方法分为语义翻译和交际翻译两种。前者强调忠实于原作"原作者"，后者强调忠实于译作"读者"，不同的评价标准，不同的"等效"要求。

综上所述，可见翻译的标准提法很多，可以说是各抒己见，百家争鸣。我国现在作为翻译实践的准绳和衡量译文好坏通用的翻译标准是"忠实、通顺"。

"忠实"是翻译中最重要的原则，指译文应在内容与风格上忠实于原文，译者应忠实而确切地传达作者的思想，译者没有权利为了满足自己的喜好而随意改变原作的意思;"通顺"则要求译文与原文一样流畅、自然,同时要求译文的语言清晰、地道。忠实与通顺是相辅相成的。忠而不顺,读者读不懂,也就谈不上忠;顺而不思,则会失去原作风格、内容,通顺也就毫无意义。因此,译者必须对原作有透彻地理解,然后把所理解的东西用译语加以确切表达。翻译既要在忠实于原作内容的前提下,力求译文形式的通顺,又要在译文通顺的前提下,尽可能做到忠实于原作的形式。

三、翻译的作用和意义

作为人类社会历史最悠久的活动之一,翻译几乎与语言是同时诞生的。从原始部落的亲善交往、文艺复兴时期古代古籍的发现和传播,直至今天世界各国之间文学、艺术、哲学、科学技术、政治、经济的频繁交流与往来,维护世界的稳定和持久和平,翻译都发挥了不可估量的作用。

翻译的目的就是为了相互理解,消除差异,力求统一,但是要真正地做到统一却是不可能的。只是力求在进行翻译的活动时,尽可能使译文准确传达出源语的内容和文化内涵。

从根本上讲,翻译所起的最为本质的作用之一,便是其基于交际的人类心灵的沟通。翻译因人类的交际需要而生。因为有了翻译,人类社会才从相互阻隔走向相互交往,从封闭走向开放,从狭隘走向开阔。借助翻译,人类社会不断交流其创造的文明成果,互通有无、彼此促进。正因为有了沟通人类心灵的跨文化交际活动,才有了人类社会今天的发展。所以我们可以断言,翻译在促进世界的进步上的作用是巨大的。在人类发展的过程中,不同地域的人们,不同民族的人们要互相沟通,进行交流,翻译也是不同民族、不同语言之间的信息传递和文化交流。因为语言作为一种社会力量,伴随着人们的社会实践和生产实践,推动着人类的进步和文明的发展。几乎就是在文明开始向前迈出第一步的。同时,翻译也在人类文明的进程中产生作用了。季羡林在《中国翻译词典》的序言中说:"只要语言文字不同,不管是在一个国家或民族内,还是在众多的国家或民族间,翻译都是必要的。否则思想就无法沟通,文化就难以交流,人类社会也就难以前进。"可见,翻译的意义和作用是多么重大。正因为如此,翻译为了人类相互交流的需要而产生,所以寻求思想的沟通,促进文化的交流,就是翻译的目的或任务之所在。

翻译是与民族的交往共生、文化的互动同在的。翻译是跨文化的语言转换艺术,文学作品之超越国界,通过翻译又超越语种,进而越过地域和历史形成了某些特定社会习俗与人际关系,这就要求译者从某种语言的创作中挖掘该种语言社会的独特的文化，并将这种文化传递到另一种文化语境中。这种文化的互相促进、交流和渗透就是翻译带来的成果，也是翻译的意义和价值所在。

庞德在论及英国文学时也说道："引为自豪的英国传统文学，也是建立在翻译作品上的。每一次新的繁荣都是由作品的激励而起。每个伟大的文学作品，也都出现在翻译作品众多的时代。"西方的几次文化转型，极大地促进了翻译事业的发展，而翻译事业的发展又促进了文明的进步和科学的发展。例如，希腊罗马时期，罗马帝国在军事上征服了希腊，但同时也把希腊文明传播给整个欧洲；文艺复兴时期新兴资产阶级的兴起，打破神学和经院哲学对人民思想的束缚，建立为人服务的世俗性质的新文化和新思想体系，掀起学习希腊、阿拉伯语著作的热潮，从古典文化中去寻找思想武器；19世纪末20世纪初资本主义全球性发展、工业发展、科学进步更促进了翻译事业，跨文化的传播活动显得十分重要。到20世纪，经济的全球一体化趋势使翻译达到了几乎无处不在、无时不有的程度。

翻译在世界文明进程中扮演着重要而独特的角色。社会的发展、文化的积累和丰富与文明的进步是密切结合在一起的，所以当我们在探讨翻译之于社会的作用时，实际上已经涉及了翻译与文化发展的关系。随着翻译研究的不断发展，翻译文化意识的日益觉醒，人们对翻译的认识、对其作用和意义的理解也不断地深入。

第四章 高校英语翻译教学的现状与问题

第一节 翻译教学主体交往的缺失与交往环境创设

一、翻译教学主体交往的缺失与局限

(一)交往实践模式与教学交往

现代社会,交往的重要性更是日益凸显。交往被看作人的基本存在方式,是共在的主体实现彼此之间的交流和沟通,从而实现相互作用和相互理解的过程。交往对于主体和主体性而言具有至关重要的意义,交往不仅决定了对主体和主体性的基本规定,还影响了主体认知能力的发展。可以说,没有交往,人的社会和文化特质就无从谈起;没有交往,主体就无所存在。

交往不仅发生在主观与客观世界之间,在不同的主体之间以及主体和自身之间同样也会发生。西方哲学具有悠久的历史,交往也已具有了非常丰富的含义。但这些含义概括起来不外乎三种,第一种交往发生在主体与客体之间,是作为主体的人改造或者创造客体的过程,其表征是人与自然的关系,交往实践模式表征为"主体—客体"模式。第二种交往发生在主体与主体之间,强调共在主体间的相互作用、交流、沟通和理解。这种交往并不包括人与自然的交往,其表征为人与人之间形成的社会关系,交往实践模式表征则是"主体—主体"模式。第三种交往强调主体与客体、主体与主体双重关系的统一,即人与物、人与人双重关系的统一。这种关系不单单表征为人与自然或者人与人之间的关系,而且是"在人与自然的关系中已涵盖了人与人的关系,在人与人的关系中已预设了人与自然的关系"。

1. "主—客"模式与教学交往

"主—客"交往实践模式是传统实践观中的交往模式。自笛卡尔以来,近代

西方哲学家们非常关注对个体性主体哲学的探究，他们试图解释主体是如何认识客体的。由于这种模式只关注主体与客体之间形成的二元对立关系，对于主体之间的交往活动和形成的交往关系却视而不见，因此，这种交往实践模式的局限性显而易见：它解释的是主客之间倾向于静态的交往关系，不能反映交往主体之间动态多元的交往本质。这种模式的根本性缺陷是源于其单一的主体观，即忽视了人的社会性，将人与人之间形成的关系排斥在外，因此也就无法揭示主体活动和主体性建构的本质。

传统实践观中的"主—客"交往实践模式对于教学中的交往模式影响深远。首先，这种影响表现在教学主体对于知识的态度和理念上，传统实践观认为知识是绝对的、静态的、独立于主体之外的，对于客观世界的一切知识，主体都是可以认识认知的，通过教学能够实现学生对知识的认识和认知。其次，在教学理念上也能看这种交往实践模式的影响。在这种认识论基础上，教学目的就是让学生通过对知识的掌握，实现对客观世界的认识，教学过程就是实现学生对知识的掌握和对客观世界的认识。教学内容是来自客观世界的各种知识。最有效的教学方法是传授法，即教师面对全班进行知识的传授和讲解，学生进行倾听。在这种教学理念下，教学中最为常见的交往形式是教师—班级群体交往，其他交往方式很少。在这种交往关系中，教师作为知识的化身和掌握知识的权威，在师生交往中处于绝对的权威地位。

2. "主—主"模式与教学交往

与"主—客"交往实践模式发生在认识论上的意义不同，"主—主"交往模式发生在现代本体论意义上，关注的是更为本质的问题，即主体与主体之间的交往问题，也就是所谓的"主体际"问题。比较有代表性的理论有埃德蒙德·胡塞尔的交互主体论和哈贝马斯的交往理论。

有感于实证科学对现代人的生活和思维所造成的影响，埃德蒙德·胡塞尔对"科学世界"和"生活世界"两个关键概念加以区分并提出了"交互主体论"，强烈主张人们回归生活世界并通过交往去探寻生活的真正意义。他认为只有在生活世界中人们才能真正地进行生动的、充满"人格主义态度"的交往。而"交互主体性"在这种交往中具有决定性意义，互为主体的交往个体之间是平等的、民主的，他们体现出的是"主—主"关系，这种关系与本质上互为目的和工具的"主—客"交往关系截然不同。在胡塞尔看来，主体之间应该形成的是一种"同情"关系，在这种同情关系下，我们需要通过理智的态度和思考实现"精神"的转化，即将别人的"精神"转化为自己的"精神"，由此实现自己与他人之间在地位上的完全平等。可以看出，胡塞尔非常强调主体之间心灵和精神层次上的交往。其实，这种交往仍然延续了"主—客"交往模式，因为在这种交往模式中，交往双方都将自我设为主体而将对方设为客体。如此一来，交往双方就同时作为交往主体和交往客体而存在。我们只能说这是一种双重的"主—客"关系，它并没有真正避免或者克服"主—客"交往模式所具有的局限和弊端，在本质上，它仍然是"主—客"交往模式。

理解是主体之间顺利进行有效交往的前提，理解的缺失必然导致交往的障碍和失败，而生活世界的被殖民化则导致深度交往障碍即遭受系统扭曲的交往的出现。

"真实""正当""真诚"和"意义"这四个原则是交往的有效性和持续性的保障，而普遍语用学则为行动者与他人的交往提供了规则。能够看出，这些核心概念在很大程度上强调的是精神层次。

应该说，"主—主"交往实践模式在很大程度上超越了"主—客"交往实践模式，更加接近交往的本质问题，这种交往模式关注人与人之间的实际交往和沟通，重视交往的社会性，强化了交往概念在社会形态理论中的地位和作用，深化了批判理论的广度和深度，在批判伪科学主义和实证主义方面采取了新视角，在新的历史条件下具有深刻的积极意义。但由于这种模式忽视了交往客体的地位和作用，因此主体与主体之间的交往常常会因为客体中介的缺失而表现出浓厚的唯心主义和相对主义。其实，教学交往只是实现教学目标的手段，实现学生能力的发展才是目的，脱离了客体中介的教学主体交往常常会导致交往的表面化和虚无主义。

3. "主—客—主"模式与交往教学

（1）交往实践观

"主—客—主"交往实践模式的理论基础是交往实践观，这种交往实践观继承和发展了马克思历史唯物主义交往观。马克思和恩格斯指出，生命的生产表现为自然关系和社会关系在内的双重关系，这种双重关系实际上体现的就是"主—客—主"交往实践模式。从马克思、恩格斯的著作中，可以窥见马克思历史唯物主义交往观的发展轨迹。在《1844年经济哲学手稿》一书中，从经济领域出发，马克思对于交往的问题进行了关注并使用了大量的关于交往的表述。在《关于费尔巴哈的提纲》一书中，马克思关注的有人的本质和人所处的各种关系，例如人与自然、人与人、人与社会之间的关系，等等。这些关注都为其创立交往理论做了理论上的准备。《德意志意识形态》一书对于马克思、恩格斯的交往思想进行了全面系统的阐释，可以将其看作马克思历史唯物主义交往观所确立的标志。在《资本论》中，马克思明确指出：商品的价值实现、资本的价值增值在实质上反映的是主体之间的交往关系，并不是人们普遍认为的物与物的交往关系，而主体之间的交往关系和物与物的交往关系共同体现了交往实践的关系。在《人类学笔记》中，马克思则从世界普遍交往的高度来观察审视东西方社会发展的进程。

（2）交往教学

交往实践理论有效地弥补了当代交往理论的不足与缺陷，有助于许多当代现实问题的解决。在人类社会之初，人们虽然在劳动中实现了大量的交往，但生产劳动并非教育的形态起源，教育的形态起源是人类的交往活动。鉴于教育的交往起源和交往实践理论的优势，从交往角度研究教学就显示出非常积极的意义和价值，吸引着国内外的学者进行相关的研究。迄今，这方面的研究已经非常成熟，形成了独具特色的交往教学论。

虽然交往教学论作为理论流派出现在20世纪70年代，但实际上交往教学的思想在国内外很早就有所实践。在中国，早在春秋时期，孔子就提出了"不愤不启，不悱不发"的教学理念，在实际的教学实践中运用启发诱导的教学方法，这种实践典型表现为师生之间的对话和交流。孔子不仅在师生之间开展对话和交流，还非常重视生生之间的交流。"独学而无友，则孤陋而寡闻"便是这一思想的集中体现。在古希腊，苏格拉底在自己的教学中实践问答式教学方法，通过师生之间问答、争辩和交流的方式让学生发现真理。

从现代教学理论发展的基本走向也可以看出交往教学的强大渗透力。维果茨基早在20世纪30年代就认为发生在学校中的教学是交往的特殊形式。到了70年代，交往教学理论流派在德国由K.沙勒和K-H.舍费尔创建，称为"批判—交往教学论"。这种理论将教学过程看作交往过程，提倡师生之间在合理的交往原则指导下，通过交往实现教学目标以达到学生的"解放"。到了20世纪80年代后半期，在苏联出现了"合作教育学"学派。顾名思义，"合作"提倡教育主体之间尤其是师生之间的交往与合作。而影响力巨大的建构主义教学观更是重视动态的交往互动对于知识形成的重要意义，充分体现出交往教学的精神。

（二）翻译教学主体交往现状

对于当前英语专业本科翻译教学主体的交往现状，我们以师生为中心，主要关注师—生交往、生—生交往、师生—翻译市场交往和其他交往等几个方面的状况。

1. 师—生交往

（1）交往努力与交往频率

交往努力是教学主体为实现交往目的而在教学交往过程中付出的各种努力和表现出的积极行为。各个教学主体如果能够努力创造条件进行交往，就会创造出和谐的主体关系，非常有利于教学的进行和教学效果的提高。教学交往中需要多向的交往努力，单向的努力有可能会使交往中断，尤其是在师生之间的交往上更是如此，只有依赖于师生双方的努力，才能保证其交往的广度和深度。只有双方都表现出积极的态度并付诸相应的行动，才能保障交往的畅通和良好交往关系的建立。师生间的交往努力不仅包括师生对彼此交往关系的积极认识，更为重要的是师生依据相关的认识，及时有效地对自己的交往行为进行调整，积极恰当地创造交往关系，实现真正意义上的交往。交往频率是交往主体在单位时间内的交往频次。虽然交往频率并不代表交往的质量，但过低的交往频率肯定会影响交往效果。

（2）交往内容

在交往内容上，大多数的师生交往是针对课堂教学内容的，除了就教学内容进行交往外，情感交往也应该是师生之间交往的重要内容。联结交往主体的最佳纽带是情感，人们交流的目的之一也是为了在情感和精神上获得一定程度的满足，对于教育交往更是如此。教育交往以实现人的培养和发展为终极目标，离开了情感交往，这种目标就无从谈起。而在现代教育交往中，交往主体之间的情感交往急剧减少，取而代之的是情感淡漠的交往甚至是完全没有积极情感的交往。应该说，在翻译教学中，师生之间在精神交往方面是一片荒原。而这片荒原的存在意味着师生之间在情感和精神方面和谐纽带的缺失，这根纽带恰恰是促进翻译教学效果提升和教学目标实现的催化剂，更是教育在实现培养"人"的目标中的"药引子"。

（3）交往方式

在交往的方式上，师生之间也往往局限于问答形式，典型的有课堂上教师提问学生回答、教师询问学生应答和学生提出疑问教师作答三种方式。在第一种方式中，教师选择翻译教学中涉及的问题或者翻译练习向学生提问，学生给出相应的回答，教师再对学生的回答进行评价或者补充。在第二种方式中，教师就翻译学习的状况或者某个翻译练习任务的完成对学生进行询问，学生进行相关的应答，这实际上是教师对学生翻译学习情况的一种了解方式和途径。在第三种方式中，学生向教师提出自己在翻译学习中的问题和疑惑，请求教师的帮助和指导。总体而言，师生之间的交往方式非常受限，仅仅是停留在问—答形式，而师生共同研讨型、辩论型的交往形式非常少。

这种问答式的交往方式属于典型的单向交往，学生处于被客体化的地位，体现出师生之间不平等的交往关系：教师在某个翻译问题上是权威，能够给出正确答案；在翻译练习上是标准，能够提供标准译文。教师的问是检查检阅，学生的答是应对检查检阅，学生的问是寻求终极答案，教师的答是提供标准。师生之间没有跳出问—答的交往方式，也没有脱离传统的师生关系。这种师生之间交往的方式对于翻译教学而言其弊端是非常明显和突出的，尤其表现在翻译实践方面。众所周知，翻译没有标准答案和最终译文，阐释学原理和译者主体性理论已经为此提供了强有力的理论证明和依据。翻译实践的这种特点要求师生之间采取一定的研讨型和辩论型的交往方式，在这种交往当中，学生会非常自然地了解翻译的本质，并锻炼自己的翻译能力。而传统的师生交往关系只能让学生在翻译学习和翻译实践中盲从权威，追求单一标准和终极译文，这些都违背了翻译的本质，与翻译教学的目标也是背道而驰的。

在交往方式上，当前翻译教学中的师生交往还有一个特点，那就是教师—学生群体的交往方式占主流，教师—学生个体的交往方式在很大程度上呈缺失状态。师生之间的交往按照涉及的主体可以分为教师—学生群体交往、教师—学生小组交往和教师—学生个体交往。根据教学内容、教学目标和实际的教学环境等因素，师生之间应该选择适当的交往类型。总体而言，对于知识的讲解和传授，适合采用教师—学生群体的交往方式。对于某项教学活动的开展，教师—学生小组的交往方式更为合适。此外，教师还必须给予不同的学生个体以适当的关注，这种关注除了能够促进学生个体的学习之外，还能够深入学生心灵，有利于学生健全人格的培养。

2. 生生交往

教学中的另一类主体交往发生在学生与学生之间，我们将其简称为生生交往。充分健全的生生交往不仅有利于良好学习环境的构建，更能够促进学生学习，增强学习效果。与师生交往不同的是，生生交往在时间、空间、交往方式和交往内容方面都应该更具优势。那么在当前的翻译教学中，生生交往的状况如何呢？

对于翻译教学中生生交往状况的调查，主要关注学生之间的合作学习情况。合作学习是生生间就学习进行的重要交往形式，是指学生与学生之间通过协作的方式共同完成某个学习任务，或者通过协商的方式解决学习中的问题或者困惑。合作学习可以发生在两个学生之间，也可以发生在三个或者三个以上的学生群体之间。学生之间进行合作学习非常有利于提高学习效率、提升学习效果。另外，合作学习也有利于学生良好关系的创建，有利于学生健康身心的发展和良好人格及素养的形成。

总体而言，在当前的翻译教学中，生生之间的交往无论是在交往积极性、交往时间、交往空间，还是在交往内容等方面都是很不充分的。多数学生反映就交往内容而言，他们一般不会超出翻译课程的教学内容，无论是共同讨论、协作完成翻译任务，还是就相关的疑问和问题进行协商，多数交往都是围绕上课内容进行的。而在交往时间和空间方面，离开了课堂和教室，很少有人再就翻译问题进行交往。而在交往过程中就翻译问题产生不同意见时，多数学生往往选择中断交往的方式而不是就相关的问题进行辩论和继续探讨。

二、交往环境创设

（一）翻译教学主体交往环境认识

认识翻译教学主体的交往环境，包括对以下因素的认识和认知：翻译教学主体交往环境的内涵、分类和功能，多极翻译教学主体与交往环境的关系，多极翻译教学主体交往环境与传统翻译教学环境的区分，等等。

1. 翻译教学主体交往环境内涵

"环境"一词在古汉语中至少有两种词义。第一种是指"周围的地方"。例如，在《新唐书·王凝传》中有这样的句子："时江南环境为盗区，凝以强弩据采石矶，张疑帜，遣别将马颖解和州之围。"第二种是指"环绕所管辖的地区"。截止到近代，"环境"一词的内涵扩大，其所指由物质性拓展到非物质性，由显性延伸到隐性，其词义扩展到"周围的自然条件和社会条件"。如茅盾在《青年苦闷的分析》中写道："只有不断地和环境奋斗，然后才可以使你成长。"

当今，"环境"一词已具有了更加丰富的内涵，但对于环境的不同界定还是有很雷同的出发点。总体来说，人们普遍认为，环境均是相对于某一事物来说的，是指围绕着某一事物并对该事物产生某些影响的所有外界事物，即环境是指某个主体周围的情况和条件。

对于环境内涵的理解虽然没有共识，但有一点是共同的，那就是对环境的种种界定往往是以人为中心点，将人周围的相关因素视作环境。在这种界定中，人与环境是分开的。这种将人与环境相分离的做法实际上是人类中心主义的典型表现。我们认为环境就是"影响特定主体行为或者活动的综合情境和一切因素的总和"。在实施特定的行为或者进行特定的活动时，主体本身实际上也是环境的重要组成因素，主体与其他环境因素相互作用，共同影响主体行为或者活动的完成情况和效果。这种将主体本身视作环境构成因素的做法有利于人们形成对环境的正确认识，恰当处理与环境的关系并有效地进行环境创设，对人类的认识行为和实践行为是有益的。

在英语专业翻译教学中，交往主体有翻译教师、学生、来自翻译市场的代表、外语系/学院教学指导小组、校教学组织管理部门、高等学校外语专业教学指导委员会英语组等。既然环境是"影响特定主体行为或者活动的综合情境和一切因素的总和",那么英语专业翻译教学主体的交往环境就是"影响这些多极主体的交往行为和交往活动的综合情境与各种因素的总和"。

2. 多极翻译教学主体交往环境分类

对于环境的划分,人们的普遍做法是按照其属性,将其分为自然环境、人工环境和社会环境。其中,自然环境是"未经过人的加工改造而天然存在的环境",人工环境是"在自然环境的基础上经过人的加工改造所形成的环境,或人为创造的环境"。人工环境与自然环境的区别,主要在于人工环境对自然物质的形态做了较大的改变,使其失去了原有的面貌。社会环境则是指"由人与人之间的各种社会关系所形成的环境,包括政治制度、经济体制、文化传统、社会治安、邻里关系等"。

对于多极翻译教学主体的交往环境,我们可以采用不同的标准对其加以分类。例如,按照交往发生的空间,我们可以将其分为校内交往环境、校外交往环境,前者包括课堂教学交往环境和其他校园交往环境,后者则包括翻译市场交往环境和社会交往环境,等等。按照交往发生的时间,可以将其分为教学前交往环境、教学中交往环境和教学后交往环境,其中教学前和教学后交往环境可能在课堂和教室之外,而教学中交往环境则集中在课堂教学阶段。此外,我们还可以将其分为其实交往环境和虚拟交往环境、硬交往环境和软交往环境、显性交往环境和隐性交往环境,等等。

考虑到翻译教学主体交往环境的创设,我们认为以内容构成为参照来划分翻译教学主体的交往环境更加具有可操作性和指导意义。翻译教学主体交往环境在内容构成上可以分为三个范畴,分别是物理性交往环境、心理性交往环境和技术性交往环境。

(1)物理性交往环境

人们通常将教学意义上的物理环境局限于课堂物理环境,在时间上没有突破课堂教学阶段,在空间上没有超出教室,交往的主体也仅限于教师和学生。这里对翻译教学主体物理性交往环境的讨论是在教学过程的整体观照下进行的,在交往时间上不仅仅包括教学中阶段,也包括教学前和教学后阶段。在交往空间上则突破了教室,将其他校舍、办公室等校内环境和翻译市场等校外环境囊括其中,交往的主体包括翻译教师、学生、来自翻译市场的代表、外语系/学院教学指导小组、校教学组织管理部门和高等学校外语专业教学指导委员会英语组,等等。

翻译教学主体的物理性交往环境是指多极翻译教学主体进行交往的场所布置、交往设备和工具等以物质形态存在的、有形的环境。在时间上包括翻译教学前、教学中（主要是翻译课堂教学）和教学后三个阶段的物理交往环境。在这几种环境中，教学中阶段的物理交往环境得到的关注最多，教学中阶段的物理交往环境以课堂教学为背景，其空间构成以教室为中心，包括教室内的光线、颜色、声音、教学设施摆放（例如桌椅的摆放）、班级的规模大小，等等。

物理性交往环境在教学中发挥着重要的作用。以师生与翻译教学管理主体(校教学组织管理部门)间的交往为例，如果选择创设的物理环境适当，管理主体就会从师生那里搜集到更多有效的教学信息，师生也会得到更多富有价值的信息反馈，从而为翻译教学的改善和教学效果的提升做好准备。

（2）心理性交往环境

这里所说的以翻译教学主体交往为取向的心理交往环境在主体范围上不仅包括教师和学生，而且也包括来自翻译市场的代表、外语系/学院的教学指导小组、所在学校的教学组织管理部门等。在时间上涵盖多极翻译教学主体在教学前、教学中和教学后不同阶段的心理；在空间上则由教室和学校延伸到翻译市场和社会。概括来说，以翻译教学主体交往为取向的心理交往环境指的是对多极翻译教学主体的交往产生影响的各种非物质因素的总和，包括交往主体在交往过程中于认知、情感、动机、兴趣等诸方面的综合表征，也包括他们在交往过程中所形成的人际关系和氛围。

以翻译教学主体交往为取向的心理交往环境也可以分为积极的、消极的和对抗的三种类型。其中积极的心理交往环境指的是多极翻译教学主体都能够积极参与翻译教学交往，主体之间不仅形成了民主和谐的交往关系，而且能够互相尊重、互相负责，形成有利于实现交往目的的氛围。

积极健康的心理交往环境是多极翻译教学主体之间顺利开展交往的前提和保障，并直接影响了交往的效果。另外，积极的心理交往环境也会对交往主体尤其是学生的人格塑造和情操陶冶产生巨大影响。以学生的学习动机为例，如果学生在翻译学习中具有良好的学习动机，那么这种动机就会转化为巨大的学习动力，促使学生积极地与相关的主体开展交往，最终有利于其翻译学习效果的提高。再以师生之间形成的人际交往关系为例，如果教师在与学生的交往过程中建立起与学生之间民主平等的交往关系，就会促使学生在师生交往中采取积极主动的态度，而且由于和教师之间有良好的交往关系，学生对于翻译课程也会爱屋及乌，最终促进翻译学习效果的理想实现。反之，如果学生在与教师的交往中产生压抑、猜疑甚至是仇恨的情绪，那么这种情绪就会影响学生对于翻译课程的喜好和最终教学效果的实现。

（3）技术性交往环境

以翻译教学主体交往为取向的技术性交往环境是指多极翻译教学主体在交往中采用的技术集合，这种集合是整个交往环境中的重要参数。传统教学中的技术是指在教学中采用的技术性手段，包括课堂教学中使用的多媒体技术手段、计算机、投影仪、各种播放器、显示器、闭路电视等，对于这些技术的运用多局限于课堂教学阶段，使用这些技术的往往是教师。

技术性交往环境对于翻译教学主体的交往具有积极意义，主要表现在以下几个方面：第一，技术性交往环境为翻译教学主体富有实效地开展交往提供了技术支持。在理想的技术环境中，信息在不同教学主体间的传播和接受效率都会大大提升，其效果也远远优于没有技术支持的教学效果。第二，技术环境为教学主体的交往在时间和空间上进行了极大地拓展和延伸。借助一定的技术，教学主体不仅在教学中阶段可以有效开展交往，而且还可以在教学前和教学后阶段进行交往，从而在空间和时间上使交往无处不在、无时不在，方便了主体之间开展离场交往和非实时性交往。第三，技术环境提供的模拟真实环境有利于学生了解翻译职场中的行为和运作机制。即使不亲临现场，学生也能了解相关的知识和规律，这在翻译课中非常有限的情况下尤其必要。第四，技术环境将不可能发生的直接交往转化为间接交往。由于种种原因，多极翻译教学主体之间不可能总是进行直接交往，但是利用相关的技术支持，不同主体之间可以进行间接交往，例如师生之间在课堂教学之外不可能总是进行直接交往，但课前和课后的交往又非常必要，技术环境就为这种交往的发生提供了可能，师生可以利用网络媒体进行交流，实现直接交往与间接交往的互补。第五，技术环境使交往主体共享教学资源成为可能。教育信息化的核心是教育信息资源的共享。

（二）翻译教学主体交往环境创设

1. 创设意义

翻译教学主体交往环境的创设对于翻译教学具有积极的现实意义与实践意义，这种意义表现在以下几个方面：

（1）使主体交往成为可能

翻译教学主体的任何交往行为都发生在一定的交往环境之中，交往环境是主体开展交往的依托，离开了这个依托，主体的交往行为就无从发生。交往环境不仅为主体的交往提供诸如空间场所等物质性因素和技术手段等支持，也为主体的交往在心理和氛围方面提供了精神性和心理性因素。交往环境是交往行为发生的前提条件，只有在一定的交往环境中主体交往行为的发生才会成为可能。正如人的生存需要水、空气等基本要素一样，交往环境也为主体的交往提供了基本要素，这些要素对于主体交往的重要性堪比水和空气对人生存的重要性。

只有在一定的交往环境中，翻译教学主体的交往才会成为可能。从本质上说，交往互动实际上体现了交往个体与环境之间相互影响的关系。交往环境的创设是翻译教学主体交往体系建构中的一个必不可少的步骤，从一定意义上说，创设交往环境就是为翻译教学主体的交往做准备，为翻译教学主体的交往在物质上、心理上和技术上提供支持和保证，创设了交往环境就等于为交往主体的交往搭建了一个特定的交往舞台，离开了这个舞台就没有交往行为的发生。

（2）制约影响交往行为

按照环境心理学的观点，人的行为与环境的关系密切，总体来看，人的一切行为不仅总是在特定的环境中发生，而且与环境有着某种对应关系。翻译教学主体的交往环境是一种特殊的社会环境，对翻译教学主体的交往行为产生了深远的影响和制约作用，在翻译教学过程中发挥着独特的功能从这一点上说，我们应该重视翻译教学交往环境的创设。

（3）影响交往效果和交往目的实现

翻译教学主体交往环境创设的状况对于主体的交往行为产生着制约和影响作用，直接影响了交往效果和交往目的的实现。一般说来，在良好完备的交往环境中，交往主体的交往行为会顺利流畅，交往效果就会相应提高，交往目的也会顺利实现。反之，交往效果就会差强人意，交往目的也难以实现。因此，在交往环境的创设中，必须对其加以完备和完善以提高交往效果，实现交往目的。

相关的教育实验研究表明，为学生创新素质的健康发展创造良好的环境是创新教育的根本所在。教师并不能直接给予学生创新素质，创新素质是学生自主发展的结果，而且只有在适宜的教育教学环境下，这种发展才能成为现实。因此，为学生创新素质的健康发展创设适宜的教育教学环境是教育工作者的重要责任。

2. 建构主义学习观与交往环境

建构主义学习观的理论基础是建构主义理论，其核心观点是反对传统教学中的教师向学生灌输知识的做法，认为学生应该成为教学活动的中心，强调学生在知识学习中的主动性，即主动探索知识、主动发现知识、主动建构所学知识的意义。建构主义在知识观、学习观、学生观、师生角色观、学习环境和教学原则等方面都与传统观点有很大的不同，在这几个不同的方面，建构主义都表现出对环境的极大重视。

建构主义的知识观强调知识的情境性，学习过程中总是需要针对问题的具体情境对原有知识进行再加工和再创造，时间、空间和环境影响了知识的建构。在学习观中，建构主义认为知识来源于人与环境的交互作用，学习过程实际上是学习者与学习环境的互动过程。

在学生观中,建构主义认为学生在特定的环境中已经形成了自己的前经验和前认识。学生在学习过程中的主观认识和经验积累非常重要,学生在先前经验的基础上,经过主体个人经验的合理化建构了新知识。建构主义的师生角色观认为教师应该创设适当的环境实现学生对知识的理想建构。在建构主义看来,教师本身就是学习环境的组成部分。建构主义教学理念以学生为中心,极为关注学生学习的自主性,而环境在实现这种自主性方面具有极为重要的意义。广义的学习环境包括教师在内的各种教学因素,这些因素共同支持学生的自主学习。

在学习环境方面,建构主义认为学习者对意义的建构和知识的获得总是发生在特定的环境之中。在教学原则上,建构主义更是重视环境的作用,认为学生的学习环境应该成为教学目标制定的重要参照,教学过程中应该给学生提供真实的环境以供学生进行学习活动,所提供和设计的环境应该具备一定的复杂性,能够激发学生进行创造性思考和思维。

建构主义提倡学习者自主学习、探索学习、发现学习和合作学习,而这一切都依赖于适当的环境,因此建构主义非常强调对环境的创设。这种创设的针对性非常强,一定要与当前的学习主题密切关联,要尽量创设真实的学习情境。

3. 创设原则

多极翻译教学主体交往环境的创设必须遵循以下原则:目的性原则、系统性原则、多极主体共同参与原则、主体融入与超越环境原则、不同环境互补原则,等等。

(1)目的性

实现交往是建构翻译教学主体交往体系的全部旨归,交往目的对翻译教学主体的所有交往活动发挥着导向性作用。应该说,交往目的统领着整个翻译教学主体交往体系的建构,是所有交往行为的努力方向。翻译教学主体交往体系中的所有参数都应围绕交往目的的实现进行设定,交往环境作为这个系统中的重要参数,其设定自然也应体现目的性原则,以实现交往目的为旨归。例如师生与翻译市场之间的交往目的主要是培养学生的翻译实践能力,那么在师生与翻译市场之间交往环境的创设上,就应该注重创设以真实翻译项目为基础或者模拟真实翻译项目的交往环境,以培养学生的翻译实践能力。

(2)系统性

系统指相同或相类似的事物按一定的程序和内部联系组合而成的整体。"系"指相互联系,"统"指将各部分统一为有机的整体,"系统"是由许多相互联系和相互作用的部分按照一定层次与结构所组成并具有特定功能的有机整体。翻译教学主体交往系统包括的参数有交往主体、交往过程、交往目的、交往中介、交往环境以及交往模式。在整个翻译教学主体交往系统中，交往环境只是整个系统中的一个参数，与其他交往参数共同组成整个交往系统并通过与其他参数之间的相互联系和相互作用维持整个系统的运转。因此，探讨交往环境的创设离不开对交往系统的整体观照，也必然要求创设者充分考虑交往环境与其他交往参数的关联以及不同参数之间的关系。

（3）多极主体共同参与

多极翻译教学主体是翻译教学交往环境的"主人"，所有的主体必须充分参与交往环境的创设，这从一个方面体现了交往环境创设的整体性原则；但多极主体共同参与交往环境的创设并不意味着没有创设中心，实际上翻译教学交往环境的创设应该以师生为主，毕竟师生是整个交往过程中最为活跃的因素。在这里，我们尤其要加强学生在交往环境创设中的充分参与。

（4）主体融入与超越环境

主体的任何交往行为都发生在一定的环境之中，同时主体本身也是交往环境的构成因素。因此，交往主体必须融入交往环境，交往环境的创设必须注重交往主体与环境的统一性，注重两者之间的内在关联，强调两者之间的整合与和谐。同时，交往主体又是交往环境的创造者和改进者，能够选择、审视和评价自己所处的交往环境。因此从这一意义上来说，交往主体又能超越交往环境。总体来说，交往主体与交往环境之间存在着既相互独立又相互联系、既相互矛盾又相互统一的关系，这就要求交往主体在创设交往环境时能够融入交往环境，同时又能够超越交往环境。

（5）不同环境互补

不同类型的交往环境在主体交往中发挥着各自独特的作用，同时也有自己的局限之处，任何一种类型的交往环境都不能单独发挥交往环境的整体功能。因此，在创设交往环境时，我们必须关注物理性交往环境、心理性交往环境和技术性交往环境在功能上的互补。

第二节 翻译教学现状与发展策略

一、翻译教学的现状

目前，关于翻译教学争论的问题很多，持有不同的翻译教学观点往往会有完全不同的翻译教学体系和培养模式。其中的关键问题是翻译教学理论与翻译教学实践如何结合，翻译素质和翻译技能如何培养。我们的翻译教学虽然取得了一定的成绩，但也存在着许多问题。

（一）把翻译教学等同于外语教学

许多学校常常以语言教学的模式来讲授翻译教学，教师把大量时间和精力用在纠正语法、惯用法等方面。翻译课仿佛外语课一般，其目的似乎是检查学生在外语学习上的进步或后退。我们的教材上经常有"把下列句子译成英语"这样的练习，这其实是对学习者的误导，因为这种练习只不过是让学生一遍又一遍地复习语法和生词，语言实践完全失去了翻译本身所需要的神似和形似。事实上，翻译教学不是外语教学，而是外语教学的辅助。通过翻译实践，可以发现学生在外语学习方面的弱点。翻译教学属于特殊的教学范畴，它是集理论和实践于一身的教学。翻译教学是教导学生如何利用翻译过程中所需要的理论和原则指导翻译实践，翻译教学必须是在翻译理论指导下的教学活动。有的同学对翻译理论和翻译技巧等知识知之甚少，常常把原文按字面意思翻译出来，却译不出其中的内涵和韵味。

（二）缺乏语篇意识的培养

由于东西方文化的差异，汉语文体和语篇发展同英语文体和语篇发展有着很大的不同。中国学生受到母语的影响，常常用汉语的语篇结构去套用英语的语篇结构，结果全篇译文是英语的文字，汉语的结构，好像洋人穿着唐装，看起来总是不太舒服。目前，一些院校的翻译教学常常忽视对语篇和文体的认识，认为语篇和文体是写作课或阅读课中的内容。由于缺乏语篇和文体方面的知识，许多学生用不适合该文体的文字进行翻译，用不正确的语篇结构布局谋篇，翻译出来的东西自然就不伦不类。

（三）缺乏对目的语国家的文化知识的积淀

翻译的时候，我们常常会遇到一些生活常识、历史事件、典故或英语习语方面的问题。这些背景知识是学生文化功底的反映，但我们的语言教学常常忽视与之相关的文化内容而孤立地教授抽象的语言。我们的学生无论是笔试成绩还是口头表达能力都很好，对语法、词汇的运用也恰到好处，但当这些学生从事翻译工作时，由于对英语国家文化知识缺乏必要的了解，因此弄出许多笑话。语言是为了更好地交际和交流，缺乏对文化知识的了解，肯定会产生理解上的障碍，进而影响使用。

（四）薄弱的汉语功底

一篇好的译文，既要求对原文的理解正确无误，又要求译文的语言通顺流畅，要达到后者的要求，就必须有较高的汉语水平。有的学生常常心里明白译文的含义，却苦于无法用恰当的汉语表述出来。译出的句子根本不符合汉语结构，洋话连篇，不知所云。因此，翻译教学中的一个关键性的环节就是汉语教学。目前，很多高校不再开设汉语言文学，不能不说这是一个很大的失误。

二、翻译教学的发展策略

（一）实施翻译理论和翻译实践相结合的教学

翻译是一个动态的译者思维和决策的过程。翻译学习者首先应体会较为成熟的译者的思路和翻译原则，然后再学习他们的具体翻译方法和技巧。翻译理论和原则较之具体的翻译方法更具有普遍性和指导性。作为教师，在进行翻译教学之初，应向学生介绍翻译理论，使学生对翻译的标准和原则有一个初步的了解，然后在此基础上进行大量的实践。翻译是一门技巧，它需要不断地训练才能够达到完善。虽然翻译是在翻译理论的指导下进行的，但是，翻译实践不是理论研究，学生需要的不是理论术语，而是理论指导下的实践。因此，在教学中不必花费过多的时间和精力学习理论。在翻译教学的同时，不妨开设某些背景学科，如社会语言学、传播理论、文学批评、资料使用和编辑业务等。在进行翻译实践时，选择的语言材料应注意从内容到形式的多样性，强调对学生的译作进行中肯的讲评，研读职业译者翻译的同一文本的不同译本，并且分析优秀译作的独到之处。通常来说，学生从对他们自己的译作进行的富有成效的讲评中学到的知识，远比他们从背景理论或罗列一大堆原则的做法中学到的要多得多。

（二）注重对语篇意识的培养

译者承担的翻译任务大可是一部著作，小可是一篇文章或一份简短说明书等。对翻译学习者来说，我们主要是翻译短小文章或长篇文章的节选段落（其篇章结构及内容都有一定的完整性）。翻译教学中，教师要逐步培养学生的语篇意识，即从大处（篇章和段落）着眼，小处（词和句）着手的翻译思路。首先，要引导学生分析文体类型及风格。文体不同，语篇在翻译策略及方法上会出现不同程度的差异。文体类型按翻译练习的需要可分为叙述描写、说明论说及应用文体三大类。叙述描写主要指小说、回忆录、游记、抒情类散文以及报刊上的记事文章。说明论说主要指社科、科技理论类书籍或论文、报刊文章、社论、评论及议论类散文等。应用文体则一般包括公函、广告、说明书等。不同文体，其翻译策略是不尽相同的。至于风格，则指作者在语言表现风格上的特点，如藻丽与平实、繁丰与简洁等。一般来讲，译者要力求使译文在文体及风格上与原文保持一致。

（三）加强对目的语国家的文化知识的学习

翻译教学教师要鼓励学生充分利用课外时间扩大自己对目的语的语言和文化知识的储备。首先，教师要正确引导学生在课外去阅读一些英美文学作品和英语报纸、杂志，增加中国文化（包括汉语），世界文化及所学语言国家概况等知识，留心积累有关文化背景、社会习俗、社会关系等方面的知识。这将十分有利于培养学生跨文化交际的意识和跨文化交际的能力。其次，教师要鼓励学生多看一些英美原版电影和录像片。这不仅是因为大部分电影或录像片的内容本身就是一种文化的某个侧面的缩影，而且还在于通过观看片中演员的表演，学生可以了解和学到许多与英语文化有关的非语言交际的方法和手段。此外，教师还可以多安排学生选修一些具有专业倾向的学习内容，如外交、经贸、新闻、师范等。

（四）加强英汉语言的宏观对比

英汉对比包括微观与宏观两个部分，后者对翻译教学更具有指导意义。这主要有：形合与意合、葡萄型结构与竹竿型结构、静态与动态、浓缩型与展开型、抽象与具体、物称与人称、中心前置与中心后置、主谓型语言与主题说明型语言、替代和重复、英汉审美价值与表现法比较、英汉信息传递模式的比较，等等。例如，英语美在结构严谨、意合力强、音律悦耳、意境深远，重主观感受。所以，汉英翻译时一些附于客观描写之中的夸张的心理感受常常略去不译。这样的汉英语言通过宏观对比，常常使翻译达到事半功倍的效果。应用叙事原则、论理原则、对比原则、信息值比较原则和语篇连贯原则更能迅速便捷地进行英汉信息传递。这样，学生在翻译时，思维能从低层次的语言形式层面跳出，在高层次的语义和逻辑关系层面驰骋。英汉语言的宏观对比最终应发展到篇章上来。只有在篇章中才能充分培养学生的逻辑分析能力，并使学生形成了解语篇衔接和连贯的意识，对全篇风格和意向性的整体把握等等。

今后的翻译教学不再是单纯的文学翻译教学，它是综合知识体系教学的高度概括，是以培养学生翻译能力为目标的教学，对教师有着较高的要求：教师要把握正确的教学方向，多指导，勤点拨，不断丰富自身的知识修养。翻译常常需要思考和灵感，要给学生充分的时间进行思考。实践是提高翻译能力的捷径，要不断地多给学生实践的机会，要同翻译理论相结合，灵活运用翻译原则和标准，进而不断提高翻译水平。

第三节　英语翻译教学的模式创新探索

一、以学生为中心的英语翻译教学

（一）"以学生为中心"教学的概念

"以学生为中心"的教学，是由于教师仅作为知识的传授者和指导者已远不能满足教学的需求，因此教师应通过多种途径突出学生的中心地位，形成课堂上的新型师生关系的一种教学模式。这种教学模式认为翻译是对两种语言的创造性运用，因此翻译活动应涵盖在交际框架下的语言活动、文化活动、心理活动等。这种教学模式重视英语翻译教育的发展趋势，特别重视的是翻译教学环境和学生作为教学主体这两个因素。由于翻译教学环境趋向于提倡建立一种交际性的课堂教学形式，也就是要努力创造一种能培养学生独立开展创造性语言转换以及语言交际的环境，因此也就应该特别重视社会背景和文化迁移在翻译教学中的作用。此外，这种教学模式认为教师不应再被认为是翻译训练中的带头人、翻译材料的介绍人或译文好坏的评判者，而应在翻译教学的过程中，明确学生才是积极的创造者，而不是消极的接受者。要重视学生的不同个性、学习风格、学习策略以及在学习过程和学习内容上的智力因素。总而言之，以学生为中心的翻译教学就是要充分发挥学生在学习过程中的积极作用，充分调动学生学习的积极性和自信心，要尽量让学生自己掌握学习内容和选择方法，鼓励学生参与到教学活动的各个环节中来，鼓励学生更多地对自己的学习负责。

（二）"以学生为中心"教学的特点

1. 教师引导，学生是主体

在传统翻译教学模式中，教师通常处于相对的权威地位。所以，我们常常可以看到教师在台上一板一眼地讲，学生在台下不停地记笔记，这也是一种"填鸭式"的教学方法。而"以学生为中心"的教学模式则要求实现教师角色的转变，也就是要将教师角色由主演转变为导演，从而更好地引导、辅助学生学习翻译；同时将学生转换为主演，掌握翻译知识并付诸实践。

2. 教师和学生融洽合作，教学突出实践

与"传统翻译教学模式'以教师为中心'不同，'以学生为中心'的翻译教学模式强调翻译教学过程中学生的主体性。认知理论认为，教学不是知识的'传递'，而是学生积极主动的'获得'"在"以学生为中心"的翻译教学模式中，在课堂上教师与学生应形成积极的合作关系，也就是说双方扮演翻译教学中的合作者。

实行"以学生为中心"的教学模式并不代表教师失去权威性，而是仍要以教师作为课堂活动的引导者，采用多种途径突出学生的中心地位。传统的教学法一般是"以教师为中心"的教学，这种教学方式通常"将改错作为教学手段，将教师提供的参考译文作为翻译课的终极目标，不符合真实情况下翻译的本质特点，在一定程度上扼杀了学生学习翻译的主动性与创造性"。可见，传统的翻译教学方式由于过分依赖教师的主导地位，从而在很大程度上忽视了学生的主体地位，也就很难激发学生的积极性，不仅学生没有选择回答问题的权利，而且教师也很难把握学生的真实需求，

"以学生为中心"的翻译教学模式，首先就是让学生在"译"中学习技能。同时，翻译是一门理论与实践相结合的课程，王鸣妹在自己的论文《如何改进英语翻译教学》中提出了"好的理论以实践中获得的材料为依据，好的实践又以严谨推断出来的理论为指导……"的观点。她认为学生在学习英语翻译的过程中要以理论为基础指导，通过进行大量的实践练习和与参考译文对比来使他们更好地掌握所学的翻译技巧，从而可以进一步提高翻译能力。

正如黄青云在其论文《翻译观念与教学模式也应"与时俱进"》中提到的，新的现代教学理念认为，在翻译课上要先鼓励学生在译的过程中学习。也正是因为学生在译的过程中，需综合运用原有的知识经验，及其他相关资料，所以，学生可以从新的角度去思考已学过的内容，理解这些理论和翻译技巧或方法，最终达到掌握相应知识和积累经验的目的。

3. 共同参与评价

"以学生为中心"的教学方式要求改变传统的以教师为主体的评价方式，实现评价主体多元化，选择学生间、师生间自评和互评相结合的多种评价方式。至于如何将评价权利充分赋予学生，则应通过以下几个步骤来实现：（1）教师应先将学生分成若干个小组；（2）在完成一种翻译方法或技巧的详解和示例后，

教师应给学生布置课前选定的相应翻译练习；（3）学生完成练习之后，可以考虑进行小组讨论进而评选出能够获得小组成员共同认可的较好译文；（4）教师检查完各小组译文之后，应对其分别加以评价，并指出这些译文中翻译较好的部分和不妥之处；（5）教师还应为学生提供参考译文，并鼓励学生指出其中可能存在的不足之处，进而促使师生能够共同探讨某种译法，相互学习。

4. 重视学生独立翻译能力的培养

"以学生为中心"的翻译教学模式旨在培养学生独立的翻译能力，而不是只教学生学会翻译某些句子或文章。这种教学模式重视翻译过程，旨在通过教师的指导，帮助学生学会如何理解原文，并且通过恰当的技巧来表达自己的译文。此外，为了树立学生的自信心，教师必须对学生的作业持积极的肯定态度。

（三）"以学生为中心"教学的活动安排

1. 开列阅读书单

由于翻译是一项实践性较强的活动，所以在翻译教学的所有阶段都必须重视实践练习环节。翻译课程安排应以实践活动为主线，但也要重视理论指导实践的重要作用。应当清楚的是：如果离开了科学的理论指导，也就没有办法采取高效的实践活动，所以，为了帮助学生在较短的时间内掌握科学的翻译理论知识，教师推荐阅读书单是一个很好的办法。教师可为学生开列例如翻译简史、翻译理论与技巧、中英文化习俗等方面的书籍，学生可以通过这种方式学会用普遍的原理来处理个别的实例，之后，再经教师的指点，学生就可以将实例接通到理论上去，做到真正的融会贯通。

2. 多进行笔译、口译练习，消除文化障碍

学习口笔译的学生要具备较高的双语素养、文化知识和运用翻译策略的技巧。特别是在口译教学中，跨文化沟通认知对学习口译的学生十分重要。许多口译初学者在翻译过程中出现错译或误译，并非因为他的语言能力欠缺，而是因为他遇到了无法解决的文化障碍。所以，只有不断进行翻译实践，才能消除可能出现的文化障碍。

3. 采用多媒体教学手段

由于语言运用是一种多感官的体验，可以通过不同的媒体或者不同的感官传输语言信息，所以很有必要采用现有的多媒体技术进行英语翻译教学。目前，很多学术讨论会、记者招待会或者国际之间的互访宴会等都会采用同声翻译录像、光碟，在翻译教学中就可以利用这些录像、光碟来模拟现场，从而进行英汉或其他语言的互译实践。

（四）"以学生为中心"教学的不足

"以学生为中心"的翻译教学模式并不是一种十全十美的教学模式，它同样也存在以下局限性，如果同一组学生在一起讨论问题时间话过长，一些学生的注意力就会逐渐分散，有时候他们会讨论某些个人的事情，忘记了正在进行中的问题。

这种方式会助长部分学生的惰性，特别是那些经常处于中下水平的学生。他们会依赖小组成员而不去思考，他们常常只会等待其他人来回答，也就是说会出现"窃取他人成果"的现象。

这种教学模式会让部分学生感到困惑，尤其是那些处理语言解码和语言编码能力较差的学生，这种教学方式会使他们对自己的翻译能力感到自卑。

二、翻译教学中跨文化意识的培养

（一）跨文化意识的概念

跨文化指的是不同民族文化之间的交流与对话。随着经济全球化、政治一体化以及社会活动的全面发展，世界各国之间的跨文化交流也越来越频繁，很多有着不同文化背景的人相互交流的趋势也在不断加强，而在这个过程中，语言就成了他们进行交流和沟通所必需的工具。由于语言和文化的关系通常是密不可分的，而语言又是文化的重要组成部分和突出表现形式，因此可以说语言就是文化的载体。反过来，各民族的不同文化又深深地植根于不同的语言之中。

人类的文化交流有着悠久的历史，随着语言的产生到现在，人类一直通过语言进行交流。而不同的文化之间进行交流（跨文化交流）就必须通过翻译来实现。著名作家于冠西先生曾说过："人类文化从整体来说，是各国、各民族文化汇聚、交流的产物。"可见，如果没有翻译，跨文化交流也就不可能得到实现。作为跨文化的桥梁，翻译在信息传递的过程中起着非常重要的衔接作用，这也就使得翻译人员的重要性得到充分展现。

跨文化意识作为跨文化交际研究的重要内容之一，是指外语学习者对于所学习的目的语文化具有较好的知识方面的掌握，具有较强的适应能力与交际能力，能像目的语本族人一样思考问题并做出反应，以及进行各种交流活动。或者说，跨文化意识指的是外语学习者在跨文化交际中所特有的思维方式、判断能力以及对交际过程中不同文化因素的敏感性。在交际过程中，参与者具备这种意识就会受到启发和指导，而不受文化差异的负面影响。在无具体交际事务时，它仍然能够对学习者的学习和思考起着引导作用。

虽然翻译人员非常重要，但是如果译者对语言所承载的文化不甚了解，也就不能准确无误地表达出原句所要表达的意思。因此，多数的译者会在跨文化的交际中促使自己自觉或不自觉地形成一种认知标准和调节方法，即形成一种跨文化意识。也就是说，跨文化意识是译者所特有的判断能力、思维方式以及在交际过程中对文化因素的敏感性。

（二）在翻译教学中培养学生跨文化意识的方法

为培养学生的跨文化意识，教师应在训练学生掌握语言基本功的同时，帮助他们熟悉交际文化知识，并使其能够深入了解和掌握文化知识的内容。通常在翻译教学中会采用以下几种策略来处理翻译中的文化因素：

1. 重视文化知识

教师在进行翻译教学时，不应忽略文化知识要点的教学，要注意语言和文化知识的结合。课程结束时，教师要对语言知识和文化知识进行一个小结归纳，使学生的语言文化知识系统化。尤其应该注意的是，在期中和期末考试的试题中文化知识的考核应占有相当的比例。

2. 运用灵活的教学手段

在进行英语翻译教学时，教师要灵活地运用教学手段，可采用英语实景、电影纪录片、VCD或多媒体等直观教具进行教学，在教学结束后还要组织学生进行讨论。教师应提醒学生在观看纪录片或VCD的时候，注意片中西方人日常生活的情景。比如，餐馆服务员和顾客对话、打电话时的习惯俚语、大街上相遇时的交谈等。看过之后，教师可以和学生交流彼此的意见，并通过追忆片景，相互提醒，补充片中的对白、旁白、独白等。这样的教学方式对学生习得基本交际文化知识十分有效。

3. 提高学生的阅读量

教师应根据各年级学生的英语学习程度，在教学中有选择性地、适当地引入一的英语国家出版的涉及这里国家文化内容的书籍、报纸、杂志等，并将其作为学生的阅读材料，以此拓宽他们文化知识的广度和增加他们对英语国家文化知识了解的深度。教师也可以通过给学生布置阅读短篇故事或剧本任务的方式，要求他们记下其中有意义的文化细节等。事实上，在西方国家，以现实生活为题材的小说、剧本等材料中都包含了大量西方文化方面的内容，对于学生提高对其国家文化的了解很有帮助。同时提倡学生阅读有关历史、人类学以及社会学方面的书籍，不仅可以帮助学生了解体现其他国家文化的具体实例，而且还能使其掌握一些与文化有关的概念与指导原则。而通常情况下，概念与指导原则往往比实例更为重要，因为他们会给学生提供一个合理的结构，借助这个结构，学生可以更加细致、深入地对本国及别国的文化进行仔细考察。这样一来，学生也就可以用一种比较灵活的态度来尊重、对待这些文化差异，也就不会固执地按对本文化的认知看待其他文化。除此之外，一些跨文化交际学方面的书籍还可以帮助学生提高对文化差异的理解与认识，这些书籍有《跨文化交际学概论》（胡文仲），《超越语言》（胡文仲），《中英（英语国家）文化习俗比较》（杜学增），《英语习语与英美文化》（平洪、张国扬），《跨文化非语言交际》（毕继万），《从翻译史看文化差异》（王克非）等。

4. 合理运用外籍人士资源

合理运用外籍人士资源是指英语的外籍教师作为短期讲学者给学生讲课，或定期请外教、外国专家做相关文化的专题或系列讲座的行为。部分学校常常会举办一些社会组织、价值观念、思维模式等有关于西方文化方面的报告或讲座。这些活动常常被学生认为是实例新颖、生动幽默、趣味盎然的活动，在学生中受到广泛的欢迎。同时，也因为这一做法投资相对少、效果佳，现在已经被证实了是非常适合我国现阶段大部分地区高校实际的优选教学法之一。除此之外，大多数学校都十分鼓励学生与母语是英语的外国人进行个人交流，其原因在于轻松的个人间的交流有助于学生学到许多课堂上学不到的东西。但到目前为止，这样的交流在很大程度上受到各方面条件的限制，因此开展得不够普遍。

5. 将教学内容融入相关的文化

在教学中，教师应结合具体情境将教学内容融入相关的文化知识之中，教师可以利用课前几分钟，讲解英、美国家的有关知识，特别是文化差异方面的知识。例如，到了4月1日，教师可以先给学生介绍西方愚人节的相关知识，同时也要告诉他们过节日为的是彼此开心而不是恶作剧。在介绍感恩节之前，教师可引导学生将自己了解到的感恩节内容与中国中秋节进行对比。然后，也要指出尽管我们国家没有感恩节，可是我们也要对父母、朋友心存一份感恩之心。圣诞节是英语国家最重要的一个节日，就像春节是中国人心目中最重要的节日一样，而且两者之间存在着许多的共同之处，如圣诞大餐和除夕团圆饭、相互赠送圣诞礼物和收压岁钱等。在师生的热烈交流中，学生得以兴致勃勃地重温相应的一些单词、词组。

由于培养学生跨文化意识的方法多种多样，不同的施教者所采用的方法也不尽相同，所以取得的效果也就存在着差别。长期以来，国内外研究者对培养跨文化意识有效方法的探讨一直没有停止过。相信随着跨文化交际学、人类学、社会学、社会心理学和教学法等学科研究的发展，人们会探索出越来越好的培养跨文化意识的方法。

第五章 高校英语翻译的教学模式探索与差异研究

第一节 国内外高校英语翻译教学模式概述

一、国外高校翻译教学模式

（一）英国

英国本科阶段开设翻译专业的大学不多，大约只占1/3。但研究生层面的翻译教学比重偏大，教学培养模式呈多元化趋势，而且不同类型的翻译教学由于培养目标和培养方式的差异，在课程设置和师资配置上不太一样。纵观近几十年翻译教学的发展，英国的翻译教学可粗略地总结为下面四种培养模式：

1. 以会议翻译（口译）培训为主的职业培训

培养模式是各大学举办的翻译培训班，学习结束后发翻译证书或翻译文凭。这类学校借鉴了法国巴黎高等翻译学校的培训模式，以培养口译或会议翻译人才为主。这类教学积极应用达尼卡·塞莱斯柯维奇的释译理论，将翻译视为交际行为而不是交际结果，注重翻译中译员的心理过程。此外，译者被看成画家而不是摄影师，译者必须传译的是原作的思想而不是词句和语言结构。也就是说，翻译的单位是篇章，是话语，而不是词或句子。这类学校注重技能训练，强调训练过程与方法。以便学生教学中重视训练译员听译篇章、分析内容，利用形象化等手段记忆信息内容，归类、听懂并记住数字，复活大脑的被动记忆，并学会一边听、一边译，使语言表达清楚准确。教授翻译的人员大多是职业会议译员或译者，同时懂得教学法。他们要求学生的第一外语或第二外语达到理解无特殊困难，达到母语表达准确、贴切、娴熟的程度，其智力和分析综合能力及文化修养应达到较高水平。课程设置除了即席翻译和同声传译外，还开设经济、法律、语言学、翻译理论等课程。为保证学生熟悉未来职业，学校常邀请一线的口笔译工作者来校讲学以保证学生与该行业职业者接触，并常在毕业前安排学员赴校外相关机构或国际组织进行实习。

2. 以德国翻译教育家威尔斯的语言学理论模式为基础的教学方法

这种模式主张将专业知识的翻译视为应用语言学的范畴。在四年的翻译教学中将语言的学习与翻译技巧的训练结合起来，以培养复合型翻译人才。其培养模式以赫瑞奥特瓦特大学语言学院苏格兰口笔译研究中心为代表。其培养目标、课程设置和教学方法充分体现由翻译语言行为的理论思想与特点。笔译研究的培养目标是使语言学的毕业生掌握宽泛的口笔译特殊技能，以满足多种职业的要求。其博士学位的主要研究方向是口笔译研究、话语语言学和交际学。口笔译研究中心开设的主要课程有对比语言学，翻译理论，准备和现场翻译，笔译研究，会议与联络翻译，改写、编辑、摘要与校对，科技与翻译，双语社会与文化研究等。然而，口笔译研究中心的教学内容并不局限于狭隘的翻译，除了语言教学、应用语言研究之外，还要求学生学习社会、文化、政治和经济方面的知识。口笔译专业的研究方向也十分广泛，如技术翻译、机器翻译、文学翻译、媒体翻译、会议翻译、联络翻译和翻译理论等。

3. 功能主义理论的培训模式

以弁米尔为代表的翻译功能学派主张考虑译者的翻译环境，不能将翻译局限于语言学或文学的狭隘层面。译者应在跨文化的交际中发挥相应的作用。采用此理论的教学机构在翻译领域或语言学领域的学术实力较强，往往采用学院式培养模式培养专家学者型的翻译研究人才。沃里克大学英语与比较文化研究中心是这类培养模式的代表。沃里克大学始建于20世纪60年代中期，该校的英语与比较文化研究中心始建于1977年，如今已是英国最大的翻译研究与教学基地，能够授予翻译研究的学生学士、硕士和博士学位。从中心的名称可以看出，该校的翻译教学与文化的研究紧密联系在一起，教师都是翻译家，其研究兴趣几乎涵盖了文学和文化的各个方面：翻译理论与实践、翻译史、后现代主义批评、马克思主义批评、美国文学、文艺复兴时期的诗歌、英国黑人文学与文化、妇女文学、加勒比海地区研究、后殖民主义文学、爱尔兰研究、英伦三岛比较文学等。课程设置包括核心必修课、选修课和论文写作。翻译研究生的核心必修课包括"翻译与接受研究"和"翻译理论史"。前者将翻译视为"文学变化与发展的塑造力量"，分析考察"不同文化之间文本的传播过程"，考察翻译在文学系统中引进新观念、新形式、新类型的方式，并且考察不同文化的读者接受文本的方式；后者旨在考察翻译理论的起源、翻译态度的变化，以及翻译评价标准的变化和翻译实践模式的变化。翻译研究的选修课程极其广泛，主要有以下几门：诗歌与翻译、戏剧翻译、翻译与性别、翻译与后殖民主义、学习方法论与研究技巧等。学生通常要求具有相关领域的知识与经历,并具有相应的学位。可以看出,沃里克大学主要采用学院式的培养模式,培养学术型的翻译人才。翻译类型侧重于笔译,特别是人文和社会科学的翻译,自始至终强调翻译的文化功能、社会影响与接受文化的态度及其作用。

4.计算机辅助教学模式

计算机辅助教学已经在越来越多的学科和课程中得到应用,尤其是计算机智能辅助外语教学,从理论到实践都有令人兴奋的效果,这里以曼彻斯特大学理工学院为典型来研究其教学特点。该校的翻译教学设在语言工程系,是现代高科技、计算机、语言教学、翻译等学科的综合性教学。该系不仅授予翻译研究的科学学士、硕士、博士学位,而且授予机器翻译的硕士学位。曼彻斯特大学理工学院的语言工程系与其他大学的语言学系或现代语言系的区别在于:该校不仅重视学生的语言技巧、翻译能力,而且强调语言知识的作用,强调对不同语言的学习与训练,掌握语言学习的规律。他们认为,纯粹的语言能力在漫长而多变的市场需求和个人的工作经历中很难使学生永远立于不败之地,学生只有牢固地掌握语言学习的规律、方法与使用技巧,才能更好地迎接挑战。以该系开设的术语学课程为例,学生要求掌握术语学的理论框架。利用计算机对术语语料进行分析研究,建立概念结构,认识不同使用者对术语的不同要求,以及术语对信息处理系统的重大作用。所以,该系的毕业生深受市场欢迎,许多人成为术语学的专家、词汇学专家、词典编纂者和文献学专家。该系有关翻译的课程十分丰富,而且富有特色。具有翻译语言学、翻译方法论、译者信息技术、口译研究、机器翻译、机器翻译评估、计算机辅助翻译、翻译理论、理论语言学、形式语义学、计算词汇学、语料语言学、术语学、言语与语言处理、人工智能以及自然语言处理等相关学科。更值得一提的是该系是英国最大的计算机辅助语言学习基地,研究领域涵盖了语言学习、语言学和计算机语言学等纯理论研究和应用研究,主要研究课题包括语言工程、理论语言学和翻译研究。

(二)法国

在法国的文化生活中,翻译有着举足轻重的地位。随着社会的发展与国际交流的日益频繁,翻译将占有越来越重要的地位。在法国,直接或间接从事各种翻译的人员也越来越多。培养译员是一项重要的任务,法国在翻译人才的培养方面,积累了相当多的经验,因此翻译教学比较受重视。法国的翻译教学可以分为职业翻译培训、与其他专业方向配合的翻译教学和以教授语言为主要目的的翻译教学。按照心理教学法理论,"教学目的、目标、方法和手段不能从一个专业照搬到另一个专业，而应该对其进行思考，以使其适应当前教育遇到的新形势。"培养目标不同，教学内容、方法和手段必然各异。

1. 以职业培训为目标的翻译教学

（1）巴黎高等翻译学校

该校专门为联合国教科文组织、北大西洋公约组织等国际机构培养国际会议译员和笔译人才，学生来自全球的各个国家，涉及40多种语言。该校招收对象为文、理、法、社会学各科大学毕业生，新生没有数量限制，但入学考试十分严格，除了翻译需要的相关能力的考查外，还对其未来将使用的工作语言水平要求很高。学校下设三个系：口译系、笔译系和研究生系。口译系学制两年，第一年学习即席翻译，第二年学习同声传译，同时开设经济、法律、语言学、翻译理论、术语学等课程，每周总课时大约24小时。笔译系学制一般为三年，第一年开设基础翻译课，第二年开设经济翻译课，第三年开设科技翻译课，同时开设口译系翻译除外的其他课程。两个系还同时开设母语及外语进修课。两年或三年学业期满，考试及格或论文获得通过者分别发给"会议口译人员高等专家毕业文凭"和"笔译人员高等专家毕业文凭"。学生毕业后，大部分投考各国际机构的翻译部门，也有一部分毕业生为了工作自由不投考国际机构而分别向各国有关机构申请自由译员的工作执照。70多年来，该校为联合国、欧盟以及西方各国的外事部门培养了一批又一批的高级翻译人员。巴黎高等翻译学校以塞莱斯科维奇的翻译理论为教学的理论基础，该派理论运用语言学、逻辑学、心理学的成就来阐释翻译的理解和表达过程。其核心思想正是对穆南、贝尔尼埃和阿尔比的语言学译论的继承。这一核心思想就是翻译的主要目的是译意，而不是源于的语言外壳，提倡在翻译中进行"文化转换"。翻译理论提出的翻译程序是理解、脱离源语语言外壳和重新表达。不可否认，这一翻译理论体系在培养高级口译人才方面是十分有效的，巴黎高等翻译学校的一个重要特色就是极为重视翻译教学理论的研究，推出了一系列翻译教学研究专著。在翻译教学理论研究方面，针对翻译教学的性质、特点、目标、方法，进行了较为系统的探索，提出了许多具有启迪意义的观点，总结了可以借鉴的经验。比较有代表性的成果有杜里厄的《科技翻译教学法基础》，拉沃的《翻译在语言教学法中的作用》，巴拉尔的《翻译——从理论到教学》，《大学中的翻译——翻译教学研究与建议》，勒菲阿尔的《笔译推理教学法》等。

（2）雷纳第二大学

该校颁发多语种多媒体交际工程学职业文凭。用十年左右时间发展起来的"语言和技术"专业，主要为翻译机构或公司培养英、法、德笔译人员。这所学校的培养模式同布鲁塞尔玛丽·哈普斯自由学院相似，但不培养口译人员。学生毕业后以担任翻译、审校、译审、项目负责人等为主。该校的特点是把翻译教学同计算机的使用和专业术语研究及企业需求紧密结合，例如，该校于2004年8月出版了《奥林匹克英法实用词典》。该专业指导教师出版了十几部翻译理论研究专著，研究成果丰硕。雷纳第二大学教授瓜岱克在他撰写的《描述翻译和概要翻译》中根据职业翻译特点和程序提出了渐进式的翻译教学模式。描述翻译旨在寻找文件的所有重要线索，说明理解、阐释文本的环境和条件，找出并翻译关键词，说明主题或主要议题；概要翻译在于使用与文件语言不同的语言提供简要明快的主要内容和情况。按照瓜岱克的说法，描述和概要翻译是所有翻译不可或缺的基本能力，是职业翻译的最佳模式。从教学法的角度讲，这是尊重学习进度的理智方法，可以帮助理解要翻译的文件，建立合理的术语库。译者通过资料查询进行跨文化、跨语言实践和审校实践。该校翻译专业确定的培养目标是：毕业后能在翻译公司或类似机构从事职业翻译、译稿审校、专业术语研究、信息管理、项目管理等工作。该校"多语言多媒体交际工程学，把翻译培训同广泛意义上的交际和信息传输结合起来，把翻译训练同术语研究结合在一起。换句话说，每一专业翻译训练结束后，学生都要将该领域术语输入计算机进行处理，以供有关企业和个人使用，或编辑成字典出版。随着因特网的广泛应用，不少大公司希望随时从全球各地的网站上了解行业信息，因此对翻译有了新的需求，他们通常不是让翻译公司完整翻译网上的内容，而是要求译者采用"描述"或"概要"的形式对原文进行适当的压缩和摘编，即编译、摘译或译述等，然后视信息情况决定是否需要翻译全文。这也是"描述"和"概要"翻译训练作为培训内容的原因之一。

2. 专业翻译研究与翻译培训

（1）里昂第二大学

该校的语言学和应用语言学专业将语言学同术语研究紧密结合，术语研究重点是医学（以医药学为主）和环保专业。硕士生在学习相关专业的同时在导师指导下从事以法英、法阿、法德为主的双语术语翻译研究。该校与国家科研中心合作，和下属的20多所研究教学单位在以上两个领域的术语研究成果在国内外都享有盛誉。毕业生可以直接进入相关领域从事教学、翻译或其他工作。里昂第二大学为语言学系或商务及法律系的研究生开设了专业口笔译课程。其授课方法为职业翻译培训，强调翻译思维能力的训练和方法论的应用。

（2）卡昂大学

该校开设法律、人文、语言、自然科学等专业，颁发硕士和博士文凭。人文科学下设的跨学科人文科学研究中心培养硕士和博士生。课程以心理语言学、生理学、口译心理和认知科学为主，最具特点的是从跨学科角度研究语言、认知和非语言因素对儿童语言发展和交际的影响，近几年对会议口译程序的认知和心理语言学研究取得了初步成果，在翻译界和心理语言学界产生了一定的影响。

3.教学翻译——语言教学的一种手段

法国另一些学校也开设翻译课程，但其目标并非培养职业翻译人员。参加培训的学员毕业后可从事笔译工作，也可从事与翻译没有直接关系的工作，里昂第二大学的外语语言应用专业、拉罗歇尔大学亚洲商务专业、蒙彼利埃第三大学外语语言应用专业、里昂第三大学外语语言应用专业、埃克斯昂普罗旺斯语言学及外语语言应用专业、东方语言学院语言和文化专业等均属于这种情况。翻译在语言教学中只是一种教学手段，目的是帮助学生理解原文的语法、词法等，逐渐用准确的外语表达思想。随着翻译学研究的不断深入，语言教学更多地引进交际法，课堂上出现了模拟交际场景，原来的单词翻译扩展到句子，句子翻译扩展到连贯的短文翻译，而且教师也在翻译前提供与交际场景相关的信息，更多地注重翻译过程，改善教学环境，学生在交际中学习和掌握外语的速度逐渐加快。

（三）德国

德国有着良好的翻译理论传统，德国功能学派的研究对后续的理论研究，以及翻译教学都有深远的影响。

1.基于现实生活的文本翻译的翻译教学模式

与英国相比，德国的大学一直注重翻译专业人才的培养，并认为每个人都应该享受大学层面的教育。这种专业的教育使得学生要在学校里花上很长的时间。例如，一个想要接受培训后成为教师的学生要在学校里花上四年半的时间，这还要看学校类型以及学生走完整套教学体系所花的时间，实习教师要在学校里实习两年，才能成为合格的教师。然而，大学所提供的这种学术训练并不见得是为将来的专业需要所设计的。英语教授实际上是英国文学教授，而文学作品的选择也是因教授的个人研究喜好而定的，并没有考虑课程要求。一般认为，学生的语言能力在入学前就已经获得。在这种情况下，学生语言技能的提高或被视为蹩脚文人，或是无用的装饰。在1981年做的一项有关语言课程的调查显示，课程大概有1/3都是在进行翻译——译出或译入，而学生的语言能力并没有得到体现，考试通常采用改写与翻译的方法，考试用的文章可能是从某一文学作品中抽取的。整个考试不允许用字典。改写是考查学生运用外语的能力；翻译是考查学生对外语的理解力和改写成母语文章的能力。但这种考试并不能考查翻译能力。

随着经济全球化的进一步发展，国际的交流与合作不断加强，德国的翻译教学也开始与之前的翻译模式——纯文学翻译的外语教学分离，转为基于现实需要的文本翻译的教学模式。这种翻译教学模式并不是要培养专业的翻译者或口译者，而是为了使所有专业语言研究人员能够具有处理日常的或非正式的翻译的能力，并能够监督公共的或正式的文本翻译的质量。对于在训练时翻译文本的选择，也应是那些在真实生活中可以或应该被翻译的文本，比如某个特殊的客户所需要的，某个特殊场所所需要的，或是要对某个特殊观众所说的文本，这样一来学生就可以处理真实的翻译任务了。

在翻译课上，教师可以和学生共同探讨所选择的文本，以及文本被翻译的必要性，为了使听者更容易理解，需要译者对该文本做哪些调整等。任务可以由小组成员合作完成。那些在翻译中可能遇到的问题，比如数字、数据的处理，特定时间、人名、地名，文章修改，文化内容等都可以加到翻译教学中。德国的杜伊斯堡大学也采用了这种基于现实生活的文本翻译的翻译教学模式。这里的学生只有外语专业水平达到一定高度才可以开始翻译工作。第一学期是翻译基础课程，学习翻译的各个方面。比如对不同词汇项的翻译，如何合理使用字典和其他材料资源，对文化因素的翻译，如何调整文本以适应特定读者、语域分析、文本类型、相同文本的不同翻译等。之后的两个学期要学习德译英和英译德。最后一学期是选修课程——学生翻译工作组。这个课程的教师一般都是目的语的本族语者。学生可以在翻译过程中发现很多专业翻译所遇到的问题，并且可以学习如何使用参考资料以及如何加快翻译速度等。基于现实生活的文本翻译的教学模式也是值得借鉴学习的。文学翻译对于大学外语系的学生来说难度较大，并且对于未来职业需求意义更大。在进行大学英语翻译教学时，可以根据学生所学专业和未来职业需求设计翻译教材，翻译的文本可以是科技、商务、旅游和法律等内容。

2. 基于培养文学翻译的翻译学院——杜塞尔多夫大学

以上提到的基于现实生活的文本翻译的翻译教学模式是为了培养更多的具备一定翻译素养的专业人才。在德国，由于所处地理位置、地缘政治和历史不同等原因，德语和德国民族文学的形成与发展在很大程度上得益于外国文学的翻译，因此文学翻译也占有一定的市场。德语文学史上的许多著名诗人、作家，从歌德、席勒到霍夫曼斯塔尔、里尔克、格奥尔格，到第二次世界大战后的埃里希弗里德、伯尔、汉特克和恩岑斯贝格尔，都曾翻译过外国文学作品，为外国文学在德语区的传播做出了贡献。按翻译作品数量计算，德国远远超过英、法等国，但是翻译作品的质量不尽人意。受传统观念影响，译事不为学界看重，译者的社会地位较低，报酬也偏低，多数情况下不能靠翻译稿酬维持生计。

在正规的高等教育中没有设置专门培养文学翻译人才的专业，对外国文学作品的书评也很少涉及翻译本身的问题。针对上述情况，杜塞尔多夫大学文学院以法国文学专家尼斯教授为首，聚集了一批对跨国界、跨文化的语言与文学交流及翻译理论感兴趣的教师，深感有必要成立一个新的专业，制订完备的教学计划，更科学、更系统地培养文学翻译人才。他们认为，面对不断扩大的职业需求，传统的、通过自学摸索的方式造就文学翻译人才的办法，无论对译者、出版社和读者都是事倍功半，不能再继续下去了，这一重要的跨文化传播工作的职业化已刻不容缓。杜塞尔多夫大学文学翻译专业教学计划规定，学制（包括毕业考试）为4年3个月，达到毕业要求须完成的课时为160个学期周课时（修读1门1学期、每周2课时的课程可获2个学期周课时）。其中必修课和限制性选修课计148个学期周课时，与其他文科专业相比，任选课比例稍低一再。完成教学要求、通过毕业考试者获"硕士翻译"学位。可供选择的外语为英、法、西、意，因为这四种语言的译本占全部翻译作品的4/5。学生须从这四种外语中选择一门作为主修专业方向和一门辅修专业方向（英、法两种语言中必选一门），另外还必须辅修德语（目的语），作为第二门辅修专业方向。主修外语占总课时的一半，共80个学期周课时，两个辅修语种各占40个学期周课时，这就是说，学生至少须掌握两门外语，能翻译两种语言的文学作品。文学翻译专业十分注重理论与实践的结合。教学计划规定，每个专业方向（包括主修和辅修）的教学都需要包括理论性课程与实践性课程两方面。以主修专业方向为例，学术性、理论性课程必须修满36个学期周课时（必修课），其中语言学和文学各占16课时，具体课程有语言学导论、语言史、20世纪语言、词汇学、语义学、句法、语言变体、文学导论、文学史、20世纪文学、语篇分析基础、文学的接受、类别文学专题等，翻译比较占4课时。语言与翻译实践课、必修课、限选课共须修满32课时，具体课程有语法对比、词汇对比、成语对比和大量的文学翻译实践课，以外译德为主。这里，文学的概念比较宽泛，既包括严肃文学和消遣文学，又包括讲究文笔的人文科学文章。在翻译实践课中，学生要练习翻译各种文学门类和体裁的文章，如散文、小说、随笔、韵文、戏剧、舞台剧、广播剧、影视作品以及论说文等。到高年级时，每个学生都须选择一个重点领域，进行深化提高。另外还有跨语种的、以翻译学中普遍的共同问题为内容的课程（占8课时），如翻译导论、翻译理论、翻译史和翻译工作者职业概貌。特别要指出的是，该专业在传授理论知识中，力求避免为理论而理论的经验式教学，注重从实践中总结出来，又能反过来指导翻译实践和翻译批评的理论。正像负责文学翻译专业的院长代表尼斯教授强调指出的那样："大学学习不能代替实践，但我们力求给学生贴近实际的理论，传授技能和背景知识。"培养学生的独立工作能力，提高他们在劳动市场上的竞争力，使他们尽快适应毕业后的工作，把所学理论知识应用到实践中去，是该专业办学的指导思想之一。

二、我国高校外语翻译教学的常用模式

当前传统的翻译教学模式已经不再适应我国翻译教学发展的需求。因此，在新的社会发展和新的教学模式的指引下，笔者认为翻译教学可以采用多种教学模式相结合。

（一）以学生为中心的翻译教学模式

为了满足不断发展的社会需求及学生的实际需要，目前的高校外语教学理论上基本都以学生为中心。由于翻译教学未得到足够的重视、传统上翻译用途显得不是很广泛以及翻译教学时间的限制等众多原因，导致了在翻译教学中多以教师为中心，教师是翻译教学的主体，学生在翻译教学中只是被动地接受教师讲解的内容，而很少能主动思考，也因此造成了学生实践不足、翻译水平不高的后果。对此，急需对传统教学形式进行改革。"以学生为中心"的教学模式要求教师转变角色，由教学主导转换为教学引导，而学生则需要由被动接受知识转为主动学习知识、积极思考问题、主动实践，最终才能提高自己的翻译水平。

（二）任务型翻译教学模式

李琳认为，高校外语翻译教学应该建立"任务型翻译教学模式"，该教学模式融合了翻译教学和任务型教学的有关理论知识，强调以各种不同的翻译教学任务为中心，以学生为活动中心，既有助于强化学生的中心地位，又可以增强学生的团队合作精神。一般来说，该教学模式的教学可以分为三个步骤：第一步为规划和确定翻译教学内容及活动；第二步为对翻译教学内容的开展、教学活动的执行以及后续活动的计划；第三步为结合相关的翻译理论和技巧，总结分析前面翻译活动中学生翻译的得与失。

（三）建构主义翻译教学模式

基于认知发展和心理学有关理论的建构主义能够清晰解释人类认知发展的有关规律，也就能够解释人类学习者怎样利用已有的经验、心理等知识来构建所需的知识框架，因此，理论上来说，结构主义的有关知识可以用来指导高校外语翻译教学。在这一理论的指导下，大学生具有比较成熟的思维体系，可以利用他们已有的知识进行有关结构的建构，形成属于自己的特有的认知及知识图式，从而为后续学习和练习中新知识与已有图式的完美结合奠定基础。这一教学模式仍然坚持学生在学习中的中心地位，其教学重点在于解释重点句型，分析翻译中的语

法、词汇使用、篇章结构等方面的错误以及具体操练等。

（四）合作学习翻译教学模式

高校外语翻译教学也可以将该方法加以利用，在使用这一方法的过程中，教师需要依据该方法的要求对学生进行分组，而学生也需要根据教师的要求对自己的任务认真完成。在高校外语翻译教学中使用这一方法不仅需要师生之间及学生之间的合作，还需要学生综合利用各种方法、途径及资源来对小组成员的翻译作品进行品评，找出错误、分析错误、改正错误，合理有效地反馈，最后由被修改对象进行修改。

第二节　以学生为中心的英语翻译教学

一、"以学生为中心"教学的概念

"以学生为中心"的教学是由于教师仅作为知识的传授者和指导者的角色已远不能满足教学的需求，因此教师应通过多种途径，由学生的中心地位，形成课堂上的新型师生关系的一种教学模式。这种教学模式认为翻译是对两种语言的创造性运用，因此翻译活动应涵盖在交际框架下的语言活动、文化活动、心理活动等内容。这种教学模式重视英语翻译教育的发展趋势，特别重视翻译教学环境和以学生作为教学主体这两个因素。由于翻译教学环境趋向于提倡建立一种交际性的课堂教学形式，也就是要努力创建一种能培养学生独立开展创造性语言转换以及语言交际的环境，因此也就应该特别重视社会背景和文化迁移在翻译教学中的作用，此外，这种教学模式认为：教师不应再被认为是翻译练习中的带头人、翻译材料的介绍人或译文好坏的评判者，而应在翻译教学的过程中，明确学生才是积极的创造者，而不是消极的接受者；要重视学生的不同个性、学习风格、学习策略以及在学习过程和学习内容上的智力因素。总而言之，以学生为中心的翻译教学就是要充分重视学生在学习过程中的积极作用，充分调动学生学习的积极性和自信心，要尽量让学生自己选择学习内容和方法，鼓励学生参与到教学活动的各个环节中来，鼓励学生更多地对自己的学习负责。

二、"以学生为中心"教学的特点

"在实际应用中就是真正做到以学生为本,鼓励学生开展自我评价、认识自己;在实际教学活动中,教师的作用就是将各种教学资源呈现在学生面前,学生自己进行选择,营造和谐的心理氛围,帮助学生掌握学习方法;主要就是帮助学生学会学习,做到自我实现。"教学中要以学生为中心,教师只是学习的促进者、协作者或说话伙伴、朋友,学生才是学习的关键,学习的过程就是学习的目的之所在。

(一)教师引导,学生为主体

在传统翻译教学模式中,教师通常会处于相对的权威地位,所以人们常常可以看到教师在台上一板一眼地讲,学生在台下不停地记笔记,这也是一种"填鸭式"的教学方法。而"以学生为中心"的教学模式则要求实现教师角色的转移,也就是要将教师角色由主演转变为导演,从而更好地引导、辅助学生学习翻译,并将学生转变为主演,将翻译知识掌握并付诸实践。

(二)教师和学生融洽合作

教学突出实践"与传统翻译教学模式'以教师为中心'不同,'以学生为中心'的翻译教学模式强调翻译教学过程中学生的主体性。认知理论认为,教学不是知识的'传递',而是学生积极主动的'获得'"。在"以学生为中心"的翻译教学模式中,教师与学生应形成积极的合作关系,也就是说双方应扮演翻译教学中的合作者。实行"以学生为中心"的教学模式并不代表教师失去权威性,而是仍要以教师作为课堂活动的引导者,采用多种途径突出学生的中心地位。传统的教学法一般是"以教师为中心"的教学方式,这种教学方式通常"将改错作为教学手段,将教师提供的参考译文作为翻译课的终极目标,不符合真实情况下翻译的本质特点,在一定程度上扼杀了学生学习翻译的主动性与创造性"。可见,传统的翻译教学方式由于过分依赖教师的主导地位,从而在很大程度上忽视了学生的主体地位,也就很难调动学生的积极性,学生不仅没有选择回答问题的权利,而且教师也很难把握及满足学生的真实需求。"以学生为中心"的翻译教学模式,首先便是让学生在"译"中学习技能。同时,翻译是一门理论与实践相结合的课程,需综合运用原有的知识经验,查阅工具书以及其他相关资料,所以,学生可以从新的角度去思考和温习已学过的内容,并能有时间去理解这些理论和翻译技巧或方法,最终达到掌握相应知识和积累经验的目的。

（三）重视学生独立翻译能力的培养

"以学生为中心"的翻译教学模式的目的是培养学生独立的翻译能力，而不是只教学生学会翻译某些句子或文章。这种教学模式重视翻译过程，旨在通过教师的指导，帮助学生学会如何理解原文，并且通过恰当的方式来表达自己的译文。此外，为了树立学生的自信心，教师必须对学生的作业持积极的批改态度。

三、"以学生为中心"教学的活动安排

（一）开列阅读书单

由于翻译是一项实践性较强的活动，所以在翻译教学的所有阶段都必须重视实践练习环节，翻译课程安排应以实践活动为主线。但也要重视理论指导实践的重要作用，应当清楚的是，如果离开了科学的理论指导，也就没有办法采取高效的实践活动。所以，为了帮助学生在较短的时间内掌握科学的翻译理论知识，教师可以向学生推荐阅读书单，教师可为学生推荐如《翻译简史》《翻译理论与技巧》《中英文化习俗比较》等方面的书籍，学生可以通过这种方式学会用普遍的原理来处理个别的实例。之后再经过教师的指点，学生就可以将实例接通到理论上去，做到真正的融会贯通。

（二）多进行笔译、口译练习，消除文化障碍

学习口笔译的学生要具备坚实的双语素养、文化知识和运用翻译策略的技巧，特别是在口译教学中，跨文化沟通认知对学习口译的学生十分重要。许多口译初学者在翻译过程中出现错译或误译，并非他的语言能力有欠缺，而是他遇到了无法解决的文化障碍。所以，只有进行不断的翻译实践，才能消除可能出现的文化障碍。

（三）采用多媒体教学手段

语言运用是一种多感官的体验，可以通过不同的媒体或者不同的感官渠道传输语言信息，所以很有必要采用现有的多媒体技术进行英语翻译教学。目前很多学术讨论会、记者招待会或者国际之间的互访宴会等都会采用同声翻译录像、光碟，在翻译教学中就可以利用这些录像、光碟，来创造模拟的现场效果，从而进行英汉或其他语言的互译实践。

四、"以学生为中心"教学的不足

"以学生为中心"的翻译教学模式并不是十全十美的,它同样存在以下局限性。(1)如果同一组学生在一起讨论问题的时间过长,一些学生的精力就会逐渐开始分散,有时候他们会讨论某些个人的问题,忘记了正在进行的问题。(2)这种模式会助长部分学生的惰性,特别是那些经常处于中下等水平的学生,他们会依赖小组成员,而不去思考,他们常常只会等待其他人来回答,也就是说会造成"窃取他人成果"的现象。(3)这种教学模式会让部分学生感到困惑,尤其是那些处理语言解码和语言编码能力较差的学生,这种教学方式会使他们对自己的翻译能力感到自卑。

第三节 翻译教学中应注意的环节与实践应用

翻译无论是科学、艺术,还是技巧,都需要在实践中认识它、做好它。翻译就是以语言为工具进行信息、情感、思想、文化的交流。梁启超曾指出:"翻译文体之问题,则直译意译之得失,实为焦点……新本日出,玉石混淆。于是求真之念骤炽,而尊尚直译之论起。"毫无疑问,翻译工作需要一定的理论水平,但更重要的还是掌握翻译实践技能。前者是道理,后者是实践。

一、翻译教学中应注意的环节

(一)技巧知识传授与理论知识讲解相结合

大学英语的翻译教学大都以教授翻译技巧和翻译知识为主要内容。但是,如果教师能把翻译理论融会贯通在技巧和知识的传授中,就会有助于学生在翻译实践中学会独立解决问题,通过理论分析克服实践中遇到的困难,认识翻译活动的基本规律,尽快提高自己的翻译实践能力。就非英语专业课程而言,大学英语精读课中的单句或段落翻译练习是基础阶段综合训练的一个非常重要的组成部分。大学生有一定的英语基础,又有较高的汉语修养,如果教师能在授课中增加一定的翻译理论指导,对学生稍作点拨,便会收到事半功倍的效果。

(二)翻译能力与其他能力的提高相结合

翻译教学是包括理解与表达的教学,涉及英语的理解能力和汉语的表达能力。

对学生翻译能力的培养，不应只依赖单方面的翻译理论及相关知识的传授和技巧的训练。听、说、读、写、译这五种语言基本技能不是孤立的，而是相辅相成的。所以在语言教学中，培养翻译能力还要从诸多方面入手：通过加强词汇和语法教学，夯实学生语言学习基础；通过精听、泛听、精读、泛读训练增加学生的语言输入，为语言输出做好质量上的前提准备；通过加强中、西方文化的对比分析，增强学生语言学习和运用中的文化意识，提高文化素养。

（三）阅读的"面"式教学与翻译的"点"式教学相结合

翻译教学与阅读教学有着紧密的联系。阅读和翻译对理解的要求不尽一致，对阅读的要求是理解准确率不低于70%，而对翻译准确率的要求则是100%。因此翻译教学是以阅读教学为基础，翻译教学经常融于阅读教学中。在阅读教学中进行点式翻译教学，对于阅读教学的深化大有裨益。阅读教学中一部分学生不求甚解，对难句、关键句或难度较大的段落的含义不甚清楚，因而要通过翻译表达的反作用，加深学生对原文的理解，进而使其完全消化吸收。翻译教学有机地融于阅读教学过程中，作为阅读教学过程的一个环节，也将传统的语法翻译教学法与现代的交际教学法有机结合起来，相得益彰又各取所需。

（四）英语理解的准确性与汉语表达的审美性相结合

尽管大学英语翻译的教学和测试标准主要是考查学生的准确理解力，但表达的问题也不可忽略：表达水平直接反映对原文理解的程度和翻译的质量，理解的程度只有凭借表达，才能得以实现。虽然大学英语教学对翻译教学在语言形式上要求并不很高，但翻译作为一种语言活动必然涉及审美问题。在翻译过程中，审美意识是一种积极主动的心理活动。对翻译语言做美学上的评价和欣赏，必须把语言所表达的思想感情内容与语言形式统一起来，把语言表达与交际语境统一起来，才能对文本语言做出恰当的审美判断并获得美感。语言审美包括语音、文法、修辞等方面。在翻译教学实践中，学生自身因忙于做抽象的词义及语法分析而忽视语言审美，教师需要在讲授翻译知识和技巧时，注意唤醒学生的审美意识，引导学生在理智分析语义的同时，联系具体语境中的语言形式、交际场合、交际目的等诸多因素，进行具体或整体的感性理解。要说明的是，大学英语翻译教学毕竟不同于其他类型的翻译教学，审美意识的渗透和培养要适时适量，不可喧宾夺主。翻译教学作为大学英语教学的一个重要组成部分，应当予以充分重视。笔者这里简要分析了翻译教学中的一些现存问题及应注意的几个环节。另外，教师应更深入地钻研教材，更合理地设计教学方法，学生也应端正对翻译的学习态度，积极配合教师，扎实、勤课地进行翻译练习和实践。以达到教学互动、教学相长之境界，使翻译能力和水平得到实质性提高。

二、翻译教学中实践的应用

翻译理论的重要性更体现在它对翻译实践的指导意义上。古人云：凡事须由其途，得其法，方能终其果。英汉互译自然也需要科学理论的指导，此处的理论其实就是翻译实践的必由之路和原则法度，"翻译实践水平的提高，不能依靠提高劳动强度，只能依靠与自然科学和社会科学水平相适应的理论指导。"翻译理论的启蒙性、实践性与指导性不容我们忽视对其基本理论的传播。另外，翻译理论也能促进翻译教学水平的提高。深刻参透新的翻译理论，必然会扩大教师的专业视野，丰富教师的专业知识。这些新的理论经由教师的筛选，融入翻译教学，进而指导学生的翻译实践，必将更快、更有效地为国家培养翻译人才。

（一）关联理论与翻译

1. 关联理论概述

语用学家斯伯博和威尔森综合认知科学、语言哲学及人类行为学的研究成果创立了关联理论，不仅在语用学界反响强烈．对语言学、文学、心理学、哲学等领域也产生了一定的影响，对翻译研究也同样具有积极的意义。他们的学生格特运用关联理论对翻译进行了专门研究，并在《翻译与关联：认知与语境》一书中进一步发展了关联理论，阐述了他对翻译研究的启示，提出了一种全新的关联翻译理论，为翻译研究开辟了新的领域。关联理论认为，若文本话语的内在关联性很强，则读者在阅读中无须付出太多推理努力，就能取得好的语境效果（语境含义或假设）。反之，若文本话语的内在关联性很弱，则读者在阅读过程中需付出较多推理努力，才能取得好的语境效果。从文本的创作或翻译看，好的文本或样本并不是要向读者提供最大的内在关联性，而是要提供最佳的内在关联性。从文本或译本的解读看，读者理解话语的标准就是在文本话语与自己的认知语境之间寻求最佳关联，而不是最大关联。这里的最佳关联就是用最小的推理努力，取得最大的语境效果。文本的内在关联性往往与文本的创作意图、社会功能、写作风格和文体色彩等有关。例如，以信息功能为主、含义单一明确的实用文体，往往提供较清楚的内在关联性，读者很容易直达其意；而意境深远、蕴含丰富的文学作品，其内在关联性较为含蓄，为读者留下丰富的想象和推理空间。但无论文本的文体、风格或功能如何，都应该设想为读者提供最佳的内在关联性，才能使读者从文本话语中获得最大的语境效果。

关联理论是以认知和交际为基础的。在关联理论中，关联性被看作输入到认知过程中的话语、思想记忆、行为、声音、情景、气味等的一种特性。语境则是一个心理结构体，它存在于听话者头脑中的一系列假设，包括：（1）上下文，即在话语推进过程中明白表达出来的一组假设；（2）会话含义，即按照语用原则推导出来的一组假设；（3）百科知识，即涉及上述两类假设中相关概念的知识或经验。任何一个交际行为都是明示—推理的过程。聆听者为了理解讲述者的意图，必须根据关联理论把对方具有最佳关联性的言语刺激以及当时的交际情景当作信息输入，并从记忆中提取相关的百科知识与之匹配（即做出语境假设），在大脑中枢系统中采用演绎规则对它们进行综合加工（付出一定的努力），最终获得语境效果。因此，话语理解的过程就是通过语境进行推理的过程。

翻译的本质也是一种言语交际活动，原作作者与译者构成交际双方，译者和译语读者（接受者）又构成交际双方。原作中的每一个语句、每一段话语对译者而言都是明示刺激，这种明示刺激或明示性话语就是一组语境线索，译者在这种言语刺激作用下，就会激活其认知语境利用词汇知识、逻辑知识及百科知识寻找关联，进行推理，推导出作者的意图，进而理解原文。另外，译者要将自己的理解传达给接受者，就要调用译入语方面的认知语境，尽量将原作内容和形式忠实地表达出来，使译文符合接受者的期待。因此，关联理论框架下的翻译就是一种对源语进行语内或语际阐释的明示—推理活动，这种明示—推理活动要依靠语境实现。关联理论认为语境不是在话语生成之前预先确定的，而是听话者在话语理解过程中不断选择的结果，它会随着交际过程的发展而不断发展和变更。语境是一系列假设，是一个大范围的概念。在话语理解的过程中也使那些最为相关的语境被激活，通过推理做出判断。要使交际成功，就要寻找话语与语境之间的最佳关联，也就是要找到对方话语同语境假设的最佳关联，通过推理推断出语境暗含，最终获得语境效果。制约相关性的两大因素就是语境效果与推理努力。语境效果大，推理时所付出的努力小，关联性就强，反之亦然。由于认知语境是因人而异的，对同一话语的推理往往也有不同的暗含结果，比如在朋友家聊了一段时间后，起身准备离开，这时天正下着雨，朋友说：“在下雨呢。”如果朋友是坐着说这句话，根据已有的认知语境，即下雨时主人常留客人，结合朋友的话便可以得出结论：主人要留客人。但是，如果朋友一边递给客人一把伞，一边开门说这句话，客人就要调整认知语境，搜索有关的信息：朋友大概有事，主人为客人开门常有送客之意，下雨出门可以打伞。根据这一组信息，结合朋友的话，就可以推出结论：朋友至少不反对客人离开。因此，话语理解的过程实际上就是不断激活相关语境，寻找关联，进行推理的过程。翻译的本质是一种交际活动，译者扮演着信息输入（对原作的理解）和输出（言语产出）的双重角色。不同的译者有着不同的认知语境,同一个译者处在不同的时间、地点也会有不同的认知语境。在翻译过程中,译者必须依赖语境,从原作的言语或语句的刺激中寻找最佳关联,再把这种关联传递给译语读者,也就是说译者把自己的理解传递给译语读者。由于译者的认知语境是动态的,加上不同语言构成的语篇或文本受不同语义、文化等诸多因素的制约,译文不可能完全对等于原文。也就是说,翻译是动态的、波动的。那么,是否说翻译的这种波动性就使译文无章可循了呢?不是的。翻译的成功取决于相关因素间的趋同。趋同与趋异是两个相对的概念。"翻译的成功"指的是翻译的效度,它与趋同度成正比,与趋异度成反比。即趋同度越高,则趋异度越低,翻译的效度就高;反之,趋同度越低,则趋异度越高,翻译的效度就低。所以,要提高翻译的效度,必须尽量使译文向原文趋同,以提高翻译的信度和质量。翻译的本质是一种交际活动,译者必须从原作的语句刺激中寻找最大关联,通过认知语境进行演绎推理,识别作者的交际意图,进而用正确的语码传递给接受者。译者只有在源语和译语之间找到它们最大的语义和语用关联时,才能使译文最大限度地趋同于原文。因而,笔者认为翻译的趋同可分为语义趋同和语用趋同。语义趋同指在语言形式和规约意义上的趋同,语用趋同则指在内容和隐含意义上的趋同。规约意义的识别受语境的干扰较小,而隐含意义的识别必须借助语境进行推理才能实现。翻译中,译者必须依赖语境,寻找关联,通过推理识别作者的交际意图,并对接受者的认知语境做出正确的假设,选择适当的译语,努力使原作作者的意图与译语读者的期待相吻合。翻译的本质是交际的、语用的。因此,质量好的译文必须兼有语义趋同和语用趋同,仅有语义趋同,有时译文可能传达不出原作的意图,变成"曲译"或"死译"。当然,在无法兼顾语义趋同和语用趋同的同时,就应该想方设法做到译文的语用趋同,以传达出作者的意图。

2. 关联理论在翻译教学中的作用

关联理论对翻译教学有很大启示,它首先告诉人们,如果要翻译,先要理解原文。根据关联理论,要准确无误地理解原文的语境,根据语境做出认知假设,找出原文与认知假设间的最佳关联,从而理解原文语境效果。寻找关联要靠译者的百科知识,原文语言提供的逻辑信息和词语信息。因此,寻找关联就是认识推理的理解过程。更为重要的是,翻译是作者—译者—读者三元关系,原文作者和译者的认知环境不同,作者力图实现的语境效果同译者从原文和语境中寻找关联而获得的语境也是不同的。这样一来,原文信息和译文传达的信息就不可能完全对等,翻译只能做到"达义""对体""求形"。所谓"达义",就是正确地表达原文的意义,意义是交际的核心内容,意义的篡改、歪曲,谈不上是在翻译,只有准确无误地表达原文的意义才是翻译的首要任务。无论是明说还是暗含,意义的语码转换是可行的。

"意义"包括两方面的意思,一个是"意",一个是"义"。"意"是指意图,原文作者的意图,翻译就是译意。在翻译中,两种语言的体裁要相吻合,诗歌绝不可译成散文,戏剧绝不可译成小说。综上所述,关联理论对外语教材编写、词汇记忆、阅读理解教学、翻译等有着十分重要的借鉴作用,语言教师应学习语言学,改进教学方法,掌握教学技巧,培养更好的人才。

(二)认知语言学意义观与翻译教学

1.认知语言学意义观

传统的意义观主要包括指称论、使用论、行为主义论、真值条件论、概念论、成分论等。这些意义观是四种主要语言学范式意义观的具体体现,即传统哲学、对比语言学、结构主义语言学和转换深层语法。这四种语言学范式虽有其不足之处,但都属于客观主义语言学范畴。客观主义语言学对于意义的核心观点是语言对现实世界的直接的镜像反映,意义来自语言本身,可以通过语言的意义对现实世界得到准确的理解。由此得出描述同一场景的不同表达具有相同的意义,因为它们反映的是同一场景,如同一源语表达,"玛丽把杯子打破了"既可以翻译为"Mary broke the cup",也可以译为"The cup is broken by Mary",虽然两种译文反映的是同一场景——"玛丽把杯子打破了"。然而,认知语言学与客观主义语言学持明显不同的观点,它认为意义不是来自语言本身而是来自对体验的理解。语言仅仅只是起激活的作用,语言与意义之间是导引与被导引关系,而意义就是概念化。具体地说,意义存在于人们的大脑中,而不是语言中,语言的作用只是激活意义和其所属的概念框架。意义或概念化存在于现实世界和概念结构之间的人类认知过程的结果,而认知过程是指人类识解现实世界的过程。因此,意义或概念化是人类用识解方式感知、体验现实世界过程的识解结果,每一层意义不仅包括具体的概念内容,还含有相应的识解方式。语言意义应该由概念内容和识解方式构成,一种有挑战性的意义观尤其不能忽视后者。由此可知,能够激活相应概念框架中的某一意义的表达必定反映隐含在意义中的某一识解方式。换句话说,某一具体语言构造的使用,事实上赋予了所构造的场景某一具体的意象。因此,根据认知语言学的意义观,可断定前面的例子中的论断是不合理的,尽管"玛丽把杯子打破了"的两种英文翻译可以激活同一杯:被摔破的概念内容,但是译文"The cup is broken by Mary"不能激活与源语表达一致的识解方式,因此改变了源语表达的意义。另外,为了说明认知语言学的意义观,句子尤其是被动句常常用来作为说明例子。在此,必须指出这一做法大大局限了普通读者对认知语言学语义观的理解,甚至会使其误认为认知语言学语义观只适用于句法层面。事实上,词汇和句法都可用来示例这一意义观,因为两者之间没有明显的区别。词和句子形成了一个符号元素的连续体。这就意味着词和句法都是语言构造,都可以构造该概念或场景,赋予概念或场景识解方式。名词属于词的范畴,由此可推导出指称每一个指称概念的名词实际上都体现了相应的识解方式,以下将以认知语言学意义观为指导具体探讨名词的翻译教学问题。

2.认知语言学意义观对源词翻译教学的启示

在具体名词翻译教学过程中,教师首先需结合认知语言学意义观探索出具体的名词翻译原则,然后在此原则的指导下以引导的方式与学生探讨具体名词的翻译。如上所述,意义由概念内容和识解方式构成,译者在用某一名词激活某一意义的同时也是在选择某一意象,构建某一场景,而翻译的性质又是在目的语中再现源语的意义。据此,可以认定翻译名词的原则,即名词翻译应该以认知意义为导向,即意义的概念内容和识解方式都应该在目的语中再现。然而,词本身所具有的特点使得这一名词翻译准则的具体实施困难重重。首先,与句子相比,词虽与句子构成一个连续体,两者没有明确的界限,但是词在结构上比句子稳定,而句子较灵活,更具有兼容性以及词无法可及的优点。另外,名词都已经深深扎根于汉英两种语言中,因为这些名词所指称的名词性概念主要来自人类所共有的基本领域,如衣食住行等,这就意味着汉英两种语言都存在并且都有自己约定俗成的词汇表征。因此,如果按照上述翻译原则把汉语名词直接翻译到英语里,结果就会是虽然原词所激活的概念内容和识解方式在英语里得到体现,但有可能在英语里无法激活与在汉语里一样的概念,甚至会导致误解,反之亦然。因为汉英两种语言在概念化同一实体时所采用的识解方式完全不同,自然无法激活同一概念。如"床头柜",如果根据上述翻译原则把其译为 bed-head cabinet,就很有可能在英语读者头脑里激活的概念是像衣柜那样的实体,而不是摆在床边的小桌子。因此,以上提出的名词翻译原则只是描述了一种理想状态,考虑到源语意义的成功传递和口语读者的理解两个因素,名词翻译原则应进一步修正为:在翻译名词时,译者首先应该尽量在目的语中再现源名词的概念内容和识解方式,若无法达到两者的同时再现,译者应该舍弃源名词的识解方式,而选择与目的语一致的识解方式。基于以上观点,以下将探讨概念共享情况下的名词翻译教学及概念缺失情况下的名词翻译教学。

(1)概念共享下的名词翻译教学

汉英在词汇表征同一名词性概念时存在两种情况。第一种情况是同一名词性概念在汉英两种语言中都有词汇表征,且汉英词汇表征体现相同的识解方式。这种情况的名词翻译策略为:如果源名词所表征的概念为汉英两种语言所共有,且在目的语中由体现相同识解方式的词来表征，那么源名词所激活的概念内容和识解方式都应在译文中体现出来，如概念"book shelf"在汉语里词汇表征为"书架"，该词体现了功能视角识解方式，即该词所表征的实体是用来放书的。而在英语里，该概念词汇表征为"book shelf"，其所激活的识解方式与"书架"一样。因此，英译"书架"时，其所激活的概念内容和识解方式都应在英语中得到再现，翻译为"book shelf"。由于这种名词翻译方法沿用了源名词的识解方式，因此笔者把其命名为传承法。第二种情况则是名词所表征的概念为汉英两种语言所共有，但在两种语言中分别由其约定俗成的词汇表征，即源名词所表征的概念为两种语言所共有，但目的语中表征此概念的名词体现不同的识解方式。由于两种语言采用了不同的识解方式，如果硬要在目的语中再现源名词的概念内容和识解方式，其结果只会是在目的语读者头脑中无法激活同一概念内容。因此，为了激活同一概念内容，只有舍弃源名词的识解方式以适应目的语中已经存在的识解方式，如一种发型在英语中表征为"afro"，其体现了转喻的识解方式，即整个范畴被用来指代这一范畴所特有的特征。而在汉语中此概念表征为"爆炸头"，其体现的是隐喻识解方式，即头发的形状与爆炸时的情景相似。当汉译"afro"时，如果其所包含的识解方式保留在汉译译文中而把其译为"非洲"，那么很有可能无法在汉语读者头脑中激活"发型"这一概念。因此，汉译"afro"时，应该在汉语目的语中选择体现相同识解方式的词，如"爆炸头""蜂窝头"以及其他体现类似的隐喻识解方式的词。鉴于此种翻译方法涉及参照目的语中的识解方式，把其命名为参照法。

（2）概念缺失下的名词翻译教学

以上主要在阐释翻译性质和认知语言学意义观的基础上提出了名词翻译原则，并在此原则的基础上提出概念共享下的名词翻译策略，即传承法和参照法。笔者主要运用这两种翻译策略来探讨概念缺失情况的名词翻译，以期能为以后相关名词翻译提供翻译依据，并为评价已有的名词翻译提供评估标准。概念缺失是指源名词所表征的概念是源语所独有的，在目的语中不存在这一概念。对这种情况下的名词翻译方法则为传承法和参照法的结合，即参照与原概念所在的原框架相似的目的框架中相关概念的识解方式，然后决定是否传承源名词所激活的识解方式。例如"毛笔"所表征的概念是汉语所独有的，英语则无此概念，但是英语有这些概念如 quill pen（羽毛笔），steel pen（钢笔）和 lead pen（铅笔），其与源名词所表征的概念处在同一框架下，即 pen（笔）框架。那么翻译"毛笔"时，就需参照原概念的识解方式。如果原概念的识解方式与相关目的语概念的识解方式一致，那么原概念的识解方式就在目的语中得到传承。例如概念 quill pen（羽毛笔），steel pen（钢笔）和 lead pen（铅笔）分别表征为 quill pen、steel pen 和 lead pen。这些名词表征表明英语是从质地材料视角来概念化相关实体的。而汉语表达"毛笔"也反映了相同的质地材料视角识解方式。因此，"毛笔"可翻译为"hair pen"。这样，不仅原概念中的识解方式在目的语中得到再现，而且也便于目的语读者的理解，因为目的语读者可以通过人类普遍存在的识解方式即类比思维方式来理解 hair pen。通过类比，目的语读者可推导出 hair pen 与 quill pen、Steel Pen、lead Pen 一样，也是一种笔，与其不同的是前者的笔尖是用毛做的，后者的笔尖则分别是以羽毛、钢、铅做的。鉴于此，可试做评价，即前人把"毛笔"英译为 brush pen 这一做法是值得商榷的。此外，如果原概念的识解方式与目的语相同概念的识解方式不一致，那么其应该适应目的语中的识解方式。

还存在另一种情况，即目的语中不存在与源语处在相同或相似框架的概念，也就是不存在参照的可能性。例如英语中就没有概念与汉语概念"阴"和"阳"处在同一框架下的情况。对于这种情况，只能在目的语中完整地再现源语的识解方式，从而英译为"yin"和"yang"。综上所述，翻译则是指在目的语中再现源语的意义。根据认知语言学的意义观，意义就是概念化，由概念内容和识解方式构成。在此基础上，人们提出了名词翻译原则：在翻译名词时，译者首先应该尽量在目的语中再现源名词的概念内容和识解方式，如无法达到两者的同时再现，译者应该舍弃源名词的识解方式，而选择与目的语一致的识解方式。在该翻译原则的指导下，人们提出了名词翻译的三种策略，即传承法、参照法以及传承参照结合法。传承性翻译策略是指源语名词所表征的概念为两种语言所共有且此概念在目的语中也有体现相同识解方式的词汇，翻译时源语名词所表达的概念与体现的识解方式在目的语中同时获得再现。参照性翻译策略则指源语名词所表征的概念为两种语言所有，但源语名词表达的概念在目的语中是以不同识解方式得以表征的，翻译时则采用符合目的语识解方式的词语。传承参照结合法则指参照与原概念所在的框架相似的目的框架中相关概念的识解方式，然后决定是否传承源名词所激活的识解方式。

3. 翻译教学中认知语言学的意义观与译者主体性

传统意义观根植于客观主义，认为意义是客观存在的，每个句子都有一个客观意义，这个意义并不关乎任何一个人，而是独立存在的。而现代意义观的哲学基础是经验现实主义，认为没有独立于人的认知以外的所谓意义，语言符号不是对应于客观外部世界，人的认知参与了语言的意义和推理。因此，人们说意义不能独立于人的认知以外而存在，而这也同样适用于隐喻的意义。王寅在分析隐喻的工作机制时认为，同一种语言和文化中的交际双方共享的语境知识、文化因素、常规模式等因素是隐喻得以实现其交际价值的基础。在这个基础上隐喻意义才得以形成和识别，即双方达成对某隐喻意义的共识，这样隐喻也才获得其存在的可能，才会具有生命力。但是他同时指出人的认知能力是有差别的，这会导致对隐喻理解的偏差。从跨文化交际的翻译角度来说，这种偏差是客观存在的。不同文化背景的目的语读者能否通过翻译来感知到源语中作者要表达的隐喻意义，无疑是检验翻译质量的一个重要标准。翻译是一种语际交流，是一种跨文化交际，也是意义通过译者从作者向目的语读者传递的过程。传统翻译观认为译者居于从属地位，是原作者和读者之间的隐形人，解构主义颠覆了这一想法，认为译文不再是原文的附庸，从此，译者在作者和读者间逐渐开始显露其作用。20世纪70年代翻译界出现的文化转向也一定程度上凸显了译者的主体性。译者从被动、从属的地位中解放出来，享有翻译主体的充分自由，使平等对话与创译成为可能，"译者也因此能突显个人意志，彰显个性，发挥译者的主观能动性。"但是谈译者的主体性并不意味着译者可以肆意妄为。译者的主观能动性必须是建立在客观文本的基础之上的，也必须以译者本身的认知结构为依托，并体现作者的认知结构和对目的语读者认知能力的预测。无论译者在翻译过程中体现怎样的个人意志，采取怎样的翻译策略，译者主体性所起到的作用最终还是传达意义，即为跨文化交际这一目的服务的。也就是说，译者既要面对原作者、原作，又要面对读者，考虑到读者在自身文化中的接受能力。宗教词汇隐喻的翻译对译者提出了较高的要求，译者须以传达意义为目的，力求在源语和目的语以及两种文化之间取得完美的平衡。

（三）言语行为理论与翻译教学

言语行为早在20世纪50年代就是语言哲学家的研究对象，所谓言语行为指人们为实现交际目的而在具体的语境中使用语言的行为。言语行为并非"言语的行为"，而是一种交际活动，涉及说话者说话时的意图和他在听话者身上所达到的效果，即言语就是行为。言语行为理论设想了言语行为的三分说：言内行为、言外行为以及言后行为。言内行为指的是"说话"这一行为本身，即发出语音、说出单词、短语和句子等。这一行为本身不能构成语言交际。言外行为是通过"说话"这一动作所实施的一种行为，如传递信息、发出命令、问候致意等。言后行为指说话带来的后果，即说话人说出话语后在听话人身上产生了哪些影响。例如，"我饿了"这一言语行为：其言内行为就是说出这三个字；言外行为是实施说话人的一种"请求"行为，请求听话人能提供一些食物；对方提供食物与否就是言后行为。在这三种言语行为中，语用研究最感兴趣的是言外行为，因为它是同说话人的意图一致的。说话人如何使用语言表达自己的意图，听话人如何正确理解说话人的意图是研究语言交际的中心问题。

1. 理解原文的内涵，翻译是一种跨语言、跨文化的交际行为

根据认知语用学的观点，要确定话语意义，就必须充分考虑说话人的意图或语用用意、交际场合以及听话人的背景知识、信念、态度等语境因素，而语境因素往往又不止一个，它"可以是语言语境（上下文），也可以是具体语境（交际场合），也可以是认知语境（记忆和知识结构）"，说话人正是通过这一系列语境信息来传达他意欲表达的话语意义。从言语行为角度论述翻译，就是要求译者正确领会原作者的主观意图。教师要使学习者认识到，翻译绝不仅仅是一种从原作到本族语的转换。根据言语行为理论，译者在翻译过程中，不仅要理解原文的字面意义，更重要的是要弄清原作者的真正含义，同时根据不同的交际情景、文化传统、社会条件、思维方式、语言结构和表达方式等有的放矢，才能译出精品佳作来。

2. 翻译时注意言外之意，翻译最主要、最根本的任务是再现原文的意义

美国翻译理论家奈达说："翻译就是翻译意义。"可见，意义及语用意义是翻译的出发点和归宿点。他设计了两种语言的语用原则，推导出原文所示的言外之意并使读者理解这一言外之意，使两种不同的语用意义的差异得到沟通、融合。教师在教授学生时，要让学生了解不同的文化内涵及其言外之意。英语和汉语之间有着由人类共性所决定的语言共性，这是英汉语之间得以互译的前提。但英汉语言分属于两种截然不同的语系，两种语言在语音、词汇、语法、语义等各方面差异很大。尤其是两种语言根据其语法关系的习惯用法表现在句子结构和表达方式上存在很大差异，正是这种差异给两种语言的顺畅互译带来了障碍。

例：American education owes a great debt to Thomas Jefferson.

学生原译为：美国教育大大归功于托马斯·杰弗逊。

指导后译为：托马斯·杰弗逊为美国教育事业做出了巨大的贡献。

学生缺乏对英汉思维差异的理解，过分拘泥于原句的框架结构，导致汉语译文并不十分通畅。在教学中，教师适时地指导学生对两种语言的异同进行对比，增强他们对英汉语言差异的理性认识，力求引导他们在语言学习中自觉探寻并逐步掌握两种语言相互转换的基本规律，掌握英汉互译的基本原理知识和常用技巧，以便有效地指导自己的翻译实践，提高自己的翻译能力。

第四节　英语翻译教学中的文化差异研究

建立在不同文化基础上的两种语言，它们各自反映着自己特殊的民族文化和历史传统。中西方文化差异及思维模式的差异必然会给英语翻译造成一定的影响，要想真正掌握外语翻译的方法与技巧，不能仅限于对词面意义的理解，更重要的是要了解外国的社会、文化、历史背景乃至风俗习惯等方面的知识，了解文化方面的差异。从文化差异出发去研究语言差异，才能有效地把握语言之间的内在联系。英语和汉语分别属于两大不同的语系。英语国家的文化背景与我国文化背景有很多不同之处，英语反映英语国家（主要是英国和美国）的文化现实，汉语反映中国的文化现实。在词汇方面，"英汉两种语言中，一种语言里有些词在另一种语言里并没有对应词，例如：英语中 Cowboy、hot dog 等词，在汉语中不存在其对应词，一些反映汉语文化独特风格、事物的词，在英语中也难以找到对应词，如天干、地支、楷书、赤脚医生等。在语法方面，由于受各自文化的影响，英汉两种语言的使用者，往往从相反的角度来表达同一思想内容，形成矛盾的思维方式，如肯定与否定、单数与复数、里与外等，在谚语成语方面，有些哲理思维相似，表达方式也相似，但有些截然相反，或'所用具体载体与我们有所差异'"。所以，英语、汉语在各自的语言系统中鲜明地反映出自身文化的特点。

一、不同文化对翻译的影响

（一）词汇歧义造成翻译偏差

词汇是语言的基本构素，是语言大系统赖以存在的支柱，因此文化差异在词汇层面上体现得最为突出，涉及的面亦最为广泛。由于英、汉两种语言分属不同的文化，其各自深厚的文化内涵在语言上的烙印使得两种语言很少有绝对对应的词汇。大部分词汇不是在概念意义上而是在文化意义上表现出巨大的差异，而这种差异往往会给英语翻译带来极大的影响。英文里出现的 hippies、yippies、hot dog、Overkill 对我们来讲是生疏的，即使译作"嬉皮士、雅皮士、热狗、超过所需的杀伤威力"，仍不能完整表达原英语词义的全部内涵和外延。

社会文化的差异往往使同一个词具有不同的内涵，如 Propaganda 含有"撒谎、欺骗"等文化意义，而汉语的"宣传"则无此义。Olive branch 象征和平，而汉语橄榄枝原本与和平无关。再如我们将 porridge 改释为"粥、稀饭"，其实二者之间也存在着文化上的差异。英国人吃的 porridge 是将燕麦片放入牛奶或水中煮成的,而我们吃的粥或稀饭则多是用稻米、小米或其他谷物加水煮成的,显然中国的稀饭不具有 porridge 的内涵。另外,有许多词,如 landlord(地主),capitalist(资本家)等在西方国家中往往有积极的含义,但对中国人来讲,却带有强烈的贬义色彩。

从跨文化的角度看,词义的差异反映了不同民族文化价值的差异。如"individualism"是英美人所普遍接受的价值观,它所表达的是崇尚个人奋斗的价值观念。然而汉语中的"个人主义",是中国古代哲学基本原则"天人""内圣外王""实践理性""中庸之道"所排斥的词语,其意义往往类似于"一切从个人利益出发,把个体利益放在集体利益之上,仅顾自己,不顾别人"的观念和做法。因此,由于中西文化的差异,就"个人主义"而论,认识的角度大相径庭。如果不注意这些文化上的差异,尽管都是一个词,若从其自身而译,则必然谬以千里!

(二)知识内涵差异带来消极影响

知识的占有是翻译的前提。缺乏不同民族文化背景知识,会是翻译最大的障碍。英、汉两种语言都有悠久的历史,它们在各自民族的发展中,又都积累和创造了很多具有各自民族特色和地方色彩的形象生动的语言,这些语言史具有鲜明的文化知识内涵特色,它们只表达某种语言所独有的事物和现象,无论形式和内容上在另一种语言中都很难找到相对应的现象。这就需要在英译汉中理解原文所涉及的历史背景、典故和专门术语,才能消除或降低文化差异给翻译带来的消极影响。

例:Do yon know that the bee navigates by polarized light and the fly controls its flight its back wings?

译:你知道蜜蜂是借助偏振光飞行,而苍蝇是由后翅控制飞行的吗?

此句的障碍在于"polarized light"一词。人们往往因对有关的科技专业知识缺乏而将其误译为"极光"。然而,对蜜蜂而言,"polarized light"却是指从不同的方向所显示出不同特色的"偏(振)光"。

(三)不同思维模式制约语言的翻译

不同的历史积淀和深层构筑,使得任何人都必定带有本国、本民族、本地域的心理遗传基因,这种遗传基因决定着他的精神气质、思维方式乃至行为走向等,并因此构成不同国别、民族、地域的特点和差异。这种差异对翻译的准确性会产生很大的影响。比如英语里有许多固定搭配、习语、惯用语,和汉语完全不同,能否用不同的文化心理正确理解、灵活运用这些是英语翻译的难点之一,也是英语翻译必须逾越的障碍。

例：The businessman offered him 500 pounds under the rose.

译：那个商人答应私下送他 500 英镑。

按照西方人的习惯和心理特征进行分析，玫瑰花是定情之物，在其花下当然就是私下约会。因此，"under the rose"其含义是私下、暗地里、秘密地。

主观认识及世界观的不同，经常会影响到不同文化之间的词义传递，其译文常常会使人费解或一知半解。英语成语 as timid as a hare（胆小如兔），而汉语则说"胆小如鼠"；英语中 goose（鹅）可用来指代"傻瓜、笨蛋"，带有贬义，而"鹅"在中国人的观念中常常是美丽与纯洁的象征。在汉语的文学作品中，处处可见用花做比喻的例子，然而同是一种花，因不同民族有不同的文化背景和主观认识，其比喻象征意义也各有千秋。例如：中国人认为荷花有出淤泥而不染的高尚情操，但欧美国家的人却因主观认识上的差异把它比喻为"疏远了的爱"。

中国和英美等英语国家有不同的历史渊源和文化背景。他们的语言结构和思维方式都各有自身的特点，并形成了各自不同的心理模式和心理趋向。同是一种事物，由于民族间不同的心理感受，在语言中就会呈现不同的意识感知，而且这种意识感知的不相融合，又必然导致两种截然不同的语言效果。中西方对"狗"这种动物就存在着不同看法。在我国传统习惯中，"狗"往往比喻坏人坏事，所以与"狗"有关的成语都含贬义之意，如狐群狗党、狗仗人势、狗嘴吐不出象牙等。英国人则相反，他们往往把狗看成是含褒义的，如 luckydog（幸运儿），Every dog has it's day（人皆有得意之日），而非"狗总会有它的一天"，把"dog doesn't eat dog"看作是"狗不咬狗"是不对的，其实是"同室不操戈，手足不相残"。

由此可见，对于动物的认识，反映在不同民族语言上就出现了明显的偏爱和厌恶两种社会效果。

以上种种充分说明，民族间的相互接触为一种语言吸收、同化另一种语言的词语提供了条件，但同化仍受到民族心理的制约。总之，英汉两种语言虽有相同和相近的表达方式，但更多的是表达方式的个性特征。正是这些不同的表达方式和中西文化差异才使人们产生出许多对翻译的误解和困惑。要排除表面意思的迷惑，避免错误的理解，克服中西文化差异给英语翻译造成的障碍，我们在平时的英语学习中就应当从文化入手，经常阅读一些有关英语国家的风土人情、历史、地理、政治与文化、文学艺术、宗教等方面的书刊资料，只有不断掌握西方国家的社会文化变迁史，才能在英语翻译中尽量缩小这种文化差异影响。或者说，拥有的英语文化知识和各个领域的知识越丰富，对英语民族心理状态越了解，对原文的理解才会越透彻，其译文表达才能更忠实于原作。

第六章 英汉文化语言差异与等值翻译

修辞、习语和典故都是语言的重要组成部分，是民族文化的瑰宝，具有极深的文化内涵。由于英汉两种语言的使用者在历史、文化、宗教、风俗等方面存在一定差异，因此对两种语言中的修辞、习语和典故进行翻译时应充分考虑文化因素，采用灵活恰当的翻译方法，以提高翻译质量。本章就对英汉文化语言差异与等值翻译进行研究。

第一节 英汉修辞差异与等值翻译

修辞是文化中的一个重要内容，研究英汉文化必然少不了对英汉修辞差异的研究。英汉两种语言在修辞上表现出许多共同的特征，但是由于社会、文化、历史等的不同，二者在修辞方面也存在一定的差异。这些差异对翻译造成了不小的困难。本节通过介绍英汉比喻、夸张两种修辞方式来研究英汉修辞差异与等值翻译。

一、比喻差异与等值翻译

（一）英语中的比喻

不把要说的事物平淡直白地说出来，而是用另外的与它有相似点的事物来表现的修辞方式，称作比喻（figures of comparison）。在英语中，比喻是一种常见且应用广泛的修辞格。比喻是语言的升华且极富诗意，因此无论是在各类文学作品中，还是日常口语中，比喻的使用都十分普遍。在写作和口语中使用比喻，可以有效增强语言的生动性、形象性、精炼性、鲜明性、具体性和通俗性。

英语中常见的比喻通常分为两类，即明喻（Simile）和暗喻（Metaphor）。

1. 英语明喻

Simile 一词源于拉丁语 similis，相当于英语中的介词 like。《英语百科全书》（*Encyclopedia of English*）（Zeiger，1978）给 Simile 下的定义："a direct comparison between two or more unlike things ; normally introduced by like or as."

英语中的 Simile 与汉语的"明喻"基本相对应，因此常译为"明喻"或"直喻"。它是对两个不同事物的相似点加以对比，用浅显、具体的事物去解释生疏、深奥的事物，从而使语言表达生动形象，更好地传神达意。

从结构上看，明喻基本上由三个要素构成，即本体（subject 或 tenor）、喻体（reference 或 vehicle）和喻词（indicator of resemblance，acknowledging word 或 simile maker）。本体指被比喻的对象，喻体指用来比喻的对象，比喻词用于本体与喻体之间，具有连接介绍的作用。明喻的基本表达方式是："甲像乙"。在英语中，常用的比喻词有 like，as，seem，as if，as though，as…as…，liken…to…，as…so，similar to，to bear a resemblance to 等。例如：

Her happiness vanished like the morning dew.

她的幸福像晨露一样消失了。

I wandered lonely as a cloud.

（W.Wordsworth：The Daffodils）

我像一朵浮云独自漫游。

So as she shows she seems the budding rose, yet sweeter far than is earthly flower…

（R.Greene：Pandosto）

她露出犹如含苞欲放的玫瑰，却远比真实的花儿芬芳。

此外，在英语明喻的结构中除了上述提到的最常用的比喻词外，还有其他的表达方式，如用 no…more…than 以及 not any more than 作喻词；with 介词短语结构；A is to B what C is to D 结构等。例如：

A student can no more obtain knowledge without studying than a farmer can get harvest without plowing.

学生不学习不能得到知识，犹如农民不耕种不能收获一样。

With the quickness of a cat, he climbed up the tree.

他像猫一样敏捷地爬上了树。

The pen is to a writer what the gun is to a fighter.

作家的笔犹如战士的枪。

2. 英语暗喻

Metaphor 一词来自希腊语 metaphorn，意为 a transfer of a meaning。Webster's New World Dictionary 将 Metaphor 定义为："a figure of speech containing an implied comparison, in which a word or phrase ordinarily and primarily used of one thing is applied to another."

英语中的 Metaphor 与汉语修辞格的"隐喻"或"暗喻"基本相对应，它不用比喻词，而是直接把喻体当作本体来描述，其比喻的关系隐含在句中。所以，从某种程度上来讲，暗喻的修辞效果较明喻相比更加有力、突出。

暗喻的结构大致分为以下三种类型：

（1）喻体直陈式，就是将本体和喻体说成一件事，认定本体就是喻体。这种方式可有效强化语言表达的逻辑能力。例如：

After the long talk, Jim became the sun in her hear.

那次长谈后，吉姆成了她心中的太阳。

College is a comma of a sentence of life.

大学就是人生长句中的一个逗号。

（2）喻体半隐式，即喻体半隐半现，这一方式中的喻体词一般是由名词转化而来的动词。通过动词对动作或状态的描写，来说明这个名词所具有的喻体特征，其实这个动词的名词形式就是喻体。例如：

They stormed the speaker with questions.

他们猛烈质问演讲者。

Moonlight flooded the orchard.

月光洒满了果园。

（3）喻体全隐式，就是虽然表面上喻体没有出现，但却暗含句中，用适用于喻体的词语来充当喻体。这种类型的比喻形式更为复杂，内涵也更为丰富。例如：

The one place not to have dictionaries is in a sitting room or at a dining table. Look the thing up the next morning, but not in the middle of the conversation. Otherwise one will bind the conversation, one will not let it flow freely here and there.

（Henry Fairlie）

有一个地方不应该带字典，那就是客厅或餐桌上。你可以次日早晨再查，但不要在说话中去查字典，否则你会把说话捆住了，使它不能自由舒畅。

上例中将"说话中查字典"比作"绳子"（a string），然而 string 并没有直接出现在句中，而是用描写 string 的词 bind 来代替，让其充当喻体，达到了形象生动，传神达意的修辞效果。

（二）汉语中的比喻

比喻又称"譬如"，俗称"打比方"，就是根据心理联想抓住和利用不同事物的相似点，用另一事物来描绘所要表现的事物。比喻主要用于描写事物、人物、景物以及说理论事。

汉语中，根据比喻事物与本体事物之间的划分，可以将比喻分为三类：明喻、暗喻和借喻。

1. 汉语明喻

明喻又称"直喻"和"显比"，是指比喻的事物与被比喻的事物同时出现，表明比喻与被比喻的相类似的关系。它具有爽朗、明快的特征，可以使所描述的事物形象化、具体化、浅显化以及通俗化。

明喻的本体与喻体之间常用"像"、"似"、"若"、"比"、"样"、"同"、"如"、"如同"、"似的"、"一样"、"宛若"、"仿佛"、"像……一样"等词语做比喻词。明喻的基本形式是：甲（本体）像（喻词）乙（喻体）。例如：

我们去！我们去！孩子们一片声地叫着，不待夫人允许就纷纷上马，敏捷得像猴子一样。（姚雪垠《李自成》）

不错，你有天赋，可是天赋就像深藏在岩石底下的宝石，没有艰苦的发掘、精心的雕琢，它自己是不会发出光彩来的。

2. 汉语暗喻

暗喻又称"隐喻"，也是比喻的一种。与明喻相比，暗喻的本体与喻体之间的关系更紧密。暗喻可分为两种情况：带喻词和不带喻词。例如：

当我在人的密林中分不清南北东西，时间是一个陀螺和一根鞭子。

（罗洛《我和时间》）

骆驼，你，沙漠的船，你，生命的山。

（郭沫若《骆驼》）

3. 汉语借喻

借喻就是本体不出现，用喻体直接替代本体的比喻。借喻是比喻的最高形式，借喻可以省去许多直白的文字，令语言精练简洁、结构紧凑。借喻表现的对象可以是人、物、事，也可以是理、情、意。借喻常用于抒情散文、诗歌以及通俗的口语中。例如：

骤雨过后，珍珠散落，打遍新荷。

（元好问《骤雨打新荷》）

这个鬼地方，一阴天，我心里就堵上个大疙瘩！

（老舍《龙须沟》）

（三）英汉比喻修辞比较

1. 相同点

英汉比喻修辞的相同点主要体现在以下两个方面：

（1）英汉比喻都用事物比喻事物。用事物比喻事物，即用某种具体的东西来描写另一种东西的形象，并表达出这种形象所显示的品质。例如：

Love is life in its fullness like the cup with its wine.

爱就是满盈的生，正如酒满盈着杯。

他确乎有点像棵树，坚壮，沉默，而又有生气。

（2）英汉比喻都用事理比喻事理。用事理比喻事理，即用一种事情的道理，来比作另一种事情的道理。在英汉语言中，人们通常在论证时使用这种修辞手法。例如：

She moved her cheek away from his, looked up at him with dark eyes, and he kissed her, and she kissed back, longtime soft kissing, a river of it.

她挪开了脸颊，抬起头来用眼睛望着他。于是他吻她，她回吻他，长长的，无限温柔的吻，如一江流水。

但我以为一切文艺固然是宣传，而一切宣传却并非文艺，这正如一切花皆有色（我将白色也算作色），而凡是颜色未必都是花一样。

2. 不同点

英汉比喻的不同点主要体现在：汉语比喻的结构形式比英语的要复杂很多，分类也更细致。英语隐喻与汉语中隐喻、借喻和拟物三种修辞格相似，因此英语比喻中的隐喻所涵盖的范围更广泛。

（1）英语中的 Metaphor 与汉语隐喻相似。英语隐喻与汉语比喻的格式相同，即本体和喻体同时出现，二者在形式上是相合的。例如：

He has an iron will and gold heart.

他有钢铁般的意志和一颗金子般的心。

（2）英语中的 Metaphor 与汉语借喻相似。在这种修辞格中，喻体是象征性的，同时含有一个未言明的本体。它的基本格式是"以乙代甲"。例如：

By the winter of 1942, their resistance to the Nazi tenor had become only a shadow.

到了1942年冬季，他们对纳粹恐怖统治的反抗已经名存实亡了。

Laws (are like cobwebs, they) catch flies but let hornets/wasps go free.

法律像蛛网，只捕苍蝇而放走马蜂。

（3）英语中的 Metaphor 与汉语拟物相似。在汉语中，比拟可分为两种：拟人与拟物。其中，拟人与英语中的 Personification 相对应，而拟物是英语中的 Metaphor 的变体形式之一。例如：

Inside, the crimson room bloomed with light.

里面，那红色的房间里灯火辉煌。

Also, he had money in his pocket, and as in the old days when a pay day, he made the money fly.

（J. London）

还有，当他钱袋里有钱的时候，就像过去发薪的日子一样，他挥金如土。

（四）英汉比喻修辞的等值翻译

1. 明喻的翻译方法

（1）直译法

在符合译入语表达习惯的前提下，明喻通常可采用直译法进行翻译，利用译入语中相应的比喻词来翻译原文中的比喻词，以最大限度地保留原文的含义。例如：

A man can no more fly than a bird can speak.

人不能飞翔，就像鸟不会讲话一样。

Today is fair. Tomorrow may be overcast with clouds. My words are like the stars that never change.

今天天色晴朗，明天又阴云密布。但我的说话却像天空的星辰，永远不变。

水应当是安静的！那可以同镜子一样，小鱼同水藻，没有藏躲的机会，人们可以临流鉴形，这是何等自然呵！

Water should be quiet like a mirror so that the small fish and algae couldn't hide it and people could appreciate their reflection in it. And how natural it would be!

（2）意译法

因英汉语言在诸多方面存在差异，因此有些明喻也不能采用直译法进行翻译，这时就需要采用意译法。例如：

Records fell like ripe apple on a windy day.

纪录频频被打破。

The enemy's harbor defense is just like Achilles heel.

敌军的海港防御就像阿喀琉斯的脚踵一样——是其唯一致命的弱点。

2. 暗喻的翻译方法

（1）直译法

通常情况下，暗喻都可以采用直译法来翻译。例如：

Some books are to be tasted, others to be swallowed, and some few to be chewed and digested.

一些书浅尝即可，另一些书要囫囵吞下，只有少数的书才值得咀嚼和消化。

卑鄙是卑鄙者的通行证，

高尚是高尚者的墓志铭。

Baseness is a passport for the base,

Honor an epitaph for the honorable.

（2）意译法

暗喻不能一味地进行直译，有时也要根据实际情况采用意译法进行翻译，以使译文更加符合译入语的习惯。例如：

Don't show the white feather to the enemy.

不要向敌人示弱。

He was confused when we nailed him down to his promise.

当我们要他遵守诺言时，他狼狈极了。

他是个见风使舵的家伙。

He is a weathercock.

二、夸张差异与等值翻译

（一）英语中的夸张（Hyperbole）

首先来看一些关于 Hyperbole 的定义。

H.W. 福勒（Henry Watson Fowler）认为："the use of exaggerated terms for the sake not of deception, but of emphasis."（用夸大的言辞强调而不是欺骗。）

霍尔曼（C.Hugh Holman）指出："Hyperbole: A figure of speech in which conscious exaggeration is used without the intent of literal persuasion. It may be used to heighten effect, or it may be used to produce comic effects"（一种修辞格，不带任何真正劝说意义的有意识的夸大。用于强调某种效果或产生幽默效果。）

可见，Hyperbole 是一种修辞方式，用夸张的言辞来增加语言的表现力，以突出某种情感和思想，但这种夸大的言辞并不是欺骗。这种修辞手法可以深刻地表达出作者对事物的鲜明态度，给读者留下深刻的印象，同时有助于揭示事物的特征、本质，强烈地表达出作者的思想感情。例如：

We walked along a road in Cumberland and stooped, because the sky hung so sow.

我们沿着坎伯兰的一条道路行走，佝偻着身子，因为天幕垂得很低。

It was so hot a noon that the leaves had to gasp for breath.

那天中午，天气热得连树上的叶子也在喘气。

根据不同的分类方法，可以将英语中的 Hyperbole 分为不同的类别，如扩大夸张、缩小夸张、超前夸张、直接夸张、间接夸张、可转化类夸张和不可转化类夸张等。

（二）汉语中的夸张

对于夸张的定义，《辞海》给出了这样的解释："修辞格上的修辞格之一，运用丰富的想象，夸大事物的特征，把话说得张皇铺饰，以增强表达效果。"

夸张是一种使用十分广泛的修辞格，不仅常用于文学作品中，日常生活中也被广泛使用。夸张可有效突出事物的本质，增强渲染的力量，还能强烈地表现作者对所要表达的人或事情的情感态度，从而激起读者强烈的共鸣，给人以深刻的印象。例如：

千山鸟飞绝，万径人踪灭。

（柳宗元《江雪》）

太阳刚一出来，地上已经像下了火。

（老舍《骆驼祥子》）

汉语夸张与英语夸张分类方法基本一致，根据不同的标准，可以分为多种类型，这里不再一一列举。

（三）英汉夸张修辞比较

1. 相同点

英汉两种语言中的夸张还存在着许多相同之处，主要表现在以下几个方面：

（1）英汉夸张都具有言过其实的特点，通常借助言过其实来表现事物的本质，渲染气氛，加深读者的印象。例如：

Hamlet：I love Ophelia，forty thousand brothers could not，with all their quantity of love，make up my sum.

我爱奥菲莉亚，纵集四万兄弟之爱，也抵不上我对她的爱情。

（2）英汉夸张从本质上来看都没有违反质量准则。夸张在本质上都是符合事实，也是绝对真实的。例如：

His eloquence would split rocks.

雄辩的口才能开岩裂石。

上例中的意思在现实中是不可能存在的，但是这位"让顽石裂开"的先生有着绝妙的口才也是不争的事实。

燕山雪花大如席。

（李白《北风行》）

上句如果用很平淡的表达"燕山雪大",则不能真实地表达出作者心中真实的、非极言而不能表达的感受。

从上面两个例子可以看出,夸张在本质上并没有违反质量准则,因此可以在会话中使用,并使会话可以顺利进行。

2. 不同点

当然,英汉两种语言中的夸张也存在很多不同之处。例如,虽然英语和汉语中都有扩大夸张和缩小夸张的现象,但汉语中使用缩小夸张较英语中更为频繁,而且汉语中有英语中所没有的超前夸张。此外,英语多借用一些构词法进行夸张;而汉语则多通过选词用字来表现夸张。例如:

He limped slowly, with the blood pounding his temples, and a wild incommunicable joy in his heart. "I'm the happiest man in the world." He whispered to himself.

他一瘸一瘸慢走着,血液冲击着太阳穴,心中充满着无以言表的喜悦,一边走一边自言自语道:"我是世上最幸福的人"。

上例中,明显他不可能是世界上最幸福的人,但采用夸张的修辞手法,用以表达他当时一种强烈的感受。在英语原文中,夸张是利用了形容词的最高级形式(the happiest),其实并没有比较的意思。读者可以从这种夸张的口气中体会出作者强烈的思想感情。而汉语译文则在"幸福的"这一形容词前加上"最"字来表达夸张。此外,汉语中还可以用其他词语来体现夸张。例如,"绝代佳人"、"尽人皆知"和"举世无双"等。

(四)英汉夸张修辞的等值翻译

1. 直译法

在英汉两种语言中夸张修辞使用十分普遍,也存在一些相似之处,因此为了更好地保持原文的艺术特点,可采用直译法进行翻译。例如:

We must work to live, and they give us such mean wages that we die.

我们不得不做工来养活自己,可是他们只给我们那么少的工钱,我们简直活不下去。

If you gave me eighty necklaces and eight hundred rings I would also throw them away. What I want is nothing but dignity.

你就是给我八十条项链和八百个戒指,我也不要,我要的是尊严。

为了让兄弟们的肩头担起整个大地,摇醒千万个太阳

So that our brother's shoulders

May lift the earth, arouse millions of suns

2. 意译法

由于英汉夸张的表现手法、夸张用语，以及英汉语言的表达习惯有着很大的差异，因此不能机械地照搬原文，有时需要采用意译法对原文进行适当地处理，以使译文通顺易懂，符合译入语的表达习惯。例如：

On Sunday I have a thousand and one things to do.

星期天我有许多事情要做。

He ran down the avenue, making a noise like ten horses at a gallop.

他沿街跑下去，喧闹如万马奔腾。

妈妈对小明说："下次你再不及格，看我不拧断你的脖子！"

Mother said to Xiao Ming, "If you should fail again, I would surely teach you a lesson."

第二节　英汉习语差异与等值翻译

一、英汉习语比较

（一）习语的概念

习语，顾名思义，就是因习惯使用而形成的固定语言形式，是指人们通过对社会现象和生活经验的总结而形成的，经久流传下来的固定表达形式。

在人们长期使用语言的过程中，逐渐将短语或短句提炼出来，形成了习语，是语言中的核心和精华。习语是一种富于形象色彩的语言手段，有助于增加语言的美感。英语和汉语都是高度发达的语言，在这两种语言中都存在大量的习语。

（二）习语的分类

习语的种类多种多样，主要包括成语、谚语、俗语、粗俗语和俚语等。

1. 成语

成语是人们在长期实践和认识过程中提炼出的语言结晶。成语的结构一般比较固定，不能随意改动，也不能随意增减成语中的成分。

成语对应的英语单词是 idioms，在英语语言中存在很多成语。例如：ins and outs（事情的底细；露出马脚）、to lay heads together（大家一起商议问题）和 the Troy Horse（木马计）等。

汉语中也有大量的成语。汉语中的成语多出自古代经典或名著、历史故事或经过人们的口头流传下来的，意思精辟，语言简练。汉语成语以四字字格为主，如小题大做、孤掌难鸣、卧薪尝胆、道听途说、老马识途、雪中送炭等。当然，也有不是四字格的成语，如三个臭皮匠，赛过诸葛亮。

2. 谚语

所谓谚语指的是在群众中流传的固定语句，用通俗易懂的话反映出深刻的哲理。一般来说，谚语都会集中说明一定的社会生活经验和做人的道理。

谚语在英汉两种语言中都十分常见。例如：

He who hesitates is lost.

机不可失，时不再来。

Bitter pills may have blessed effects.

良药苦口利于病，忠言逆耳利于行。

East or West, home is best.

金窝银窝，不如自家草窝。

路遥知马力，日久见人心。

落地的兄弟，生根的骨肉。

留得青山在，不怕没柴烧。

3. 俗语

俗语主要是指借助于某种比喻来说明某种道理，比较通俗易懂，其经常出现在口语中。在英汉语言中均有一定量的俗语。英语中的俗语（colloquialisms），如 to show one's cards（摊牌），round-table conference（圆桌会议），with the tail between the legs（夹着尾巴逃跑）等。汉语中的俗语，如"杀鸡给猴看""脚踩两只船""偷鸡不着蚀把米"等。

4. 粗俗语

粗俗语就是人们日常生活中所说的粗话、脏话，常常与人们的所禁忌性、伦理道德和种族歧视等有关。粗俗语对应的英语表达为 four-letter words 或 foul language。粗俗语虽然粗野、庸俗，但是也是每一种语言必不可少的一个组成部分，同样是人们表达各种情感的常用话语。

5. 俚语

俚语是一种区别于标准语，是只在一个地区或者一定范围内使用的话语。英汉语言中都存在一定的方言俚语。例如：

Shut your pie hole（嘴）！

Do you have any caner sticks（香烟）？

在汉语中，也有很多俚语，如北京话中的"开瓢儿"（打破头），"撒丫子"

（放开脚步跑）。

此外，汉语中的习语还包括歇后语。歇后语是汉语中所特有的。歇后语是指由两个部分组成的一句话，前一部分像谜面，后一部分像谜底，通常只说前一部分，而本意在后一部分。它的结构比较特殊，一般分前后两截，在前半截用具体浅显的比喻来说明后半截一个较为抽象的道理。例如：

哑巴吃黄连——有苦说不出

猪八戒照镜子——里外不是人

泥菩萨过江——自身难保

狗咬吕洞宾——不识好人心

肉包子打狗——有去无回

（三）英汉习语特点比较

1. 民族性

习语与人和人生活的环境息息相关。不同的民族，所处的地理环境、历史背景、经济生活、风俗习惯、宗教信仰、心理状态、价值观念等方面都存在很大的差异，因此习语的表达形式也各不相同，具有鲜明的民族特色。

在英国近千年的历史中，从古代英语到现代英语发生了巨大的改变，同时通过吸收一些语言，极大地促进了英语词汇的发展。在英语中，较古老的习语多源于伊索寓言、希腊神话、罗马神话或圣经故事，还有一些习语来自一些文学作品，或者是20世纪中叶发生的历史事件。例如，the touch of Midas 点金术（希腊神话），to wear one's heart on one's sleeve 不掩饰自己的感情（莎士比亚《哈姆雷特》），Dunkirk evacuation 敦刻尔克撤退（第二次世界大战）等。

中国有着十分悠久的历史，文化源远流长，语言中出现了大量的习语。这些习语有的来自历史文献、语言故事、神话传说，如刻舟求剑（《吕氏春秋·察今》），老骥伏枥（曹操《步出夏门行》）；有的习语与我国历史人物、历史事件有密切的关系，如与春秋战国时期秦赵相争有关的习语有"价值连城"、"完璧归赵"、"负荆请罪"等；与楚汉相争有关的习语有"取而代之"、"四面楚歌"、"项庄舞剑"等；与"毛遂"有关的习语有"毛遂自荐"、"脱颖而出"；与越王勾践有关的习语有"卧薪尝胆"等。这些习语都打上了深深的民族烙印，如果脱离了民族历史，就会让人觉得不知所云。

此外，习语的民族性，体现在表达同一种意义时，英汉两种语言有不同的表达方式。例如，汉语中的"袖手旁观"，英语则是 look on with one's folded arms；汉语中的"无立锥之地"，英语说 no room to swing a cat in；汉语中的"一箭双雕",英语则是 a stone kills two birds。在进行英汉习语互译时,要特别注意这一点。

2. 修辞性

一般而言,通过使用习语,有助于达到某种修辞效果。习语的修辞性主要包括以下两个方面。

习语本身就是修辞手段的运用和体现,具有语言生动、形象、通俗、简练的特点。有时还可以借助声音的节奏和韵律(声音的和谐与圆韵),使表达变得更加顺口流畅、生动,容易记忆。英语和汉语中有很多这样的例子。例如:

step by step(重复)

as timid as rabbit(比喻)

Many men, many minds.(双声)

First come, first served.(对仗)

鬼头鬼脑(重复)

如鱼得水(比喻)

人多力量大,柴多火焰高。(对仗)

起早不慌,种早不忙。(韵脚)

习语极富表达力,是语言中不可缺少的因素。作者可以把习语当作修辞手段来运用,以增强语言的活力。习语是经过长时间的使用而提炼出来的短语或短句,是语言中的核心和精华。通过使用习语,可增加语言的美感。

习语的修辞性作用还体现在可以使语言生动形象,极富感染力。试比较并品味下面的英语习语的汉译。

In the country of the blind, the one-eyed man is king.

译文1:瞎子王国,独眼称王。

译文2:山上无老虎,猴子称霸王。

3. 固定性

习语是语言中不规则的、独立的、比较固定的语言因素,其形式和意义相对固定,不能随便改动。否则,习语就失去了意义。

例如,英语中的 to be at liberty 不能改为 to be at freedom;"Like father, like son."不能改为"Like mother, like daughter."同样,在汉语中的"破釜沉舟"不能改为"破船沉舟","南辕北辙"不可改为"东辕西辙"等。

(四)英汉习语来源比较

1. 来自文学作品

英汉两种语言中有很多习语来自文学作品中的历史典故或者名人之言。例如,英语中 wash one's hands of something（洗手不干…；与……断绝关系）。

再如，scotch the snake（打伤一条蛇），来源于莎士比亚的剧本《麦克佩斯》中的第3幕第2场："We have scotched the snake, not killed it."（我们将蛇打伤，但不把它打死。）现用这条习语比喻"使一些危险的东西不能为害"。

汉语中的习语也有很多出自文学作品。例如，"鬼斧神工"来自《庄子》，"汗马之劳"来自《韩非子》，"老骥伏枥"来自曹操的《步出夏门行》，"鸿鹄之志"来自《吕氏春秋》，"高枕无忧"来自《战国策》等。

2. 来自神话故事

在英语中，大多习语都与古希腊、古罗马等的神话故事有关。例如，Analthea's horn（吉祥之物）源于这样一个神话故事：据说希腊神女 Analthea（阿玛尔忒亚），是罗马神话中宙斯（Zeus）的保姆。婴儿时宙斯由神女 Analthea（阿玛尔忒亚）以羊乳喂养。为了感恩，宙斯敲下一羊角送给她，并许诺让羊角主人永远丰饶。后来就用 Analthea's horn 比喻"吉祥之物"。再如，Mercury fig 与这样一个传说有关：据说罗马人把无花果树上结出的第一批果实送给墨丘利（Mercury），现用这条习语比喻"获得的第一批成果"。

汉语的神话故事源远流长，不仅反映了丰富多彩的汉文化，而且也反映了历代劳动人民认识世界、改造世界的生活经历与丰富的想象力。汉语中，也有一些习语来自神话故事，如"女娲补天"、"开天辟地"、"精卫填海"、"嫦娥奔月"、"一枕黄粱"等。

3. 来自历史事件

英汉语中均有一些习语是由历史上的著名历史事件演变而来的。

英语中来自历史事件的习语有的是反映了过去的战争方式或状况，有的是描述了历史上一些宗教事件或猎人骑士的冒险经历。例如，sword of Damocles，来自这样一则古代希腊的历史事件：在公元前4世纪在西西里岛上的统治者狄奥尼修斯一世有个亲信叫达摩克里斯，他十分羡慕帝王的豪华生活。狄奥尼修斯为了教训这个人，在一次宴会上，要他坐在国王的宝座上，当他猛然抬头，只见头顶上有一把用头发悬着的宝剑，随时都有刺到头顶的危险。他吓得战战兢兢，时刻提心吊胆。后来，就用 sword of Damocles 这一成语来比喻临头的危险或情况的危急。再如，meet one's Waterloo（惨遭失败），Dunkirk evacuation（敦刻尔克撤退，溃退），Columbus's egg（万事开头难）等。

汉语中来自历史事件的习语大多与列国帝王将相之间的争权夺利有关，如"鸿门宴""卧薪尝胆""四面楚歌""杞人忧天""完璧归赵"等。

4. 来自行业用语

自从社会分工以来，人们所从事的职业千差万别，并逐渐把各个行业有关的用语应用于生活之中。英汉两种语言中有很多习语来自不同的行业，特别是发展最早的农业和工业，包括手工业，还有商业等。

由于英国是个岛国，农业耕作不是英民族的主要生活方式，因此与农业耕种相关的习语不多。例如，As cool as cucumber.（泰然自若），As a man sows, so he shall reap.（种瓜得瓜，种豆得豆），break ground（开垦，破土动工）。而汉语中有大量的习语来自农业，这是因为中国自古就是一个农业大国，以农耕为主。这类习语有"根深蒂固""男耕女织""桃李满天下""不耕不种""前人栽树，后人乘凉"等。

此外，英语和汉语中有一部分习语还跟工业、餐饮业有关。例如：

A square peg in a round hole.

文不对题；不得其所。

Between the hammer and the anvil.

腹背受敌。

A little pot is easy hot.

壶小易热，量小易怒。

Out of the frying-pan into the fire.

才出狼窝，又落虎口。

班门弄斧

得寸进尺

姜还是老的辣

酒香不怕巷子深

5. 来自家庭生活

中西的家庭概念存在很大的差异。中国人有极强的宗族意识与家庭观念，老幼尊卑，忠孝悌信，是公认的信条。因此，在汉语中也出现了很多反映汉民族关于生老病死、婚嫁养育的思想观念的习语，如"三姑六婆""家书抵万金""门当户对""男大当婚，女大当嫁""清官难断家务事""父母在，不远游"等。

与汉语相比，英语中与家庭生活相关的习语数量比较小。例如：

smell of the baby 乳臭未干

John Thomson's man 怕老婆的人

当然，习语的来源还涉及其他方面，这里不再一一赘述。

二、英汉习语的等值翻译

在翻译习语时，译者既要把原文的语言意义忠实地传达出来，又要把原文的文化内涵准确地表达出来，使读者能获得与原文相同的感受。因此，在翻译习语时要求做到两个方面：一是求其易解；二是保存原作的风格。

翻译习语时，主要可采取以下几种翻译方法：

（一）直译法

直译法是指在符合译文语言规范化的基础上，在不引起错误的联想或误解的前提下，还能保留习语的比喻、形象以及民族色彩的方法。英汉两种语言的使用者在感情、对客观事物的感受及社会经历等方面存在一定的相似之处，因此这两种语言有少量相同或近似的习语，这些习语字面意义和形象意义相同或近似，所传达出的文化信息也是基本一致的，这时可采用直译法进行互译。例如：

All roads lead to Rome.

条条大路通罗马。

An eye for an eye, a tooth for a tooth.

以眼还眼，以牙还牙。

Blood is thicker that water.

血浓于水。

秋风扫落叶

like the autumn wind sweeping away the fallen leaves

跑得了和尚，跑不了庙。

The monk may run away, but the temple can't run away with him.

少壮不努力，老大徒伤悲。

One who does not work hard in youth will grieve in vain in old age.

（二）意译法

有些习语由于受到文化因素的影响，在翻译时无法保留原语的字面意义和形象意义，如果直译影响理解，就得改用意译。可将原文的形象更换成另一个读者所熟悉的形象，从而传达出原文的语用目的，以此译出其中隐含的意义。例如：

cost an arm and a leg 非常昂贵

born with a silver spoon 生长在富贵之家

When in Rome, do as the Romans do. 入乡随俗。

羊肠小道 narrow winding trail

赔了夫人又折兵 suffer a double loss instead of making a gain

杀鸡给猴看 make an example of a few to frighten all the rest

（三）套译法

由于英汉语言、文化背景等都存在很大的差异，在习语翻译时，有时无法保留原语中的比喻形象，需要转换为译语中读者所熟悉的形象。这时需要我们采用的就是归化翻译法，也就是用目的语里的同义习语去套译源语中的习语，尽管套译中的形象不同，但喻义相似，使译文能与原文做到意义上的对等。例如：

Roman is not built in one day.

冰冻三尺，非一日之寒。

Fools rush in where angles fear to tread.

初生牛犊不怕虎。

Beauty is in the eye of the beholder.

情人眼里出西施。

说曹操，曹操到。

Talk of the devil and he is sure to appear.

周瑜打黄盖，愿打愿挨。

The punishment is skillfully given by one side, and gladly accepted by the other.

巧妇难为无米之炊。

Even the cleverest housewife can't make bread without flour.

（四）直译意译结合法

有些习语翻译，不便于采用上述方法，就可以采用直译与意译结合的方法来进行处理，把原文中通过直译可以明确传达其意义的部分直译出来，而不便直译的部分意译出来，这样既准确传达了原义，又符合译语的表达习惯，易于理解。例如：

Caution is the parent of safety.

谨慎为安全之本。

A little pot is soon hot

壶小易热，量小易怒。

守株待兔 to wait for windfalls

风餐露宿 brave the wind and dew

第三节 英汉典故差异与等值翻译

一、英汉典故比较

（一）典故的概念

邓炎昌和刘润清合著的《语言与文化》中指出："几乎所有的人在说话和写作时都习惯引用历史、传说、文学或宗教中的人物或事件。这些人物或事件就是典故。"

《汉英双语·现代汉英词典》给典故下的定义为"诗文中引用的古代故事和有历史出处的词语"。

概括起来，凡在口头语和书面语中引用的古代故事、历史人物、历史事件和有历史出处的词语都属于典故的范畴。

一般而言，典故具有十分丰富的内容和浓厚的民族色彩，它是人们在对世界的认知过程中形成的一种语言形式，与特定的历史文化语境有着十分紧密的关系。不同文化背景下的人们，其思想观念、道德意识、价值取向、思维方式等都可以从典故中反映出来。

（二）英汉典故结构比较

在英语中的典故结构一般较为灵活，字数可长可短，长的可以由几个单词或更多单词组成句子，如"One boy is a boy, two boys half a boy; three boys no boy."；短的只有一个单词，如 Watergate（水门事件），Eden（伊甸园）。此外，英语中的典故往往可以独立成句，如莎士比亚作品中许多源自于《圣经》的典故通常都是独立成句的。

汉语中，典故的语言形式往往都具有用词简练、结构紧凑的特点，以词组性短语为主，也有少量的对偶性短句。典故演变为成语时，四字结构较多，很少有字数较多或单独成句的情况。此外，汉语中有相当大一部分典故是名词性词组，它们在句子中可以作一定的句子成分。

（三）英汉典故来源比较

1. 来自文学作品

在英语中，有相当一部分典故出自一些著名作家的作品，如莎士比亚（Shakespeare）、狄更斯等。例如，Romeo（罗密欧）是莎士比亚戏剧《罗密欧与朱丽叶》中的男主人公，指英俊、多情、潇洒，对女人有一套的青年。Cleopatra（克娄巴特拉）是莎士比亚戏剧《安东尼和克娄巴特拉》中的人物，指绝代佳人。再如，英语中奥德赛与伊利亚特合称为希腊的两大史诗，相传为荷马所作。该诗描述了希腊神话英雄奥德修斯在特洛伊战争中以"特洛伊木马"攻破特洛伊城后，在海上漂流10年，战胜独眼巨神，制服了女巫，经历了种种艰险，终于回到了自己的国家，夫妻团圆。后来，用Odyssey（奥德赛）一词喻指"磨难重重的旅程"或"艰难的历程"。

汉语中也有很多典故是出自文学作品中的事件或人物，如"罄竹难书"出自《吕氏春秋·明理》，"锦囊妙计""三顾茅庐""过五关斩六将"等出自《三国演义》，"像刘姥姥进了大观园"出自《红楼梦》，"猪八戒倒打一耙"出自《西游记》等。

2. 来自历史故事

英汉两种语言中具有大量的基于历史事件的典故。

英语中，one's hair stands on end 这一成语被很多人认为是汉语中的"怒发冲冠"的意思，这是不正确的。据说，该成语最初就是用以描述一个犯人的表情。1825年英国一个名叫普·罗波特（Robert）的偷马贼被处以死刑。目击他上绞刑架的人说，犯人由于恐惧而毛发竖立。因此，make one's hair stand on end 与汉语中的"令人毛骨悚然"意思相同。再如，"I came, I saw, I conquered."来源于这样一则历史故事：古罗马时期，凯撒（Caesar）与庞培（Pompeius Magnus）是政敌，庞培和元老院对权势日盛的凯撒存有戒心，就密谋撤销了他的高卢总督职务，凯撒和庞培后来兵戎相见。打败庞培时凯撒自豪地说道："I came, I saw, I conquered."用以表达他当时胜利后喜悦的心情，后成为语言精练的典范。

汉语中，出自历史故事的典故也十分常见。例如，"刻舟求剑""八仙过海，各显神通"等。其中，有些典故还表达了人们对历史的看法和评价，具有一定的社会认识价值，如"助纣为虐""殷鉴不远"等；有些典故本身就是对历史事件进行的概括，如"口蜜腹剑""负荆请罪"等。

3. 来自神话传说

英语中存在很多源于神话故事的典故。例如，Achille's heel（阿喀琉斯的脚踵）出自古希腊神话，用来比喻一个人或一个国家存在的致命弱点。再如，Prometheus（普罗米修斯之火）出自希腊神话，现借喻赋予生命活力所不可缺少的条件，还可以用来指赞颂为崇高理想而燃起的心灵之火。

中华民族不仅历史悠久，而且还具有源远流长的神话传说。汉语中的"点铁成金"来源于古代神仙故事，说的是仙人用法术可以使铁变成金子，《列仙传》就谈到许逊能点石成金。后来用"点铁成金"比喻把不好的诗文改好。同类的典故还有"愚公移山"、"夸父追日"等。

4. 来自风俗习惯

风俗习惯乃是社会上长期形成的风尚、礼节。习惯的总和便构成了民间的风俗，它是社会文化的重要组成部分，是促使语言不断丰富和发展的源泉，也是典故产生的来源之一（包惠南、包昂，2004）。

在英国文化中，人们习惯于用"打"来做计算单位，因此便有了 six of one and half a dozen of the other，与汉语中的"半斤八两"的意思相同。

汉语中，"各人自扫门前雪，休管他人瓦上霜"这一典故与中国人民的生活习惯有关。在冬天下雪的时候，各家各户为了行走方便，会各自清扫自己庭院中或门前的积雪。现在用该典故指各自为政，只考虑自己的利益而不顾他人或集体利益的行为。

5. 来自宗教

英语中很多典故出自基督教《圣经》的人物和事件。据统计，《圣经》中仅收入辞典的典故就达七百多条。例如，Solomon（所罗门）出自《圣经》的传说，用于比喻非凡的智慧。

汉语中与宗教相关的典故如"不看僧面看佛面""急来抱佛脚""拣佛烧香""人不为己，天诛地灭""道高一尺，魔高一丈"等。

6. 来自地名、人名、动植物等名称

英语中，出自地名的典故有 carry the coal to New castle，Watergate 等；出自人名的有 be in Burke；出自动物的有 shed crocodile tears，a black sheep 等；出自植物的有 the apple of the eye，paint the lily 等。

汉语中，出自地名的典故有"不到长城非好汉"等；出自人名的有"司马昭之心，路人皆知"、"说曹操，曹操到"、"东施效颦"等；出自动物的典故有"谈虎色变"、"万马齐喑"、"画龙点睛"等；出自植物的典故有"草木皆兵"、"鸟语花香"等。

（四）英汉典故的民族特色

英汉民族在历史演变、生态环境、宗教信仰、风俗习惯等方面都存在很大的差别，因此英汉两种语言具有十分鲜明的民族文化特色。典故是民族文化的一个缩影，其民族文化色彩突出地体现在典故喻体的采用和设喻形式上。

英汉两种语言中有些典故的喻义相同或相近，但所采用完全不同的喻体或设喻形式。例如，英语中的 stretch on the Procrustean bed，来源于希腊神话：相传普罗克鲁斯（Procrustes）是雅典一大盗，经常把俘虏绑在一张铁床上，如果身比床长，便斩其脚，如没有床长，便硬将其身子拉长。该成语指的是"强求一致"、"不合理地要求按照同一标准办事","不合理地迁就现成条件"。与 stretch on the Procrustean bed 相对应的汉语成语是"削足适履",汉语中的"削足适履"出自《淮南子·说林训》:"骨肉相爱,谗贼闻之,而父子相危。夫所以养而害其所养,譬犹削足适履,杀头而便冠。"这句话的意思是:脚大鞋小,把脚犹削去一部分以适合鞋的大小。后来用"削足适履"比喻勉强求合或不合理迁就现成的条件。英语和汉语中的这两个成语喻义相同,且生动形象,但都具有十分鲜明的民族特色,而且还具有不同的联想意义。

再如,英语中的 paint the lily 与汉语中的"画蛇添足"。在西方人看来,百合花象征着"清白""贞洁",洁净素雅,高贵美丽。如果再为百合花饰粉抹彩,就破坏了原有的雅致,很显然是多此一举。而在中国文化中,蛇是没有脚的,画蛇添足反而使蛇不能称之为"蛇"。这两个典故虽然来源各异,但其寓意都是"多此一举",可谓是有异曲同工之妙,但同时二者又极富民族特色。

二、英汉典故的等值翻译

英汉典故的翻译应考虑文化这一重要因素,理解典故的历史文化背景和丰富的内涵,要注意两种文化之间的差异,使用灵活的翻译方法,可以充分传达出原语典故中所包含的文化信息。

(一)直译法

对于典故的翻译,采用直译法可以保留原有的形象特征,有利于体现原语典故的民族特色。例如:

Mr. Vargas Llosa has asked the government "not to be the Trojan horse that allow the idealism into Peru".

凡格斯·珞萨王请求政府"不要充当把理想主义的思潮引入秘鲁的特洛伊木马"。

译文将 Trojan horse 直译为"特洛伊木马",这是因为读者比较熟悉这一典故。该典故源自古希腊的一则传说:在古希腊人攻打特洛伊城时,把精兵伏于木马内,诱使特洛伊人将木马放入城中,夜间伏兵跳出,里应外合,攻下此城。后来常用"特洛伊木马"比喻"内部颠覆者;内部颠覆集团;起内部破坏作用的因素"。

They were only crying crocodile tears at the old man's funeral because nobody had really liked him.

在老头子的葬礼上,他们只不过挤了几滴鳄鱼的眼泪,因为在他生前,没人真正喜欢他。

只因薛蟠天性是个"得陇望蜀"的，如今得了金桂，又见金桂的丫头宝蟾有几分姿色，举止轻浮可爱，便时常要茶要水的，还故意撩逗她。

（曹雪芹《红楼梦》第八十回）

Now Xue Pan was a living example of the saying "To covet the land of Shu after getting the region of Long." After marrying Jingui, he was struck by her maid Baochan's charms. As she seemed approachable as well as alluring, he often flirted with her when asking her to fetch tea or water.

（杨宪益、戴乃迭 译）"得陇望蜀"出自《后汉书·岑彭传》："人若不知足，既望陇，复望蜀"，意思是：

既取得了陇右，又想进攻西蜀。后来用"得陇望蜀"来表示人的贪得无厌。作者采用直译，再加上原文"得陇望蜀"后面的那些话，使其前后呼应，浑然一体，生动形象，易于理解。

再如：

路遥知马力，日久见人心。

As distance tests a horse's strength, so time reveals a person's heart.

城门失火，殃及池鱼。

When the city gate catches fire, the fish in the moat suffer.

（二）意译法

由于英汉文化的差异，有些典故在翻译时无法保留原语的字面意义和形象意义，不便采用直译，这时需要意译。用意译法翻译，可以将典故的文化内涵传递出来。例如：

Smith often Uncle Tommed his boss.

史密斯常对老板阿谀奉承。

原文中的 Uncle Tom（汤姆叔叔）是斯陀（Harriet Beacher Stowe）的小说《汤姆叔叔的小屋》（Uncle Tom's Cabin）中的主人公，最初是用来喻指"逆来顺受的黑人"，"对白人卑躬屈节的人"。后来，Uncle Tom 转化为动词，有"逆来顺受""阿谀奉承"之意。因此，这里需要采用意译法进行翻译。

Sometimes a person who presents himself as kind and gentle can in private turn out to be a dragon, who breathes fire.

有时，某人在公开场合会显得和蔼可亲、温文尔雅，而在私下里却像个凶神恶煞。

由于中西方对于"龙"（dragon）的理解不同，汉语中的"龙"是吉祥威猛的动物，而英语中的 dragon，却指的是"喷火的怪兽"，是邪恶的象征。因此，在翻译时，要采用意译法。

It was another one of those Catch-22situations，you're damned if you do and you're damned if you don't.

这真是又一个左右为难的尴尬局面，做也倒霉，不做也倒霉。

原文的典故来自美国小说《第 22 条军规》（Catch-22）。该规规定：飞行员如觉得自己神经不正常可以不执行飞行任务，但必须提出申请并经批准。显然，这条规则是矛盾的，因此 Catch-22 喻指"无法摆脱的困境或两难的境地"。如果不知道该典故的来源，是不能理解其喻义的，就需要选择意译。

先生大名，如雷贯耳。小弟献丑，这是班门弄斧了。

（吴敬梓《儒林外史》第二十八回）

Your great fame long since reached my ears like thunder. I am ashamed to display my incompetence before a connoisseur like yourself.

（Yang 译）

再如：

悬梁刺股 be extremely hard-working in one's study

罄竹难书（of crimes）too many to record

初出茅庐 at the beginning of one's career/young and inexperienced

（三）套译法

有些英汉典故在各自语言中可以找到与之对等的典故、成语或俗语，两者在意义、形象或风格上大致相同或相似，在翻译时就可采取套译法，以使译文读者获得与原语典故相同的文化信息。例如：

Among the blind the one-eyed man is king.

山中无老虎，猴子称霸王。

Like father，like son.

有其父必有其子。

There is no smoke without a fire.

无风不起浪。

竭泽而渔 kill the goose that lays the golden eggs

过河拆桥 kick down the ladder

船到桥头自然直。

You will cross the bridge when you come to it.

需要注意的是，典故的互相套用是有条件的，不能随意使用。在翻译时，即使是一组意思相近的汉语和英语成语，还要考虑二者的确切含义和感情色彩等的差异。

（四）加注法

在对典故进行翻译时，部分有时在译文中保留了原文的典故形象，但由于英汉之间的文化差异，读者难以理解典故的涵义，这时就可以采用加注法加以说明，以使读者更好地理解原文的意思。例如：

I am as poor as Job, my lord, but not so patient.

我是像约伯一样的穷人，大人，可是却没有他那样的好耐性。

注：约伯，以忍耐贫穷著称的圣徒，见《圣经·约伯记》。

"那哪能知道？他们一伙的，都是看透《三国志》的人。要我说，那一耳刮子，也是周瑜打黄盖，一个愿打，一个愿挨的。"

（周立波《暴风骤雨》）"Hard to say. The two of them aye hand in glove, and they've both read the Romance of the three Kingdoms. I should say that box on the ear was skillfully given by a Chou Yu and gladly taken by a Huang Kai."

注：A fourteenth-century novel based on events which took place in the third century A.D. Chou Yu of the Kingdom of Wu had Huang Kai, another Wu general, cruelly beaten, and then sent him to the enemy camp in order to deceive the enemy.

第七章 全球化语境下高校英语翻译教学探索

第一节 语境的基本理论

语言是一种社会现象、一种社会活动，运用语言总是离不开一定的语境，就像植物生长离不开空气和水一样。因此，学习语言，不仅要尽可能多地了解语音、语汇、语法等有关的语言知识，尽可能多地掌握字词的读音和意义，而且更重要的还要善于依据i定的语境准确理解语言和在特定的语境中恰当使用语言，来提高实际运用语言的能力。

一、语境

语境，即语言环境，是指在说话时，人所处的状况和状态。在公关语言学上，语言环境主要指语言活动赖以进行的时间、场合、地点等因素，也包括表达、领会的前言后语和上下文。语境主要包括两个方面。一是由语言要素本身所构成的语言情景（也称内部环境）。该语言环境指语言系统内部各语言单位之间的相互关系。它不仅包括文章或话语中的段与段、句与句的关系，还包括一句话里词与词、词组与词组之间的关系。二是由非语言因素构成的社会情景（也称外部环境）。它包括话语交际的具体时间、场合、地点、话题、会话人的身份、会话人之间的关系、会话人流露出来的思想感情乃至会话人的社会文化背景等。语言性环境与非语言性环境有相对的独立性，但是，由于非语言性环境糅合着社会的、民族的、阶级的、社会的因素，所以，它制约着语言性环境。

（一）语境的分类

关于语境的分类，中外语言学家曾有过种种论述。尽管各家对语境分类的看法各不相同，且所用的术语也不尽一致，但总的概念却无大的相悖之处。

根据各家论述，语境可以被定义为：在研究具体情景下话语意思的学问，并分为两大类，语言语境和非语言语境；其中，前者是指言语交际过程中某个言语单位在表达某种特定价值时所依赖的上下文，包括语义关系、语法关系、词法关系和句法关系，是言语交际的话题或对言语单位的编码与解码起制约作用的信息；而后者是指言语交际过程中某个言语单位在表达种种特定意义时的各种主客观因素，包括交际参与者（含其性格特征、道德品质、文化程度、知识背景、宗教信仰、社会角色与地位等），交际场合（含时间、地点、物品与事件），交际程度（指正式、较正式或非正式），交际媒体（仿面或口头），交际主题及交际领域，其中一些因素构成了言语交际活动的语用场景，对话语理解起着积极的作用。戴尔·海姆斯在1962年对语境就提出了较完整的描述框架，后来，哈默将其归纳成语境的五大要素，即背景、交际者、交际目的、交际渠道和话题。人们的语言交际行为都是通过这五大要素来确定词句的。但不少学者倾向于把语境要素分为三大类，即话语本身、言语交际发生的行为环境及场景、共有常识。

（二）语境的三个层面

话语终极输出的本质就是语义的具体表达。语义的正确表达离不开语境框架中语言的逻辑层、交际者的心理层和话语的背景层三个平面。这三层语境对语词、语句、语篇的综合作用，产生了实际交际中的语义。三层平面通过联系的、动态的综合作用构成宏观语境，具体的某一层平面就是微观语境。某一微观语境既可单独对话语产生作用，又可与其他微观语境联合作用，形成大、中、小语境的层层联系。识别话语的语境，就是从这三个最基本的语境平面展开的。

1. 逻辑平面

逻辑层语境平面表现为以下三个方面：（1）以共有的逻辑思维形式为前提；（2）建立在语法规范的基础上；（3）以语词、语句、语篇的组合方式及其前后的逻辑联系为特征。

例：

A：It's so hot here, could you please open the window?

B：I have something urgent to deal with.

A：OK! Thank you all the same.

"开窗"与"处理紧急的事情"本来毫不相干，但是由于有了共同的逻辑思维联系，即"因果关联"构成的逻辑语境，"处理紧急的事情"就被限定成"不能帮忙开窗"的原因了。在现实生活中，存在着很多看起来并没有直接联系的对话，人们运用此种对话委婉地表达拒绝等心理活动，从而也保全了对话双方的面子。

例：

A：How are you?

B：I am in bad condition.

在上面的例子中，condition 前面有了 bad 的修饰限定，因此表示"我很不好"的意思。然而，如果没有 bad 的修饰，句中 condition 指的是什么，就不得而知了。

语词的逻辑搭配只有在语法规范下才能完成时语义的理解，这不同于背景平面中的固定习惯搭配。在英语中存在着大量的同音词和多义词，由围绕该词与其他词组合的搭配展开联想，可将其折射出多种不同的词义。所以，如果没有逻辑语境的限制，话语理解将会变得很困难。

2. 心理平面

心理层语境平面表现为以下几个方面。（1）心态和意图：肯定、否定、模糊三个层次。（2）情感：喜、恶、怒、思、悲、忧、恐、惊等。（3）以副语言和语气为显性表现形式，以"言外之意"为隐性表现形式。

人们在心理情感上的共鸣是人的共同属性和基本特征。语言是思维和心理活动的反映，交际中的话语都或多或少镶刻着心理的印迹。平常人们所说的"听话听音"，实际上就是依据心理情感在语言上的表现形式，可以推测出交际者的心态、情感和动机。两个语句结构一样的句子，因为重读的位置不同，也会表现出两种截然不同的心理状态，即语境意义。如"This is interesting"这句话，如果说成"That is INTERESTING 或"THIS is interesting"则意思大不相同。前者表示说话人确实相信如此，后者却颇有几分怀疑。如果说成"This IS interesting"便流露出说话人的惊喜之情。可见，话语在反映心理语境方面起着非常重要而微妙的作用。

心理语境一般是通过语音、语调、重音、停顿以及话语中的笑声、哭喊、尖叫与低语、呻吟与悲叹、打嗝与打呵欠等多种副语言形式表现出来。副语言或称语言的附加值是表达心理思维的重要手段，它与言语"形影不腐"，又是言语行为的重要表现形式。这样我们可以透过副语言的某些特征，了解到交际者的心态和情感，正确理解话语所反映出的心理语境意义。

3. 背景平面

背景层语境平面表现在两个方面，即场景和社会文化背景。

（1）场景

包括特定环境中的共知信息背景，交际时间、地点，交际者性别、年龄、职业、身份等一般背景。

（2）社会文化背景

一个民族共同的生活形式构成了该民族语言的文化大背景，在这种大背景下，交际者双方的许多信息都是不言而喻，语言的社会文化背景都无形地融入该民族的语感之中，语感产生于操某一语言的民族的历时经验与共时应用。中国学生往往觉得英语语义理解困难，这正是因为他们生活在与操英语国家完全不同的民族文化氛围中。这种不同的社会文化背景所构成的反差，往往可以成为干扰英语语义理解的重要因素。

社会文化背景的表现形式之一是历史遗留与习惯约定。特定的文化现象常常把某种烙印牢牢地刻在语言中，像成语、俗语、俚语、典故等都承载着深刻的文化价值。

在文化背景中，认知点不同所构成的文化感知差异常常成为干扰听力理解的障碍。如"black tea"表示红茶，而在英语中表示"眼红"一同却用"a green eye"来表示。同样地，在中国的文化里，龙是权力、高贵的代表，而在西方文化里，龙却被认为是邪恶的。这样看来，对于中国学生而言，只有把自己置于目标语国家的历史和文化的坐标中，以目标语国家的各种习惯约定性为参照，才能较好地理解背景平面中的语境意义。

（三）语境对语言运用的作用

语言运用包括听、说、读、写四个方面。从交际过程来说，听、读是理解语言的过程，属于接收信息；说、写是语言表达的过程，属于发送信息口理解和表达虽属于交际过程的不同阶段，但都受制于语言环境。

狭义的语境对语言的理解和表达影响最大。同样一句话，在这个场合由这个人说出，与在另外一个场合由同一个人说出，表达的意思可能不同；同样一个意思，在这个场合对这个对象说，与同样在这个场合对另外一个对象说，使用的语言也可能不同。一般来说，在口语交际中，有了狭义的语境，再加上谈话时的一些辅助性的非语言手段，如表情、手势、态度、语调等，要达到相互理解并不难。但是把语言写到书面上就不同了，孤立的一句话，如"你怎么回来得这么晚呀"就很难理解，是谁对谁说的？到哪儿去了？是责备、爱护，还是撒娇？这时就要依靠狭义的现实语境来理解。

广义的语境对语言的理解和表达也有较大的影响，比如一个人说话粗声粗气，可能有几种情况：（1）对对方有意见；（2）刚刚生过气，心情还没有平定下来；（3）性格、语言习惯就是这样；等等。到底是哪一种意思，需要根据广义的语言环境去理解。

大致说来，语境对语言的运用有两种作用：一是限制作用，二是补充作用。

1. 限制作用

语境对语言运用的限制作用，首先表现在对词语的理解和选用上。同样一个词语，在不同的语境中，表达的意思可能不同，这时就要依据具体的语境做出准确的理解。语境对词语表达的限制作用突出表现在同义词语的选择上。语境对语言运用的限制作用，主要表现在对句子的理解和组织上。一般的句子都不难理解，但有些句子，离开一定的语境，理解就会遇到困难。语境对句子的组织也有限制作用。比如同样一个意思，既可以组织成主动句，也可以组织成被动句，组织的标准是什么呢？就是语境——由语境决定组织成哪种句子效果最好。

语境对语言运用的限制作用，还表现在对段乃至整篇的理解和安排上。讲一篇课文，常常要先给学生介绍一下时代背景、作者简况等，就是因为这些语境有助于理解文章或文章中的某些语句。至于段的组织、篇的安排，同表达的目的、场合、对象等，都有直接的关系。

2. 补充作用

语境对语言理解的补充作用，主要表现在对语言的深层含义和言外之意的理解上。一个句子，表达的可能只是很简单的字面上的意义，也可能是语境所赋予的一种深层的含义，还有可能是一种言外之意。字面义的理解比较容易，只要弄懂每个词的意义以及词与词组合起来的意义就可以了。语言的深层含义和言外之意则不同，必须结合具体的语境，透过字面所表达的意义去深入理解。比如：一个不太熟悉的人到家里来做客。那天天气比较冷，客人有点轻微感冒，主人家则开着窗子。客人说："今天可真冷啊！"如果只把它看成是一句普通的话，认为客人只是想告诉主人天冷这个事实，那就错了。客人实际上是在暗示主人把窗子关上。这种暗示就是语境给这句话补充的信息，大多数情况下，由于语境所起的补充作用，人们都能理解语言的深层含义和言外之意。语境对语言表达的补充作用主要表现在两个方面：一是充分利用特定语境，当省则省；二是表达语境临时赋予的意义或言外之意。

二、语境的特征

考察和研究语境的特征，有助于揭示语境问题的本质。

（一）语境的关联性和具体性

语境必须与特定的语言活动相关联，必须由与特定的语言活动发生直接或间接的、显现或隐蔽的联系的条件或因素所构成。不与特定的语言活动相联系的社会现象或自然现象不能构成语境。语言是一种社会现象，社会上的一切都可能成为语境，语境包括大至社会环境，小至于上下文的一系列因素。但是，这些现象和因素也仅具有成为语境的"可能"，要成为现实的语境就必须与特定的话语相关联。

　　语境必须与特定的语言活动相关联，正是从另一个侧面肯定了语言活动对于语境的依赖性，肯定了任何语言活动总是限定在一定的语境范围之内。构成语境的因素很多，但对于特定的语言活动却不会全都起限制作用，亦即不可能是所有的因素都与特定的语言活动发生联系。语境是很广泛的，与特定语言活动发生联系的却往往是有限的。

　　书面言语作品和口头言语作品的语境不完全相同。语境对于两种不同的言语活动的限制作用和联系方式也不完全相同。书面言语作品是单方言语表达，即使是戏剧脚本上的人物对白，也是作者单方言语的表现形式。因为作品仍是作者单方围绕一个中心思想整体构思，统一进行组织安排的。书面作品中无论句群、段落或全篇，都要求中心鲜明、突出且条理清楚、前后连贯。然而口语表达，特别是人际对话，很难做到话语作品句际关系符合逻辑、条理清晰、衔接紧密。特别是日常生活会话的随意性很强，话题跳跃性很大。跳跃的话题不一定都与交际场合的客观现实有联系，也不一定都与社会时代背景有关联。日常生活的随意性会话，前言后语往往联系不稳定，此前言或后语对于某种话语不一定成为必然联系的语境条件。

　　书面语言交往方式与口语交往方式中，交际双方的时空位置也很不相同。书面语交往，交际双方分别处在不同的时空环境里，书写者一方在此时此地写，阅读者在彼时彼地看。书写者不可能直接观察与了解对方的心理境况，从而会及时调整自己的言语行为。然而口语交往的双方却是处于同一时空环境里，双方可以根据彼此的言语行为不断调整自己说的话，因为口语交际中的信息传播是双向的，不是如书面语单向的传播形式。此外，在书面交往中交际双方角色固定，而口语交往的交际双方却随时交换角色，角色位置不固定。书面语的交往，表达者总是表达者，接收者总是接收者；口语交往中一会儿表达者变为接收者，一会儿接收者又变为表达者。

　　通过两种不同语言活动方式的比较，可以看出不同的语言活动有不同的语境，由此可以断定，世上任何特定的语言活动都没有绝对相同的语境。特定的语言活动必受特定语境的制约。换一个角度说，语境也总是特定的、具体的，它必然是与具体的言语行为联系在一起的。

　　言语行为是人的具体行为。具体的行为只能发生在现实的环境之中，现实的环境也总是由具体的环境条件构成。

　　语境因素对于语言活动的联系总是具体的，还可以从另两个方面来说明这一点。一个方面是，有的语境因素对于社会集团全体成员的语言运用具有共同制约性，有的语境因素却只对社会集团中个体的语言运用起制约作用。前者如宏观的社会政治环境、经济环境、文化背景、社会心理环境等；后者如特定的前言后语、特定的人际关系环境和交际场合、独特的个人心理环境等。由此，我们可把含有共同因素构成的语境叫作共同语境，把含有个体区别特征构成的语境叫作特殊语境。每个社会成员的语言活动都必然会处于这两种语境之中，都必然受这两种语境因素的制约，而其制约功能都要具体反映到语言活动的全过程。另一个方面是，有的语境因素对于个体语言活动的全部（或全过程）产生整体制约作用，而有的语境因素只对个体语言活动的部分起制约作用。我们可把前者叫作整体制约语境，把后者叫作部分制约语境。一个人的语言活动大体都要与整体制约语境和部分制约语境发生联系，而这种联系也是具体的。语境的关联性是语境对于语言活动产生制约功能的前提。

（二）语境的层次性和整体性

语境的层次性和整体性是语境系统性的反映。

语言是一个系统，语言运用的环境也是一个系统。任何系统都是相互联系、相互制约的若干要素组成的具有特定功能的综合整体。作为综合整体的系统是由不同层次结构组成的。系统都具有一定层次性，系统内部各要素都是按一定的联系方式和作用方式分层次组织而成的，它不是各要素的杂乱堆集。对语境系统，也应该这样认识。语境是由若干不同质的要素构成的，语境系统内的要素不是孤立的，他们彼此相互联系、相互作用，从而形成了一个有机的语境整体。

1. 语言因素语境

语言因素语境是一种语言运用的客观环境，也是现实语境。语言因素语境是由语言活动过程中影响语言行为的诸种语言现象所构成的语境。有哪些语言因素呢？笔者认为，除了前言后语（上下文）以外，还应该包括语体和社会特殊习俗用语。

语言运用，实际上就是言语活动。言语活动既是一种活动，必体现为一定的过程。这种过程的结局会产生一种结果。语言学通常把这个言语活动的结果，也就是说出来的话或写出的文章称为言语作品。人们只要说出一句话，便往往给自己或人际交往造成一种前言语境和语体语境。写文章更不必说，一个标题，便设置下了控制全文的"上文"语境和语体语境。

前言后语（上下文）可以构成特定语言活动的语境。如果按语用方向和语用单位分类，前者可划分为前言语境和后言语境，后者可划分为词、短语、句子、句群或段、节、章的前言后语。古人的所谓炼词、炼句，其实就是为词和句选择一个最适合的上下文语境。托尔斯泰说："语言艺术家的技巧就在于寻找唯一需要的词的唯一需要的位置。""唯一需要的词"是从"唯一需要的位置"中显示出来的。锤炼词语就是把这"唯一需要的词"安放在"唯一需要的位置"上，力求做到"一字不易"。一个词语要适应前言后语的语境，然而它不仅仅是为了适应，不仅仅是接受前言后语的限制，它也可以改变前后文语境，使前后文语境得以更换品位。

从词语、句子等语言单位所形成的前言后语或上下文语境的制约范围看，还可以分为整体制约语境和部分制约语境。书名和文章的标题是对全仿和全篇文章的后向整体制约，著作的"前言"或"序"是对全书的后向整体制约。"后记"是对全书的前向整体制约。文章的论点放在前面是对后文的整体制约，放在后面是对前文的整体制约。"凡是、所有、总而言之、一言以蔽之……"是对后文相关语言单位的整体制约，而"某些、一些、个别、局部……"是对相关语言单位的部分制约。一句之中，主语、话题、句首状语是句子后向的整体制约，状语对中心语、定语对中心语可看作是后向的部分制约。

语体是受制于非语言因素语境而形成的使用语言的特点的综合体系。语言的运用一经接受有关语境因素的制约而形成一个言语特点的体系以后，那么这一套言语特点的综合体又会继续对语言的使用产生约束力，这一点很像上下文语境。语体是在语言使用中逐步固定下来的，大体相同的语境对语言的使用有大致相同的限制，这种大体相同的语境类别及其对语言运用的限制逐步固定下来，便形成语体。语体的形成虽然含有语言的环境因素和非语言的环境因素，但究其实质而言，语体是一种语境限制表现的言语变体。因此，语体基本上属于语言因素语境。语体具有相对的固定性、限制性和整体性，这其实也就是语体语境的特点。影响语体形成的语境因素如交际场合、交际双方情况、交际话题和意图等，对语言的使用如选择什么样的语言材料和组织方式等提出了种种规定，这些规定在长期的语言实践中得到人们普遍认同以后，便相对稳定下来形成一种规范，人们又用这种规范来制约同类语境下的语言运用。

不同的语体语境对语言的运用有不同的适应要求与限制。例如口语语体中的演讲语体，要求语言具有简明性、可听性和生动性。书面语体中的应用语体，要求语言的明确性、简要性、文明性和程式性。而应用语体中的公文体、司法文书体、外交文书体、新闻体、广播体、书信体、文摘体等，又对相应的语言运用进行种种语境限制。

语体语境对语言运用提出适应要求最多的是文学作品，无论是小说、诗歌、散文，还是剧作，语体语境对语言材料的选择、组织结构、表现方式都提出了很多严格的要求。因此，人们常说文学是语言的艺术。

社会特殊习惯用语也是一种语言因素的语境。每个社会集团、每个民族都有其本民族的文化和民族心理沉积下来的特殊的习惯用语。这些用语一经流传下来，便制约着人们的语言运用，成为了语言运用必不可少的语境条件。

社会特殊习惯用语是指称谓用语、礼貌用语、委婉用语、典故用语和熟语。例如汉民族的称谓用语就异常丰富多彩。中国是有五千年文明的礼仪之邦，洋洋大观的礼仪促使人际交往的活动产生了复杂的人际称谓。称谓，就是人们由于亲属和其他方面的相互关系，以及由身份、职业等而来的名称，汉语称谓系统的复杂性表现为：一是同一称谓在不同时代，所指不同；二是多种称谓，实际为同一对象；三是称谓类别繁多，区别细致；四是感情色彩丰富。就类别而言，粗说就有亲属称谓、社会关系称谓、年龄性别特征称谓和代称。单就亲属称谓而言，就有按血缘关系、姻缘关系和长辈、晚辈、平辈以及男女不同性别等交织形成的庞大系统。就称谓色彩而言，就有褒称、誉称、尊称、敬称、美称、昵称、爱称、雅称、婉称、恭称、贬称、讥称、谀称、戏称、贱称、恶称、诬称、谑称、憎称、卑称、狎称、泛称、通称、兼称等。人际交往，称谓为先导，交谈时脱口而出，撰文时信手拈来。如果不接受约定俗成的这一套称谓系统的制约，就有可能导致交往的失败。

因禁忌而产生的委婉语叫禁忌委婉用语。我国的禁忌委婉用语植根于古老的民俗文化的土壤之中，表现了中国人民用语的智慧。从禁忌的内容粗分，有信仰禁忌、生产禁忌和生活禁忌。细分就有所谓岁时禁忌、信仰禁忌、婚姻禁忌、丧葬禁忌、生育禁忌、两性禁忌、饮食禁忌、行业禁忌、生产禁忌、服饰禁忌、名字禁忌、数字禁忌等。多数禁忌习俗都有相应的委婉语表述。

社会禁忌委婉用语也是社会语言的一种变态语言。这种变态语言对人们的语言活动也有很强的制约力，是语言因素语境中的一个重要方面。

礼貌用语包括的范围很广，也包括例如上表述的部分称谓用语、部分禁忌委婉用语，还包括招呼语、寒暄语、祝福语、迎宾语、赞美语、慰问语、致谢语、自谦语等。礼貌用语是人们交际活动中不可少的部分。善于恰当地使用礼貌语言，可以显示出一个人的文明修养水平。礼貌用语具有很强的社会性，而且形成了一个用语系统，对社会集团的每个成员的语言交往活动也具有很强的控制力。因此，它应该是语言因素语境的一个方面。

熟语，包括成语、惯用语和歇后语。熟语是人们常用的定型化了的固定短语。由于它们结构的定型化和语义的整体性，所以熟语是一个语汇系统。人们在语言活动过程中须严格遵守熟语运用的规律。所以，笔者认为熟语也应该看作语言因素语境的一个方面。此外，典故用语和吉祥用语也都是构成语言因素语境的不同侧面。

2.非语言因素语境

非语言因素语境系统是由与语言活动有关联的种种非语言因素构成的语境系统。该系统下位划分三个小的子系统，即交际双方境况、社会文化环境、时空环境。笔者认为，在非语言因素语境系统里，对语言活动影响最直接的是交际双方境况，因为语言活动是在人际交往之间进行的。人是语言的使用者或操纵者，人使用语言进行交际和交流。语言是人们交际的重要手段，人使用语言这个工具进行交际活动，就是语言活动。语言活动既是人的一种具体行为，又是社会的一种社会现象。因此，影响语言活动的因素常涉及社会的文化环境和具有一定社会属性的时空环境。然而，重要的社会文化环境因素和具有一定社会属性的时空因素不可能直接影响语言活动。语言活动不是一个脱离开人的独立活动，它不能脱离开人的操纵直接与社会现实环境发生联系，而社会现实环境当然也不可能与语言活动直接发生联系。社会现实环境种种条件总是通过对人的影响去进一步影响语言活动。生活在现实社会中的人，无不受到客观环境的影响。首先是人的思想意识和情感受到影响，接着便自然地由人的思想意识和情感过滤后又折射到语言行为上来。语言行为就是这样接受非语言因素语境各子系统语境条件制约的。

（三）语境的稳定性和变化性

语境的稳定性和变化性是相对的。从根本上讲，语境是个动态的范畴，因此变化性是经常的、主要的。就其语言使用者而言，其性别、民族、性格、人生观等是稳定性因素，而说话时的心境和情绪、动机和目的等，则是变化性因素。至于交际对象，对于交际者来说，更是一个变化性因素。交际双方的心理环境和语言因素环境都处于不断变化之中。社会文化环境稳定性大，宏观时空环境稳定性也大。时间和空间相比较，空间环境稳定性较大，时间环境则像流水一样不断地发生变化。

"言语流"就是语言中的音和词在时间的轴上按单一方向，一定顺序线性连续运动的一种现象。人体在不断运动，所以也常常带来空间位置的变化。

（四）语境的客观性和主观性

语境具有客观性和主观性，就根本而言，语境是客观的。相对来说，说话主体的心理环境是一个主观世界，说话人对语言的使用是一种主观的控制，但自然时空环境和社会文化环境是以客观的形式独立存在着的。人们说出的话，就立刻构成一种客观的语言因素环境。交际的对象是一种客观环境。严格地说，对于言语活动，说话者身上的多种特征，其实就是一种客观存在，诸如性别、民族、身份、性格、志趣、情操、价值观、道德观等生理的和心理的因素等，都是以客观存在的形式影响着语言的使用，就连在说话时的心理状态也应看作一种客观存在。

（五）语境的显现性和隐蔽性

如前面所述语境的显现因素和隐蔽因素，显现性是指对语言活动有影响的，可以具体把握的种种语境因素。如前言后语语境、交际的对象、交际的场合等。隐蔽性是指对语言活动有影响的而又不易具体把握的、隐含的种种语境因素。如交际双方的心理世界、交际双方的信息背景、社会文化环境等。

（六）语境的宏观性和微观性

语境的宏观性和微观性是语境系统层次性的一种反映。前言后语有宏观、微观之分，人际关系有宏观、微观之分，心理世界有宏观、微观之分，社会文化环境和时空环境更有宏观、微观之分。人的语言活动总是具体地存在于这两种语境之中。

（七）语境的社会性和自然性

语言本是一种社会现象。而在构成语言活动的语言因素中，有的具有社会属性，如社会文化环境、人际关系环境、信息背景、交际双方的心理世界、由语言活动造成的前言后语等，有的具有自然属性，如自然时空环境。语境就是这两种属性语境的综合系统。

（八）语境的直接性和间接性

语境中的有些因素跟语言运用联系最紧密，作用最为直接，如语言表达者自身的各种因素，特别是说话的意图和心理状况，其次是说话的对象、交际的场合。间接的语境因素往往是宏观的社会文化环境和宏观的时空环境。

通过以上对语境的特征的研究可以这样来解释语境：语境是指交际过程中各种表现为语言的和非语言的因素，以直接或间接、显现或隐蔽等多样方式影响语言活动的言语环境。

第二节 语境与语言人文教学

一、英语教育过程中存在的语境文化问题

（一）未能转变文化学习目标

伴随着全球经济一体化的迅猛发展，无论是媒体报告，还是学术交流以及商务洽谈都变得越来越国际化，也就使得英语成为国际上的通用语被赋予全新的交际特点。与此同时，不同文化语境的使用者也成为英语的使用主体，并且改变了传统英语所具备的单一性、主体性等特点，产生了多种文化、多种语言相互交叉融合的全新现象。而如若语言学习缺乏文化底蕴，偏离实际生活，那么语言学习也会变得越发的枯燥乏味。所以在英语人文教育中，传统的侧重于语言知识的教育模式必须加以改变，也就是说必须转变自身的教育方向与学习目标，探索全新的路径，可以将语言知识逐渐转变成为文化知识。

（二）学生缺乏跨文化语用能力

无论是听力能力，还是写作、翻译的运用能力都是现如今绝大多数学生的软肋。造成这一问题的关键在于听力材料与阅读材料提供的语境，仅能从语言的表达层面进行阐述，而根本没有反映出语篇的真实含义，也就无法培养语言的应用能力，以至于在涉外交际中，因为跨文化运用能力的缺失，常常会出现语用失误问题。何自然认为："语用失误不是一般遣词造句中出现的语言运用错误，而是说话不适时宜的失误，或者说话方式不妥、表达不合习惯等导致交际不能取得预期效果的失误。"

（三）中国文化出现了严重的失语现象

深刻了解文化，有利于学生的跨文化语言交际，这也充分体现出了语言学习离不开文化。然而，现如今绝大多数的学生对中国传统文化缺乏足够的认识，并且对东西方文化差异认识不足，也就造成了学生在英语口语的交际中过于被动，甚至到了无话可说的地步。同时，因为缺乏对本土文化的深入理解，也不利于学生批判性思维的培养，会极易造成学生过于单一的思维模式。

二、在英语教育中文化语境差异带来的启示

（一）英语教师提出了提升人文素养的要求

英语人文教育是由外在教师因素与内在学生自主因素共同组合而成的。而教师对英语教学的基本认识与看法、和英语文化接触的强度、对授课班级学习潜力的期待恰恰会影响到英语文化教学的开展。尤其是教师对西方文化的认识，会对文化教学能力产生直接的影响。所以，要想做好人文教育，作为一名教师就必须努力提高自身的文化素养，并且选择适合英语文化教学的语用互动模式，鉴于文化动态发展的特性开展教学。为此可以通过引入例子分析东西方文化的差异性。可以让学生从第三视角入手对东西方文化进行对比，并且还要基于西方大众文化背景对那些与人们工作接近的小众文化进行探究。这是因为小众文化之中所具备的英语表达形式几乎已经涵盖了西方国家日常生活的方方面面。而让学生自己去总结文化差异，不仅能够增进学生对西方文化的理解，而且更能够提高学生的思维判断能力和自主学习能力。

（二）提升跨文化交际能力

要想提升跨文化交际能力，就必须要熟悉英语文化背景及其特点，了解西方的基本文化思维，也能够正确地认识到中西方文化差异。如，西方国家推崇个人主义，并且以柏拉图等圣贤精神为旨；而我国则推崇儒家思想，并以儒家理念作为指导，以期使国家达到稳定和谐的良好状态。这些都使中西方文化存在巨大差异。所以在英语文化教育过程中，必须要正确地认识西方思维定式，理解并且尊重西方的个性主义，对不同文化语境差异下的交谈增强理解。因此，在实际翻译的过程中，首先要了解东西文化教育上的差异性，对于西方先强调个人，后强调整体的思维方式加以重视，可采取逆译技巧。如"Most of the protesters were student radicals"，radicals 修饰 student，并构成了名词短语，突出"抗议者和学生"。在翻译过程中应该将词句翻译为"在抗议者中绝大多数都是激进的学生"，而不是翻译成"绝大多数的抗议者都是学生中的激进分子"。西方人相较于东方人更加具有实践探索精神，更加注重实际的操作。所以在低语境表达中动词往往作为主体。因此，在动词的口语化表达时，应该多考虑到在具体文化语境中的实际情况，对西方的思维习惯进行了解。此外，在英语学习过程中还要多掌握英语委婉语的文化语境及其思维模式。这也是因为西方的文化强调自我意识，突出自我需求，很少会有牺牲自我、委曲求全、违背自我意愿的事情发生。所以在委婉表达过程中，西方人对规则具有较强的依赖性，更加强调于个人的原则，这也是西方人的

一种自我保护。而这也是英语交流过程中学习者最难掌握的一点，是需要进行深入学习与思考的地方。如 more than 在 "That's really more than I can tell you" 中的使用，表达的含义要比 "I can't tell you" 委婉得多。

（三）强化母语知识，使跨文化分析更加具有客观性

学习者的母语会对目标口语学习产生巨大的影响。主要体现在加速或者是延缓习得过程之上。所以说，文化底蕴与语言学习之间呈现的是相互依托的局势。因此，英语的学习是离不开汉语主体文化的，只有对本土文化拥有深刻的感知，才能够在西方文化的学习过程中及时地发现问题、解决问题。为此，文化语境差异也成为跨文化交际中最为直接的体现，为了能够进一步提高学生的跨文化语用能力，英语人文教育的开展过程就必须结合文化动态的实际变化，转变文化学习目标，使用恰当的语言学习互动模式，分析与探讨交际策略，总结英语表达逻辑与思维差异。在相对客观的母语文化氛围下，对学生的自主能力加以培养，提升学生的英语文化辨别能力，使其能够更好地理解文化差异，从而通过语言促进中西方文化的良好交流。

三、文化语境的具体作用——以翻译为例

整个翻译活动实际上表现为一种社会信息的传递，表现为传播者、传播渠道、受者之间的一系列互动关系。与普通传播过程不同的是，翻译是在两种文化之间进行的，操纵者所选择的符号不再是原来的符号系统，而是产生了文化换码，但其原理却是与普通传播相同的。

从翻译的运作程序上看，实际包括了理解、转换、表达三个环节。理解是分析原码，准确地掌握原码所表达的信息；转换是运用多种方法，如口译或笔译的形式、各类符号系统的选择与组合、引申或浓缩等翻译技巧的运用等，将原码所表达的信息转换成译码中的等值信息；表达是用一种新的语言系统进行准确的表达。

"没有一种语言不是根植于具体的文化之中的，也没有一种文化不是以某种自然语言的结构为中心的。"正因为语境具有制约及解释功能，人们在翻译过程中就必须具备相当的文化知识及文化背景，诸如社会习俗、宗教信仰、审美取向、思维方式等，才能选择恰当的语言进行翻译，最大限度地忠实于原文。语境制约翻译，翻译依赖于语境。

例 It's freezing cold here.

我们可以张口即出"这里冷得要死"。然而，缺少了语境，就无法确定词义

及句义。可能有下述几种含义：（1）作为直接话语，仅仅提供信息，向在场的听者说明"那里太冷"，即上述译文所表达的意思；（2）作为间接言语行动，表示请求，希望听者打开暖气（译文接近说话人的意思）；（3）作为反语，抱怨说话的地方太热（译文未能表达说话人的本意）。

例：The most powerful traveling telephones are the ones used on ships. Here is no problem of weight, as there is on an airplane.

译 1 功率最大的旅行电话是在船上使用的，这里没有重量的问题，像在飞机上那样。

译 2 船舶上使用的是功率最大的旅行电话，因为这里不像在飞机上那样存在重量问题。

在该句的翻译中，译文 1 合乎语法，但违背事理，没有从逻辑上、从客观道理上来验证自己的理解，虽然船舶对重量的要求不像飞机那样严格，但译文的结论却是飞机和船一样不存在重量问题，因此在翻译本句时，应把否定语气从主句转移到从句中才符合事理，译文 2 的翻译才是恰当的。

例：They have, by this very act, opened a Pandora's box.

译：正是通过他们的这种做法，打开了希腊神话中潘多拉的盒子，造成了混乱和不幸。

潘多拉，也译作潘朵拉，是希腊神话中主神宙斯用黏土做成的从天宫下凡的第一个女人。潘多拉之盒即灾难之盒。在希腊神话中这个"box"里面装有疾病、灾难等。现代人更多地用潘多拉的盒子来代表所有的难题。若直译 Pandora's box 为潘多拉的盒子，而不增补，会使读者难以理解其真正喻义。

例 The Wooden Horse of Troy.

译为特洛伊木马。

在希腊神话中，希腊人攻打特洛伊城九年攻不下，到了第十年，希腊英雄奥德修斯想出一条计策。他命人做了一只特制大木马，里面藏有数十名勇士，希腊人把木马扔在特洛伊城门外，佯装撤退，并称木马可以用来祭奉神灵，保佑他们平安返回希腊。特洛伊人信以为真，把木马可以当成战利品拖入城内，到了夜里，木马内的勇士出来杀死放哨的士兵，打开城门，与埋伏在外的希腊军队里应外合，攻进城内，并放火将其烧毁。后来，人们用它来指"潜伏在内部的敌人"，或指一种"潜伏到敌方内部进行破坏和颠覆活动"的计策——"木马计"。

例：床前明月光，

疑是地上霜。

举头望明月，

低头思故乡。

唐代诗人辈出，"诗仙"李白可谓唐代诗人中的佼佼者，其诗歌是唐诗的一座丰碑，代表了唐诗的最高水平。如李白的《静夜思》，脍炙人口，妇孺皆知。它不知勾起了多少异乡游子的思乡愁肠，正因其高超的写作手法，真挚感人的艺术魅力，此诗深受国人推崇，颇受译家青睐，译成英语的译文就达 20 多种。

译 1：Before my bed,

There is Bright moonlight,

So that it seems

Like frost on the ground.

Lift my head,

I watch the bright moon,

Lowering my head,

I dream that I'm home.

这是英籍匈牙利作家阿瑟·库拍翻译的《静夜思》，译文基本上做到了对原诗内容的理解，或者说达到了"意美"的传递，但却未能做到形式上和音韵上的和谐统一，即形美和音美。他把原诗四句拆成八句，而且原诗固有的由平仄和尾韵构成很强的音乐感荡然无存了。

译 2：A bed, I see a silvery light.

I wonder if it's frost aground.

Looking up, I find the moon bright.

Bowing, in homesickness I'm drowned.

这是我国翻译家许渊冲翻译的《静夜思》。与阿瑟·库拍翻译的《静夜思》相比，许渊冲的译文更好地传达了原诗的形美和音美。

语境是理解与表达的重要依据。在翻译过程中，译文表达上必须密切联系语境，以达到"准确达意传神"的目的。英语教师在平时的英语翻译教学中要注意强化学生的语境意识，选择适宜的教学文章，通过讨论、提问等方式对上下文进行正确的推测，通过比较不同的译文来提高学生的语境意识；鼓励学生博览群书，多渠道增加自己的百科知识并了解西方国家的历史、文化背景知识，缩小文化差异，并扩大共有知识。

语境在语言中起着非常重要的作用。同一个词语在不同语境下具有不同的意义。如果不了解词的语境，就很容易造成误解甚至引起误会。因此，语境对语言学习者、使用者、研究者来说非常重要。

第三节 语境视角下翻译教学探索

一、语境对翻译教学的重要影响

在日常生活和工作中，人们在运用自己的母语进行交际时，都不能脱离具体的语言环境，更何况作为外语而加以研习的英语教学。为了培养学生对英语的听、说、读、写、译等能力，自然就更不能脱离具体的语言环境。

在英语教学过程中，一旦脱离特定的语境，学生的言语行为和语言规范之间就会产生矛盾，其语言能力的迁移就无法形成。在传统的英语教学中，教师往往过分注重语言本身的分析，而忽视语境以及语言功能的体现，最终导致学生语言运用能力的欠缺。先请看一句汉语："我叫他去。"对于这句话，几乎100%的学生理解为："去"为动词，我叫他"去"（而不是叫他到这儿'来'）。因此英语译文应为"I Want him to go."但是，根据不同的语境，也可以把"去"理解为语气助词，口头表达时要弱读，即"我去叫他"。此时，译文应为 I will go to get him. 再请看一句英语："He loves her more than you."针对该句话，也要考虑交际行为所发生的语境。如果对话中的 you 为男性，那么此时的 you 便看作主格，其后省略了 do（即 love her），因此，译文应为"他比你更爱她"。然而，假如对话中的 you 是女性，此时的 you 则须看作宾格，前面省去了 he loves，这时，译文应适当地调整为"他爱她胜过爱你"。由此看·来.不同的语境，其语义自然有所不同，而这些不同一定要在译文里体现出来，否则，就难以实现翻译的目的。为了确保学生正确地理解原文，并且恰如其分地提供译文，应该将英语教学和英语的特定语境有机地结合起来。

就翻译教学来讲，教师的职责就是要提供、设计鲜活的语境，激励学生的创造性思维，在翻译实践中感悟、分析、重组原语言信息，将原文风格及其所包含的意义真正地再现出来。彼得·纽马克指出："语境在所有翻译中都是最重要的因素，其重要性大于任何法规、任何理论、任何基本词义"。（New mark1982：113）。由于语境在很大程度上制约和影响语义，因此，在翻译过程中，如果对源语的语境缺乏理解，那么就会导致理解失误，从而造成不可避免地译文走样。由此可见，语境在翻译教学中有着举足轻重的地位。英语教师应该给予高度关注，并适时地对学生给予强调，逐步培养学生的语境意识，在翻译实践中绝不可以流于表面上的理解，而要对原文所处的语境进行深入分析，进而确保理解正确，最终选择恰当的词语将原文所包含的意义如实再现，使译文读者能够像原文读者一样理解和欣赏原文。

二、语境视角下的翻译实例剖析

任何交际活动都是在特定的语境下进行的，孤立的话语无法让交际双方相互理解，因此，语境对语言的语义和语言风格都起着制约作用。所以为了说明准确理解语境对翻译所起的重要作用，同时也为了让学生正确理解原文并准确地将其翻译成汉语，英语教师要在实际教学过程中，适时地给他们创设各种各样的语境，并且提供一定数量的实例进行详细讲解，让他们观察各种语境，把语言教学跟特定的语境联系起来，帮助他们领悟各种语境，深刻理解不同语境下的语义，从而进行完整而又正确的表达。在教学实践中加以强调，让学生正确地认识语境与语义及其翻译之间的关系，实现语境与翻译教学的有机结合，并进行大量的训练，然后通过仔细推敲、悉心衡量进而深刻领会，最终译出恰当的译文。德莱顿在其著名的文章《论翻译》中曾提出："举例比谈规则更有说服力"。

（一）语境直接影响译文的措辞风格

理解是表达的基础。不同的语境，交际双方所使用的语言风格会随之发生改变。这就要求在教学过程中，教师应培养学生对语境变化的敏感度，使之心领神会，并随各种变化而调整译文措辞。

例：What shall we do if anything happens to him?

对于该句的理解和表达，教师应提醒学生一定要考虑交际双方所处的语境，特别要根据其不同身份进行措辞。如果交际双方为普通百姓，那么可以较为通俗且口语化地译为："要是他出了什么事，我们该咋办？"如果交际双方略有文化，译文措辞就要稍作改进，适当调整为："万一他有个什么三长两短，我们怎么办？"但是，如果言语表达比较讲究，或者是处于正式场合，那么译文措辞就要进一步调整为："万一他遭遇不测，我们该怎么办？"

（二）语境直接制约着语义

不同的语境，语言交际所传达的信息自然会有所改变。这就要求译者必须领会原文，并随语境的变化调整译文。

1. 语调重音的不同直接影响语义

例：They are entertaining women.

如果教师不提供语境，那么学生对本句的意思就很难确定。如果教师给出一个特定的语境,说明该句话用以回答"What are they doing?"那么学生就较容易理解句中的 entertaining 应为 entertain 的现在分词,意为"招待",译文就应该是:"他们正在招待妇女"。如果提供另一种语境,表明该句话用来回答"What are the women?",那么此时的 entertaining 则为动名词,用来修饰 Women。译文应随之改为"她们是招待女郎"。不过,在很多情况下,教师并不能总跟学生在一起,因此,学生要学会通过自己不断的探究和摸索辨别不同语境。

2. 交际双方的身份和亲疏关系直接影响语义的变化

例:He does not like you.

—So what?

如果教师让学生自己翻译"So what?",80%以上的学生不能提供合适的译文,主要原因是在很多教科书中学生很少见到,因而不能正确理解。这就需要教师进行详细解释。可以根据本组对话语境理解为:"那又怎么样?"当然,如果换作其他语境,那么就要根据对话双方的身份或亲疏关系等相应地翻译为"那又有什么了不起?""那又有什么法子呢?"或者"你无聊不无聊?"等等。

3. 交际双方所处的时间、地点直接影响语义的变化

例 Mrs.Brown can't bear children, so she never talks about them.

在进行翻译时,学生应该铭记语境决定语义。针对本句话的分析和理解,可以从不同角度展开。如果布朗太太因不能生育而感到遗憾伤心,从而不愿谈及该话题,那么本句话就应翻译为:"因为布朗太太不能生育,所以她从不谈论孩子"。但是,假如是布朗太太有几个孩子,只是由于这些孩子调皮捣蛋,或者给家庭声誉抹黑,使得她无法忍受而不愿意谈及他们,那么该句的译文应为:"布朗太太不能忍受这些孩子,所以从不谈论他们。"

4. 语境的改变使得短语产生歧义,改变语义

例 She brought you up, didn't she?

首先要让学生明白的是,由于语境的变化,句中短语"bring up"会有不同的含义。如果指在他人引导下,来到了一个难以寻找或一般人员不得入内的地方,该短语意为"引领,带……上来"等,那么正确的译文应该是:"她带你上来的,不是吗?"如果是在亲人相认、家庭教育或其他类似场合,其意则为"抚养,养育"等,那么正确的译文应该是:"是她把你养大的,不是吗?"

由此可以看出,语境对理解起着制约作用,并最终左右着译文的正确与否。对此,教师应在翻译教学过程中充分强调,让学生心领神会,注意观察。如果是单句翻译练习,则要发挥想象,创设不同语境,确定其不同语义,从而给出恰当的译文。

抗美援朝战争时期，新华社任英文编译工作的陈封雄翻译一篇抨击美帝国主义蛮横的侵略行径文章时，其中有一句话：

美帝国主义者的侵略意图是司马昭之心，路人皆知。

当时关于翻译有规定："翻译时不得做任何有违原意的更动，遇到困难也必须硬译或直译，不可意译，然后再由外国专家修改润色，使之能被外国读者接受。"虽短短一句话，如不小心，翻译过程中遇到陷阱的机会就可能大增。把这句的翻译和修改过程重现一遍，可看到何处有陷阱，问题出在什么地方，是怎么回事。对译者来说，源语是母语，这句话的意思清楚明了。问题出在"司马昭之心，路人皆知"，因为对文化信息丰富的句子如果僵硬地照搬原文，就会让其成为阻碍创造性思维的羁绊。然而，译者明知外国读者不可能知道司马昭的典故，踌躇良久后，硬着头皮把这句直接译了出来。送交英国专家改稿时，他自然不懂此句，于是直问译者："谁是司马昭？路人皆知，我怎么不知？你估计别国人能知吗？这种句子发出去是无效句，也可能有相反效果。"这篇译文的问题其实不止于此。原句中的"路人"指的是一般人，所有的人。译者把它译成"pedestrian"，不就是"行路的人"吗？不管译者的主观意愿如何，实际上这恰是有违原意的更动，因原句中的"路人"绝非"在路上行走的人"。读者不知司马昭何许人也，译文可能无效，英国专家为何说有相反效果的可能呢？问题大抵出在司马昭之"心"了。把他的心译成"heart"是个错误，这其实又是一例"有违原意的更动"。此处的"心"当然是做"意图"解了，如"害人之心不可有"里的"心"。就算要硬译，用同样与"心"有关系的"mind"一词也好得多。"heart"的基本意义是指情感方面的。原文不就是在谴责帝国主义者的侵略意图吗？如此严重的信息扭曲，便是所谓的反效果。不可简单地归咎于直译，因为直译不等于不假思索地翻译。回到译文用到司马昭的典故上来。改稿的英国专家不解其意，经解释后，意思是明白了，但修改起来仍费踌躇，思来想去找到"notorious"这个词。虽算不上独辟蹊径的佳译，但由于使用了变通手法，基本意思传达到了。原译者并不满意认为"和原文的意思就不大一样了"，把中国古代的人物司马昭不经处理地直接音译（本是一种直译，但在这儿是硬译），犯了翻译的大忌。司马昭在文中是修辞的引喻，间接指历史上或其他文学作品里的人事物，其所指作者无须解释，读者自然心领，这里显然是硬译。这里的引喻包含了一个浓缩的文化信息。

如果引喻对象属"文化特有项"，外国读者自然不知所云。译者必须加以处理。如果认为出典十分重要，不可取而代之，那只能加注解释一番。但在此似乎并无必要。在这样的语境里，帝国主义者的侵略野心和中国古代蓄意篡权的阴谋家没有直接的联系。这里只是借用，指包藏的祸心已很明显。加注解释反而分散读者的注意力，削弱译文的效果。原译者没有用"notorious"一词译文全句，但相信由于去掉了"Sima Zhao"，他的"heart"也不能独立存在了。用了"notorious"就不必提或改"pedestrian"。由于选了这个词，避免了两处选词错误。但令原译者不甚满意的大概是它的意思太直、太白。虽然司马昭的野心天下皆知，但他本人还以为别人不知道，故还要秘而不宣。但对司马昭而言，他自己的目的，还是要保密。单独看一个句子，语境的信息自然十分有限。如有可能，对于一句话的翻译处理，也应与整个文章结合在一起考虑。除了风格和语气的不同外，以上两种译法在"信"的程度上也有差别，但似乎可以说没有做"有违原意的更动"。那英国专家用的"notorious"，其意是"臭名昭著"。原句里有"臭名"的含义吗？那首先要看司马昭在中国历史上有无臭名。大概是有，故取"臭名"一层意思，似无可厚非。"notorious"一词缺少的是原文里的欺骗动机。在翻译过程中，在以操纵为手段进行重编时，仍离不开对作者初时编码方式的考虑和比较。唯有如此，才能较完整无缺地翻译。

　　语境在翻译中对理解和表达起着至关重要的作用。理解原文必须依靠特定语境，要反复推敲，字斟句酌，充分再现原文的语境内涵，从而使译文读者切实领会原文所要表达的意思。为此，在翻译教学过程中，教师要培养学生对语境的敏感性，让他们养成探究的习惯，重视语境的创设，善于识别不同语境带来的不同内涵。只有在一定语境中产生的语言才更为生动，更为真实，恰当的语境有利于培养学生的学习兴趣，有利于学生对语言内容的理解和把握，有利于培养学生的语言创造力。通过对不同特定语境的模拟，可以让学生产生较为真实的感受，并且可以激发他们的表达欲望。如此，学生对语言的理解能力和翻译表达能力才能得以提升。

第八章 大数据驱动下英语翻译技能与文化技能教学

随着全球文化一体化进程的加快，跨文化教育在大学英语教学中日益引起学校重视。显然，学习英语这门语言离不开对该语言文化知识的学习，因而，大学英语教师在教学中十分重视引导大学生对西方文化知识的学习与掌握。另外，翻译是一项综合技能，依赖于学习者较高的语言、文化素养。本章主要研究大数据驱动下的大学英语翻译技能与文化技能教学。

第一节 大数据驱动下的大学英语翻译教学

一、大学英语翻译教学简述

（一）翻译的界定

翻译的概念是翻译理论的基础与原点。翻译理论的很多流派都对翻译的概念进行过界定。人们的翻译活动已经有2000多年的历史，且对翻译概念的认知也在不断发生变化。学者威尔斯说："一部翻译史事实上就是对'翻译'这个词的多义性进行的论战。"从威尔斯的论述中可知，对翻译的理解需要从多个方面进行考量。

1.感悟式、语文学式、文艺式、通论式

人们对翻译最初的认识是感悟式的，主要是通过隐喻或者比喻的方式来进行表达。著名学者谭载喜（2006）对大量关于翻译的比喻说法进行总结，认为翻译主要是由作为行为或过程翻译本身、作为结果的译文、作为主体的译者构成。从作为行为与过程的翻译本身来说，很多形象说法都对翻译的特点、性质等进行论述。语文学式是对翻译的进一步认识，在这一层面上，人们往往通过一些简单的话语表达对翻译的看法，这些看法虽然不成系统，却存在着一些道理，甚至有些对后世的翻译研究有着深远影响，如严复的"信达雅"，至今仍被视为翻译工作的一大标准。

翻译可以被视作一种对问题进行解决的活动，因为源语中的某一元素可以采用目的语中的某个元素或者某几个元素来处理。之后，由于翻译活动多为文学作品的翻译，对于翻译概念的探究主要是从文学层面展开的，因此是文艺式的研究。这类研究强调文学作品的审美特征，并将文学翻译的本质特征揭示出来。文艺式的翻译主要是针对文学这一语体来说的，将那些非文学翻译活动排除在外，所以缺乏概括力。

进入20世纪中期，人们认识到无论是文学翻译还是非文学翻译，语言的转换都是必须的，因此从语言学角度对翻译进行界定是最具有概括力的，能够将不同的翻译类型揭示出来，也开启了现代意义上的翻译研究，将对翻译的传统界定转向为翻译的通论研究，将传统对文学翻译的研究转入翻译专论研究，这就是通论式阶段。从整体上说，通论式翻译研究对于翻译的普适性是非常注重的，因此其概念也更为大众化。

2. 从语言维度到语言—文化维度

从普通意义上对翻译内涵的论述有很多，但观点并不统一。通论式翻译概念的确立是从语言学角度来说的，并随着语言学研究的深入而不断完善发展。

通论式翻译概念从宏观角度对人们认识翻译有着巨大的帮助。但是，仅仅对语言角度进行强调也并不全面，也很难将翻译的概念完全地揭示出来，翻译的概念还应该涉及文化部分。

许钧指出："从语言学角度对翻译进行界定是将翻译活动限于语言转换层面，这样会容易遮盖翻译所囊括的广义内涵，且容易忽视语际翻译的全过程及翻译中所承载的文化。"科米萨罗夫就指出："翻译过程不是仅仅将一种语言替换成另外一种语言，而是不同个性、文化、思维等的碰撞。"同时，科米萨罗夫还专门对翻译学中的社会学、文化学问题进行了研究。即便如此，他们下的定义还未能明确文化这一维度。

俄罗斯学者什维策尔认为翻译中应该将两种语言、两种文化、两种情境体现出来，并分析出二者的差别。在他看来，翻译可以进行以下界定：

（1）翻译是一个单向的，由两个阶段构成的跨语言、跨文化过程，在这一过程中，往往需要对源语文本进行有目的的分析，然后创作出译语文本，对源语文本进行替代。

（2）翻译是一个对源语文本交际效果进行传达的过程，其目的由于两种语言、文化、交际情境的差异性而逐渐改变。

很明显什维策尔的定义包含了文化因素，并指出翻译是跨文化交际的过程，强调译本语境是另一种语言文化环境。

我国学者许钧认为翻译具有五大特征，即符号转换性、社会性、创造性、文化性、历史性。同时，基于这五大特征，将翻译定义为"以符号转换作为手段，以意义再生作为任务的一项跨文化交际活动"。

显然，当前的翻译已经从语言维度逐渐过渡到语言——文化维度。

3. 翻译的传播形式：单向跨文化传播

在翻译的定义中将翻译的文化性体现出来，可谓是一个很大的进步。但是在将文化性体现出来的同时，很多学者习惯运用"跨文化交流"或"跨文化交际"这样的说法。

翻译属于跨文化交际活动，但这大多是从历史角度对不同民族间的翻译活动历史成效进行的定性表述。

普罗瑟认为，跨文化交流活动需要的是双向互动，但是跨文化传播则需要的是单向互动。由于具体的翻译活动往往呈现的是单向过程，因此翻译活动应该是一种传播活动。所以，如果确切地对翻译进行界定的话，可以将翻译定义为"一种跨文化传播活动"。

如果翻译的语言特征体现为不同语言之间的转换，那么翻译的文化特征体现的则是文化移植。当然，这种移植可以是引入，也可以是移出，由于源语文化与译语文化并不是对称的，同一个文化因素在引入与移出的过程中不可避免地会遇到不同的翻译策略。这样可以说明，无论是从语言转换的角度还是从文化移植的角度，翻译都是单向性的。

4. 翻译的任务：源语文本的再现

在翻译的定义中经常会出现"意义"一词，其主要包含翻译的客体，即"翻译是什么？"应该说"意义"相比费奥多罗夫的"所表达出的东西"更具有术语性，用其解答什么是翻译的问题是翻译学界的一大进步。但是也不得不说，有时候运用"意义"对翻译进行界定会引起某些偏差，因为很多人在理解意义时往往会受到结构主义语言学的影响，认为语言是有着固定的、明确的意义。但就实际来说，语言的意义非常复杂。

著名语言学家利奇指出意义具有七大类型，同时指出："我不希望给人留下这样的印象，即使这些就是所有意义的类型，能够将所传递的一切意义都表达出来。"利奇还使用 sense 来表达狭义层面的意义，而对于包含七大意义在内的广义层面的意义，利奇将这些意义称为"交际价值"，其对于人们认知翻译十分重要。换句话说，源语文本中这种广义层面的意义实际上指代的都是不同的价值，将这些价值结合起来就是所谓的总体价值。

很多学者指出，如果不将原作的细节考虑进去，就无法谈论原作的整体层面。但是需要指出的是，原作的整体不是细节的简单叠加，因此从整体上对原作进行考量，并分析翻译的概念是十分必要的。

王宏印在对翻译进行界定时指出："翻译的客体是文本，并指出文本是语言活动的完整作品，是稳定、独立的客观实体。"但是，原作文本作为一个整体如何成为译本呢？作者认为，美学中的"再现"恰好能解释这一过程。

在美学中，再现是对模仿的一种超越。在模仿中，艺术家的地位是不值得提出来的，他们不过是在现实之后的一种奴仆，他们的角色如镜子一样，仅仅是对现实的一种被动记录，自己却没有得到任何东西。换句话说，在模仿中，艺术品、艺术表现力是不值得提出来的，因为最终要对艺术品进行评论，都是看其与真实物是否相像。实际上，模仿并未真实地反映出艺术创作的情况，很多人认为模仿的过程是被动的，但是在看似这种被动的情况下，也包含了很多表现行为与艺术创造力，其中就包括艺术家的个人体验与个人风格。同样，即便是那些不涉及艺术性的信息类文本，其翻译活动也不是模仿，而是译者进行的创造过程，对于那些富含艺术性的文本，模仿更是无稽之谈了。最终，模仿必然会被再现替代。

用"再现"这一术语对翻译概念进行说明，可以明确地展现翻译的创造性，可以将译作的非依附性清楚地表现出来。因为再现与被再现事物本身并不等同，而是一个创造性的艺术表现形式，同时再现可以实现译作替代原作的功能。

（二）翻译教学的内涵

翻译理论与实践相结合构成的一个重要领域就是翻译教学。在研究翻译的过程中，翻译教学是一个不可忽视的内容。要想提高翻译教学的水平，必须对翻译教学展开深入探究，对翻译教学实践发展起着决定性作用的就是对翻译教学理论的探究。因此，随着社会对翻译人才需求的大幅度增加，对于翻译教学的相关探究就显得极为重要。

但是，目前学界对翻译教学的内涵仍然存在较大争议。学者们对于翻译教学的范畴及翻译教学与教学翻译的区别并未达成共识。教学翻译仅为一种教学方法。翻译教学追求的目标与教学翻译目的不同，翻译教学不是为了掌握语言结构与丰富语言知识，也不是为了提高外语的水平。纯正的翻译目的是要翻译出自身的成果，而教学翻译的目的仅是考核学校外语学习的成果。在之后的研究中，教学翻译被看成外语教学过程中的一种手段，是传统语法翻译教学中为辅助外语教学而展开的练习，目的是帮助学生认识外语与汉语在词汇、语法上的对应关系，提高语言水平与运用能力，练习材料以词句为单位。翻译教学则是以翻译能力为目标，更注重传授翻译知识、理念与技能，培养学生从事职业翻译的能力。

在之后的十几年中,穆雷对教学翻译与翻译教学的区分得到了我国学术界的广泛认同,并且引发了一系列相关的讨论。然而,这种区分方式在某种程度上贬低了教学翻译,还束缚了翻译教学的多样性与创造性的发展。

近些年的研究有了一些新的突破。罗选民认为,学者对教学翻译与翻译教学的阐述利于对概念的澄清,但翻译教学的概念要重新界定,翻译教学是由"大学翻译教学"与"专业翻译教学"组成的,将原来公认的教学翻译也纳入了翻译教学的范畴,扩大了翻译教学的范围。

但在这种方法中两者范畴不够清晰,难以适应当前翻译教学发展的多元化趋势。

在当前的大学外语教学中,为了满足学生毕业后进入外企应具备的翻译能力或者想考取翻译证书的需求,很多高校开设了应用提高阶段的选修课以适应形势的发展。

选修课要求学生必须通过全国大学英语四级考试并且对翻译具有浓厚的兴趣,在学时、内容上与英语专业的翻译教学有一定的相似性,培养目标是让学生在一年的时间里掌握必要的翻译技巧,了解翻译理论的框架性知识,具备初步的涉外翻译能力。当然,受学生的基础、接受能力、课后训练时间及自己教师教授能力等的限制,教学效果仍然有相对的提升空间,其科学性与可行性有待论证。

(三)翻译教学的理念

1. 将翻译理论作为先导

翻译教学离不开翻译理论的指导,所以翻译教学的一个重要理念就是将翻译理论作为先导。目前已经形成的翻译流派和内容十分繁多,如果将所有观点及相关内容都融入翻译理论中,不但会令读者感到空乏,而且还缺乏科学性。不少翻译理论是源自宗教和哲学领域的,所以相对传统也缺乏实用性。多方调查数据显示,多数翻译理论仅适用于每年占翻译工作大概4%的文学翻译,而超过90%的实用翻译理论却很少提到。翻译理论与实践的失衡说明翻译理论不切实际。

相对来说,较为实用的翻译理论是翻译功能目的论。该理论强调译本的预期目的与功能决定着翻译的过程。实用文体翻译通常具有现实的甚至功利的目的。这一目的在很大程度上受翻译委托人、译本接受者及其文化背景和情境的制约。目的和功能是实用文体翻译的重要依据,而功能目的论的理论核心就是目的和功能。因此,翻译的理论与实践有可能得到较好的结合。实际上,翻译课程的开设主要是为了培养学生英语语言运用的能力,而通过实践可以看出学生选择这门课程更多的是为了在考试中获得高分或为了工作。因此,将翻译的功能目的论作为翻译的理论依据,用于指导学生的翻译课程,更有利于调动学生学习的积极性和创造性。

2. 将语言对比作为翻译的基础

翻译教学首先应该从语言对比入手。对于中国的英语学习者来说，一旦脱离了说英语的环境，我们总会本能地说汉语，特别体现在初学者身上。但是，如果我们积累了一定数量的词汇，就会很乐于说英语，在此过程中就会对英汉语言进行对比，如不会翻译某些短语，就会用汉语进行翻译。

对英汉语言进行对比会出现两种结果：一是同中有异；二是各有不同。英汉语言的不同之处体现在很多方面，如顺序的不同、信息中心位置的不同、连接方式的不同等；英汉语言也有很多相同之处，如均有介词，其用法有时也相同。需要指出的是，汉语介词多数是从动词演化而来的，甚至一些词到如今还无法确定它是属于动词还是属于介词。而英语中的动词和介词截然不同。基于此，英语介词在汉语中一般要用动词来翻译。

3. 将翻译技巧作为翻译的主干

译者要进行翻译需要采用一定的翻译技巧，所以翻译教学应该将翻译技巧作为主干。目前，翻译课的内容主要来自前人总结的宝贵经验，这些经验主要涉及理解和表达两个方面，具体反映在翻译的方法与技巧上。比如，因为英汉词语的搭配方式不同，所以译者在翻译时应适时调整搭配或增减文字。

4. 将综合分析作为翻译的重要手段

译者要翻译某个句子，通常可以采用多种方法。但是，在所有方法中，仅有一两个是最佳的，此时就要将综合分析作为翻译的重要手段。

所谓综合分析的翻译手段是指从总体及其系统要素关系上，连点成线，集线成面，集面成体，并且对各个层面上进行动态或静态的分析观察，透过现象从本质上观察事物的本来面目。在表达过程中，同样涉及分析与综合两个方面，分析是手段，综合是目的。

在翻译教学中，教师要遵循以实践为主、以学生为主的原则。翻译教学具体涉及讲解、范文赏析、译文对比、练习和练习讲评五个环节。

（1）讲解。这一环节的主要任务是以英汉语言对比为基础分析译例，提示技巧，将学生对翻译的感性认识提升至理性认识上。

（2）范文赏析。教师应为学生选择一些语言优美且又容易的名人名译，既可以欣赏，又可以借鉴临摹。

（3）译文对比。教师应该为学生提供同一原文的两三种不同的译文，这样学生可以进行比较和仔细揣摩。需要指出的是，学生在比较时一方面要看译文的优劣，另一方面要看译德译风。译文对比要做到择优而从，见劣而弃。

（4）练习。练习活动是翻译教学的重要环行，具体涉及课前复习、课内提问及课后作业。

（5）练习讲评。练习讲评主要针对的是两种语言特点的对比和分析，从翻译思维中一些具体障碍着手，不会过分纠结细枝末节。

（四）大学英语翻译教学的现状

1. 教师素质有待提升

很多教师追求速度，对翻译教学并未沉下心进行研究，因此无法对学生展开有效的指导。很多教师也并非翻译专业出身，他们学的大多是综合类英语，因此对翻译的基础知识掌握的并不透彻，导致翻译教学开展起来非常困难。

2. 翻译教学理论与实践脱节

理论源于实践，只有将理论与实践结合起来，才能提升翻译质量与翻译效率。因此，在英语翻译教学中，教师除了传授学生基本的翻译知识与技巧外，还需要不断带领学生参与到翻译实践中，在实践中验证学生对课堂的掌握情况。但就目前来看，我国很多学校在翻译教学中都是理论与实践脱节，仅传授理论导致学生学习了大量理论知识却不会运用到具体的实践中。

3. 学生的翻译意识薄弱

当前，学生的翻译意识非常薄弱，很多学生仅仅将翻译作为赚钱的手段。同时，学生的翻译心理也有明显不同，一些学生未明确翻译的理念与策略，未形成健全的知识体系，因此他们对待翻译是一知半解的，无法真正地运用到实践中。

（五）大学英语翻译教学的策略

1. 扩大学生知识面

翻译是一项多领域的活动，如果对翻译的基础知识不了解，就很难明白文本的内容，也很难准确展开翻译。到目前为止，我国很多高校的英语翻译教学过多关注翻译基础知识，而忽视翻译能力培养，尤其是很少介绍文化方面的知识，这就导致学生遇到了与文化相关的翻译内容时往往手足无措，甚至会出现翻译错误的现象。因此，在英语翻译教学中，应该渗透文化知识，扩大学生的知识面，培养学生对文化知识的理解与掌握，帮助他们提高翻译能力。

2. 提高学生语言功底

翻译活动是一项复杂的活动，需要学生具备双语知识。也就是说，英汉语言功底对于翻译人员都不可缺少。因此，在翻译教学中，教师不仅要教授学生英语语言知识，还需要培养学生的汉语表达能力，熟悉英汉语言国家的表达习惯，提升翻译质量。

3. 注重文化对比分析

由于教学环境的影响，英语文化的渗透还需要依赖翻译教学，其中文化对比分析是一种比较重要的方式。具体来说，在翻译教学中，教师不仅要讲解教材中的文化背景知识，还需要对文章中的中西文化进行对比和拓展，帮助学生在翻译内容时学习文化知识。另外，利用文化对比分析，学生能建构完整的文化体系。

4. 重视归化与异化结合

在翻译策略选择上，归化策略与异化策略是两种重要的翻译策略。由于英汉语言的差异，翻译实践中如果仅依靠一种策略是很难完成全部翻译内容的，只有将二者结合起来，并进行灵活的处理，这样才能保证翻译出的文章更为完美。

5. 媒体教学与课外活动相结合

为帮助学生更好地展开翻译，教师应该鼓励学生多学习一些英美原版作品，如教师可以引导学生多观看一些英美原版电影，从电影字幕出发教授学生翻译的技巧。另外，教师应该让学生在课外多收集一些生活风俗、文化背景方面的资料，在阅读与翻译中，学到更多的知识，从而为以后的翻译做铺垫。

二、大数据驱动下大学英语翻译教学的原则

（一）循序渐进原则

翻译能力的提高不可能一蹴而就，而是要经历一个过程。相应地，翻译教学也不能操之过急，应遵循由浅入深、循序渐进的规律，所选的语篇练习也应该是先易后难，逐步帮助学生提高翻译能力。从篇章的内容来看，应该是从学生最熟悉的开始；从题材来看，应该从学生最了解的入手；从原文语言本身来看，应该是从浅显一点的渐渐到难一些的。这样由浅入深，学生们对翻译会越来越有信心，兴趣也会逐渐增强，翻译技能也会相应得到提高。

（二）精讲多练原则

精讲多练原则主要包含两个层面：精讲和多练。翻译教学如果仅从传统教学方法入手，先教授后练习，那么是很难塑造好翻译人才的。因此，在翻译教学中，教师不仅要教授，还需要练习，在课堂上将二者完美结合。

（三）实践性原则

翻译理论的教授很难培养出好的翻译人才，还需要进行翻译练习，这就是翻译的实践性原则。在翻译教学中，教师应该为学生创造更多的机会练习。例如，教师可以让学生去翻译公司实习，通过实际活动来进行体验。

三、大数据驱动下大学英语翻译教学的方法

在翻译教学中，教师可以利用与教材配套的多媒体光盘辅助教学，不过，由于各个学校的多媒体设备资源配置不同，教材所配套的光盘往往在内容上缺乏系统性，所以教师需要酌情使用。对此，最好的方法就是教师可以根据教材内容自己动手制作课件，然后利用多媒体播放。多媒体课件的制作过程相对繁琐，需要依据具体的教学过程、教学内容、教学目标、教学媒体等，只有将这众多条件融合在一起，并体现互动性原则，方能制作出优良的多媒体课件。当然，这样的课件对于学生翻译能力的提升也是大有裨益的，其可以促进不同层次的学生自身的翻译能力都能得到不同程度的提升。

为此，在进行翻译教学活动之前，教师可以利用声音、图片、动画等教学辅助手段来刺激学生的学习兴趣，使学生在学习过程中始终保持较好的兴趣，将枯燥的翻译理论变得生动、有趣。针对具体的教学过程，教师在其中不仅要教授学生英汉互译的技巧，还需要补充中西方文化背景知识，让学生对翻译理论形成一定的系统。虽然教师在翻译教学过程中所使用的教学模式相对陈旧，但在内容与形式上与传统的翻译教学已经大不相同，这种不同主要体现在如下方面：

（1）形式上不再是单调的板书形式，而是以媒体形式呈现，节约了大量时间。

（2）内容上是针对不同层次的学生展开的，在课堂上由教师指导和学生自主选择，这有利于改善课堂教学的氛围。

第二节 大数据驱动下的大学英语文化教学

一、大学英语文化教学简述

（一）文化知识介绍

无论是历史上还是现代社会人们所说的社会都是全球社会，每一种文化都是将宇宙万物囊括在内的体系，并且将宇宙万物纳入各自的文化版图之中。总体上说，文化会涉及人与社会的关系、人的存在方式等层面。但是也包含一些具体的内容。下面就来具体论述什么是文化。

1. 文化的定义

对于普通人来说，文化就可以比作水与鱼的关系，是一种平时都可以使用到、却不知道的客观存在。对于研究者来说，文化是一种容易被感知到、却不容易把握的概念。

对于文化的定义，最早可以追溯到学者爱德华·伯内特·泰勒，他这样说道："文化或者文明，是从广泛的民族学意义来说的，可以归结为一个复合整体，其中包含艺术、知识、法律、习俗等，还包括一个社会成员所习得的一切习惯或能力。"之后，西方学者对文化的界定都是基于这一定义而来的。

1963年，人类学家艾尔弗雷德·克洛伊伯对一些学者关于文化的定义进行总结与整理，提出了一个较为全面的定义。

（1）文化是由内隐与外显行为模式组成的。

（2）文化的核心是传统的概念与这些概念所带来的价值。

（3）文化表现了人类群体的显著成就。

（4）文化体系不仅是行为的产物，还决定了进一步的行为。

这一定义确定了文化符号的传播手段，并着重强调文化不仅是人类行为的产物，还对人类行为产生的因素起着决定性作用。同时，其还明确了文化对价值观的巨大意义，是对泰勒定义的延伸与拓展。

在文化领域下，本书作者认为文化的定义可以等同于2001年联合国教科文组织发表的《世界文化多样性宣言》中的定义：文化是某个社会、社会群体特有的，集物质、精神、情感等为一体的综合体现，其不仅涉及文学、艺术，还涉及生活准则、生活方式、传统、价值观等。

进入20世纪90年代之后，很多学者也对文化进行了界定，这里归结为两种：一种是社会结构层面上的文化，指一个社会中有着普遍、长期意义的行为模式与准则；一种是个体行为层面上的文化，指的是对个人产生影响的规则。

这些定义都表明了文化不仅反映的是社会存在，其本身就是一种行为、价值观、社会方式等的解释与整合，是人与自然、社会、自身关系的呈现。

2. 文化的分类

（1）交际文化与知识文化。文化和交际总是被放到一起来讨论，文化在交际中有着无可替代的地位，并对交际的影响最大，因此有学者将文化分为交际文化和知识文化。

那些对跨文化交际起直接作用的文化信息就是交际文化，而那些对跨文化交际没有直接起作用的文化就是知识文化，包括文化实物、艺术品、文物古迹等物质形式的文化。

学者们常常将关注点放在交际文化上，而对知识文化进行的研究较少。交际文化又分为外显交际文化和内隐交际文化。外显交际文化主要是关于衣食住行的文化，是表现出来的；内隐交际文化是关于思维和价值观的文化，不易察觉。

（2）物质文化、制度文化与精神文化。三分法是将文化分为物质文化、制度文化和精神文化的分类方法。

人从出生开始就离不开物质的支撑，物质是满足人类生存需要的必需品。物质文化就是人类在社会实践中创造的有关文化的物质产品。物质文化是用来满足人类的生存需要的，只是为了让人类更好地在当前的环境中生存下去，是文化的基础部分。

人是高级动物，会在生存环境中通过合作和竞争来建立一个社会组织。这也是人与动物有区别的一个地方。人类创建制度，归根到底还是为自己服务的，但同时对自己有所约束。一个社会必然有着与社会性质相适应的制度，制度包含着各种规则、法律等，制度文化就是与此相关的文化。

人与动物的另一个本质区别就是人的思想性。人有大脑，会思考，有意识。精神文化就是有关意识的文化，是一种无形的东西，构成了文化的精神内核。精神文化是人类在认识世界和改造世界的过程中挖掘出的一套思想理论，包括价值观、文学、哲学、道德、伦理、习俗、艺术、宗教信仰等，因此也称为观念文化。

3. 文化的特征

（1）主体性。文化是客体的主体化，是主体发挥创造性的外化表现。文化具有主体性的特征主要源于人的主体性。所谓人的主体性，即人作为活动主体、实践主体等的规定性。人通过与客体进行交互，才能将其主体性展现出来，从而产生一种自觉性。一般来说，文化的主体性特征主要表现为如下两点：

首先，文化主体不仅具有目的性，还具有工具性。如前所述，由于文化是主体发挥创造性的外化表现，因此其必然会体现文化主体的目的性，只有这样才能促进人的全面发展。另外，文化也是人能够全面发展的工具，如果不存在文化，那么就无法谈及人的全面发展，因此这体现了文化的工具性。

其次，文化主体不仅具有生产性，还具有消费性。人们之所以进行生产，主要是为消费服务的，而人类对文化进行生产与创造，也是为了更好地进行消费。在这一过程中，对文化进行创造属于手段，对文化进行消费属于目的。

（2）历史性。文化具有历史性特征，这是因为其将人类社会生活与价值观的变化过程动态地反映出来。也就是说，文化随着社会进步不断演进，也在不断地扬弃，即对既有文化进行批判、继承与改造。对于某一历史时期来说，这些文化是积极的、先进的，但是随着时代的发展，这些文化又可能失去其积极性、先进性，被先进的文化取代。

例如，汉语中的"拱手"指男子相见时的一种尊重的礼节，该词产生于传统汉民族文化中。然而随着历史的发展，这一礼节已经不复存在，现代社会常见的礼节是鞠躬、握手等。因此，在当今社会"拱手"一词已经丧失了之前的意义，而仅作为文学作品中传达某些情感的符号。

（3）社会性。文化具有社会性特征，这主要表现在如下两点：

首先，从自然上来说，文化是人们创造性活动的结果，如贝壳、冰块等自然物品经过雕琢会变成饰品、冰雕等。

其次，从人类行为来说，文化起着重要的规范作用。一个人生长于什么样的环境，其言谈举止就会有什么样的表现。另外，人们可以在文化轨道中对各种处世规则进行掌握，因此可以说人不仅是社会中的人，也是文化中的人。

（4）民族性。文化具有民族性特征。人类学家克利福德·格尔茨这样说道："人们的思想、价值、行动，甚至情感如同他们的神经系统一样，都是文化的产物，即它们确实都是由人们与生俱来的能力、欲望等创造出来的。"

这就是说，文化是特定群体和社会的所有成员共同接受和共享的，一般会以民族形式出现，具体通过一个民族使用共同的语言、遵守共同的风俗习惯，其所有成员具有共同的心理素质和性格体现出来。

（二）文化教学的目的

语言是文化的重要组成部分，语言背后蕴含的是丰富的文化内容。但是，要想明确英语文化教学的相关知识，首先就需要弄清楚其基本的内涵。1994年，著名学者胡文仲在《文化与交际》一书中指出语言与文化的关系，即语言是文化的一种表现形式，属于文化的一部分。如果学生不清楚英美文化，那么将会很难学好英语。

从胡文仲先生这段话中不难看出，要想真正地学会运用语言，首先就需要对文化有所了解。英语文化教学就是引导学生学习西方的文化知识，增强学生对文化的敏感性。只有这样，才能让学生符合社会对英语人才的需要。在当前，英语文化教学的目标是提升学生的跨文化交际能力，具体来说，主要可以从如下三点来理解。

1. 帮助学生树立多元文化意识

了解世界文化的多样性，有助于人们建立多元性观念。文化不同，其产生的背景也不同，因此彼此之间不能进行替代。在全球化视角下，不同文化群体之间的交流变得更为频繁，因此人们需要理解与尊重不同的文化，避免在交际中出现交际困难或者交际冲突。

在英语文化教学中，教师应该逐渐让学生对不同文化了解与熟知，让他们不仅要了解自身的文化，还要了解他国的文化，这样才能建构他们多元化的意识。

2.发展学生的批判性思维

在英语文化教学中，教师应该培养学生的批判性思维，让学生反思本国的文化，然后将那些有利的条件综合起来，对文化背后的现象进行假设，从而建构自己的文化观。

3.为学生创造学习异质文化的机会

当不同文化之间进行了解与接触的时候，难免会出现碰撞，并且很多人可能对这种碰撞感觉到不舒服、不适应。因此，在英语文化教学中，教师应该让学生了解、规避这一点，提升自身的文化适应能力。

（三）文化教学的模式

随着英语教学不断开展，教师对于英语的文化内涵开始给予关注，并且知道在英语教学中培养学生的文化交际素质是非常重要的。在文化教学中，教师应采用恰当的教学模式，只有这样才能实现教学目的。一般来说，文化教学的模式主要有如下几种：

1."交际—结构—跨文化"模式

文化教学的常见模式就是"交际—结构—跨文化"模式，这一模式与中国人的英语教学相符合。在英语教学中，中国的大多数学生都是以汉语思维展开的。这种认知与思维方式与英语学习的规律不相符。心理学家指出，事物之间的差异越大，那么就越能对人类的记忆进行刺激。"交际—结构—跨文化"模式能够从英语学习的全过程出发，展开认知层面的刺激。在教学的各个阶段，都对学生的目的与思维模式产生影响。

（1）交际体验。交际体验即让学生掌握一定的交际能力，运用英语展开交际。交际能力是人们为了对环境进行平衡而实施的一种自我调节机制。通过这种交际体验，能够不断提升学生的交际能力。在交际过程中，交际双方需要建立在一定的语言交际环境的基础上，不断熟悉和了解交际双方的背景知识，从而将交际双方的交际技能发挥出来。我国的英语教学需要为学生营造能够进行交际体验的环境，这样才能形成一种双向的互动与交际模式。

（2）结构学习。结构学习将语言技巧作为目标，将语言结构作为教学的中心与重点内容，从而利用英语展开教学。语言具有系统性，语言教与学中应该对这种系统性予以利用，找到教与学中的规律，实施结构性学习方式。

结构学习要对如下几点予以关注：第一，对学生的英语结构运用能力进行培养；第二，对学生的词汇选择与创造力进行培养；第三，对学生组词成句、组句成篇能力进行培养；第四，对学生在不同语境下的交际能力进行培养。

（3）跨文化意识。跨文化意识是对文化知识的了解与熟知作为目标，对文化习俗非常重视，利用英语为学生讲解文化习俗方面的知识。要想具备英语文化知识，学生不仅要对英语国家的历史与文化活动有所了解，还需要对相关文学作品进行研读，同时还要了解相关国家的风俗与习惯，从而形成对西方文化学习的热情与兴趣。久而久之，英语教学就成为一种对文化的探索教学，从而激发学生的学习兴趣，提升学生的学习效果。

这一模式要求学生在整个教学中需要对中西方文化进行对比，从而培养学生的跨文化意识。

2."文化因素互动"教学模式

考虑英语文化教学中存在多种问题，很多专家、学者从不同的视角提出了不同的解决方案，但是总体上都不能让人满意。文化的双向传递指的是在英语教学中，以中西方文化作为中心，对文化的学习来促进语言的学习，从而建构学生中西方文化知识结构，培养他们的跨文化交际能力。

文化因素互动目的是克服因英语教学中向西方文化输入产生的问题，尤其是"中国文化失语"现象的出现，用中西方文化的双向输入克服零散的点的输入；用系统的文化输入克服片面的流行文化的输入；以文化精髓与文化底蕴进行输入克服被动的文化输入，而是采用主动的文化建构输入。在英语教学中实施文化因素互动模式，有利于对学生的文化知识结构进行优化，培养学生的文化能力与意识，提高学生的跨文化交际能力，使学生能够在适应全球化发展的同时，对本土优秀文化进行弘扬，保证中西方文化的平等对话。

当前，多数英语文化教学将西方文化作为教授的内容，多以西方文化作为教学重点与资源，但是未将中国文化传播纳入教学之中，因此主张采用文化双中心原则。虽然当前基于全球化背景，文化研究多是以西方范式作为主导，但是我们也不能忽视本土文化。很多中国学者呼吁应该进行中西方文化的平等对话，而要想实现平等对话，主体必然是中国人，并且是懂得如何进行平等对话的中国人。中国的大学是培养中国人才的摇篮，中国的大学英语教育应该承担责任，在英语文化教学中坚持文化双中心原则，将中国文化教学与西方文化教学相结合，实现二者并重，这样才能真正地做到知己知彼，才能避免出现"中国文化失语"的现象。

二、大数据驱动下大学英语文化教学的原则

（一）主体意识强化原则

基于全球化的浪潮，西方国家凭借自身的话语权，采用经济、文化等手段推行其生活方式或意识形态，对包括中国在内的其他文化产生了冲击，导致文化输入、输出出现了严重的失衡情况，也对其他民族的文化造成了严重腐蚀。

对此，在实施文化教学中，教师必须引导学生对跨文化交际过程中的平等主体意识加以强化，减少学生对西方文化的盲从，增强学生对中国优秀传统文化的认知与了解，主动对中国传统的文化进行整理与挖掘，吸取文化中的精髓，将中国传统的优秀文化底蕴凸显出来，强调中国优秀传统文化在当今世界的价值。

在文化教学中，教师要引导学生遵循"和而不同"的原则，既要对其他文化有清晰了解，又要保持自身文化的特点，让学生能够向世界展现中华优秀文化的精髓。

在文化教学中，教师要不断培养学生自信的气度与广阔的胸怀，让学生学会在平等竞争中与其他国家互通有无，以多种形式将中国的优秀传统文化传播出去，不仅对西方文化嗣权主义的侵蚀加以抵制，还能确保中国文化在世界文化中的地位和格局，从而促进世界文化的多元发展。

（二）内容系统化原则

文化的内容非常丰富，其所包含的因素至今还没有一个定论，因此在实施文化教学时，教师不能一股脑地将所有文化内容纳入自己所讲授的内容之中。因此，我国的教育主管部门应该组织文化领域的专家、学者从价值性、客观性、多元性等多个层面出发，对中国优秀传统文化的教学内容体系进行确立，具体包含中国的基本国情文化、社会主义核心价值观、民族文化、节日文化、生活文化等。

（三）策略有效性原则

在实施文化教学时，教师应该采取有效的策略。具体来说，可以从如下两个方面入手。

一方面，教师要用宽容、平等的心态对中西方文化进行对比，通过对比来鉴别。这一策略就是将中国文化与其他文化进行比较，从而将中国文化与其他文化的异同揭示出来，避免将那些仅属于某一特定社会的习俗与价值当作人类普遍的行为规范与信仰。

在运用这一策略教学时，教师应该着眼于跨文化交际中存在的现实问题，以

对比作为重点，不会考虑褒贬，克服那些片面的文化定型，避免用表面形式对丰富的文化内涵进行取代。也就是说，教师应该引导学生透过现象看本质，通过理性、客观的态度，对不同文化的异同加以分析。

另一方面，教师要为学生提供充足的空间与机会，让学生感受到中国传统文化的魅力。通过体验可以将课堂环境与社会环境结合起来，加强文化与社会、学生与社会等之间的关联性，使学生在英语教学情境下不断体验与感悟，从而帮助学生形成文化理解力、文化认知力。

三、大数据驱动下大学英语文化教学的方法

在混合式教学模式下，利用线上的慕课学习加线下的翻转课堂学习，将跨文化思辨教学内容尽可能多地输入和输出，从而培养学生的文化创造力和正确的文化价值观，具备跨文化思辨能力。

线上的慕课学习主要是选择合适的线上慕课课程，增加跨文化知识的学习。目前我国正在大力开展慕课建设，涌现了不少好的慕课平台，慕课课程资源也相当丰富。以中国大学慕课网为例，有关跨文化知识的课程就有好几门，如《文化差异与跨文化交际》《跨文化交流》《英语漫话中国文化》等。这些课程都是经过精心设计、策划和拍摄，系统性和连贯性相当强，不失为进行跨文化教学输入的好材料。选择适合所教学生水平的、兴趣性强的课程，就能进行很好的输入活动。线上慕课的学习时间设定为学生课后的自主学习时间。这样做不仅能帮助学生培养自主学习的习惯，也能解决课堂时间太少，无法大量进行跨文化知识学习的局限性问题。

线下的教学主要是教师在慕课课程的基础上，开展线下的翻转课堂教学，对学生进行答疑解惑，组织学生进行跨文化知识的课堂展示、评价等思辨活动。这一环节可以用较少的课堂时间给予学生较多跨文化思辨输出的机会。如针对每一个文化主题，集中进行一次翻转课堂教学。教师要对所选慕课课程内容相当熟悉，以便能更好地为学生答疑。探究如何设置课堂展示的小组任务，以便有效地训练学生的思辨能力。在实施的过程中，教师需要重点关注以下几个方面的内容。

（一）为学生制作学习单

为了使学生慢慢养成自主学习的模式，教师可以根据具体的教学内容为学生设计一套学习单，引导他们按照教学大纲和教学目的开展有意义的自主学习活动。在所设计的学习单中，教师应该详细列出本单元涉及的教学内容、学生要事先完成的自主学习内容、相关的语言学习材料目录、相关的文化积累材料目录。学生

可以在完成学习单中这些内容的过程中，逐渐了解自己要知道什么，想学什么，发现了什么，从而实现自主学习过程的建构，为英语文化教学的课堂活动奠定基础。

（二）要求学生进行课外自主学习活动

教师应该先将全部教学内容分解为若干个阶段性、模块性的学习目标，将制作好的短小精悍的不到 10 分钟的微课材料传到网络平台上，并且指导学生制订出相应的学习计划。学生一方面可以利用学校提供的网络自主学习平台，另一方面可以在家自主完成学习的任务。对于学习内容的选择，学生应该根据自身的文化知识掌握情况以及语言水平等进行适当选择，既要保证其与自身实际需要相符，又要确保其可以满足对新知识吸收的需求，也应达到语言与文化知识的吸收和内化，将新知识转化为已知信息，最终在特定的情景中与他人展开交流和分享，并且可以用目的语进行有效的交际。

（三）组织学生完成课内展示和谈论

当学生完成了自主学习，教师可以将原本是教师主讲、学生听讲的课堂翻转成教师指导、学生展示学习成果、相互交流学习成果和经验的课堂教学模式。教师不再是课堂教学的主体，身份也从之前的知识传授者转变成知识反馈过程中的指导者、支持者和评价者。与此同时，学生的身份也由之前的听讲者、被动的知识接受者转变成主动内容设计者、活动参与者。

课堂教学的内容与形式具有多元化，一方面可以为学生提供机会来展示自主语言学习、文化知识积累的成果，展示通过自主学习微课程和了解西方国家的文化背景知识而总结出的中西方文化冲突、文化比较等内容；另一方面可以为学生提供交流互动平台，组织各种形式的课堂对话活动，相互探讨、补充对西方文化的深层了解以及使用目标语进行有效交流的经验和体会等。

第九章 跨文化背景下英语专业翻译创新

第一节 英语翻译教学方式改进与转变

在未来的时期里，社会将是以信息科学为先导的信息社会。挖掘和开发信息技术应用于现代教育教学将是时代发展的必然要求。著名科学家钱学森对未来教育作了如此描述：未来教育＝人脑＋电脑＋网络。而信息技术辅助教学的应用因为把文字、声音、图像、视频等有机地结合起来，使信息得到更完美地表达，给课堂教学带来了无限的生机与活力，它使当今的教学手段、教学方法、教学观念、教学形式、教学结构以及教育思想与教学理论都发生了变革。同时也影响学生的学习，特别是学习方式的重大变革。那么，作为英语教育工作者，探究信息技术的优越性以及学生在信息技术条件下，英语学习方式究竟发生了什么样的变化显得尤为重要，信息技术应用教育教学具有较多的优势。

一、渲染课堂气氛，激发学生的语言学习兴趣

苏霍姆林斯基（著名教育家）曾说过："所有智力方面的工作都要依赖于兴趣。"儿童的学习兴趣对鼓励和巩固他们的学习动机，激发学习的积极性起决定作用，一旦激发了儿童的学习兴趣，就能唤起他们的探索精神、求知欲望。儿童活泼好动，好奇心强，易于接受新事物。优雅动听的音乐，鲜艳夺目的色彩，五彩斑斓的图画，都能吸引学生的注意力，激发他们的言语兴趣。计算机多媒体正好可以提供这种生动、形象、直观、感染力、渗透力极强的教育信息。例如：课前三分钟播放英语动画片，其动人的画面及纯正的英语吸引学生注意，使之成为每个学生的"开心一刻"。由于学生喜欢看动画片，爱模仿其中的人物语言，极易在课间自然模仿画中人物语气进行对话，从而在娱乐过程中锻炼了语言能力。

二、模仿真实的语言环境，展现口语交际的平台

在现代英语教学中，最为明显的特点之一就是高度的实践性，这是由语言是交流工具之一的社会功能所决定的。英语对中国学生来说，有相当难度，其主要原因是缺乏良好的语言环境、缺乏英语原材料等，农村学生尤是。为了提高学生的交际能力，就要给学生提供能进行言语实践活动的自然情景和教学情景。传统的教学无法营造一种真实的语言环境，但多媒体能提供声音、画面、人物、情景、光、电，使学生置身于语言环境之中，产生一种需要运用英语的场景，学生从一开始被动地接受信息转变为积极地参与语言交流，从而改变以教师为中心的传统教学模式，为学生的口语交际提供了展示平台。

例如：教"Do Shopping!"时，先认识许多水果，然后多媒体显示水果商店进行购物的教学。在此基础上，显示多个专营商店，出售特色商品，学生根据自己的意愿选择商店，教师用鼠标点击，多媒体显示该商店情景，营造商业氛围，学生、教师充当买卖双方，进行口语交际。学生急欲表现，兴致极高，效果极佳。生生互动，师生互动，充分体现了学生的主体性。学生能从多媒体网络中寻找到生活中的情景对话，真正做到运用媒体寻找信息，利用信息资源自发研究。

三、运用网络知识，能够发挥学生的个性特长

在教学过程中，我们常常发现：有些学生记忆较差，但爱好音乐，英语歌曲颇为拿手；有些学生单词不熟练，但英语书法较为擅长；有些学生不愿回答问题，但对朗读课文极为爱好。根据学生这些情况，可组织丰富的第二课堂活动，如"英文歌曲排行榜"、"英语朗诵比赛"、"书法展览"、办"英语墙报"等，给他们提供展现自我的机会，发展学生的智力，学生在不同形式英语训练中的成功表现，使他们重新认识自己，消除自卑心理，大大增强学好英语的信心。计算机辅助教学给英语课堂教学改革注入了新鲜的血液，把传统的注重认知、灌输、封闭的英语课堂教学模式转变为在课堂上培养学生听、说、读、写四种能力并举的教学模式。在现代英语课堂上大容量、高密度、快频率的课堂教学使得学生在听、说、读、写四个方面的综合训练得到加强，学生英语交际能力得到培养，学生主体性得到更大发挥。学生在积极参与、口脑并用的过程中更能主动发展，体现个人魅力。德育和文化背景知识得到更深层次的渗透。

在英语课堂教学中，多媒体辅助教学为我们的英语课堂教学改革注入了活力。

使用计算机多媒体教学系统,能把英语学习的情景设计得生动活泼,富有创意,能将学生置身于一定的语言环境中,让学生在一定语言环境中去领悟语言,操练语言,运用语言。图、文、声、像并茂,形式活泼,学生在英语学习的过程中,各种感官受到刺激,更有利于他们语言能力的提高。同时充分发挥教师的主导作用,发挥学生的主体性和创造性,从而引导学生进行量多而质优的听、说、读、写综合训练,使学生在有限的课堂上获得英语基础知识的同时,语言基本技能得到训练,直接使用英语思维去思考和表达的能力,为实现用英语进行交际打下坚实牢固的基础。

基础教育改革提出要转变学生的学习方式,建立以"主动参与,乐于探索、交流与合作"为特征的学习方式。计算机网络、数字化多媒体语音室等一些现代教育技术和媒体在英语教学中的广泛应用,无疑弥补了传统语言教学中的许多不足,丰富了英语课堂教学的模式和结构,同时也为改变学生的英语学习方式,实现趣味学习、自主学习、协作学习和探究学习提供了可能。

四、提供鲜明生动的语言环境,使学生身临其境般地全方位体验英语文化,实现趣味学习

在我们平时学习英语单词时,往往是英汉语对照学习,时间长了学生便形成一种思维定式,那就是无论单词还是句子先用汉语思维,再把它译成英语,这样既浪费时间,又不利于学习英语,容易出现像 "I by bike go to school." 之类的中国式英语。利用多媒体课件可以让学生的思维在声像的冲击下直接用英语思维,并且提高学生的学习兴趣,学生可在多种感官的协同配合下进行大容量的学习。如在教学"小孩"时,在图片上打出文字 "a child"、"a kid" 及其复数形式 "children"、"kids",并根据动画图片提问:What is the child doing? What are the kids doing? What do the children like doing? What do the kids like doing? 通过运用大量图片进行练习,学生对这些单词了解更透彻,更敢于开口。利用多媒体课件也有利于课文的整体教学和主题的深化。如在学了 The story of Xi Wang 一文后,可以让学生从一幅幅生活图片中总结 "What can we do to protect pandas?" 及 "How to protect the environment?" 引导学生从正反两方面讨论哪些行为破坏环境,哪些行为保护环境。教师根据学生所讨论到的行为的次序,点击弹出文字及声音,帮助他们进行语言的学习,最后进行正反两方面行为的总结。由于图片较全面,学生对环保也熟悉,贴近生活的多彩图片充分调动了他们的兴趣。他们积极思考,全面总结,总结出的行为大大超出了课本的提示,再借助社会学科常用的方法,通过几幅漫画,让学生回答:目前环保中最严重的问题是什么?学

生通过讨论得出：人们缺乏对其重要性的认识。以此来引导学生深化主题，最后大家达成共识："If everyone can protect the environment, the world will become much more beautiful."并决心从身边的小事做起。这正是除语言目标之外的德育目标。除此之外，也可表扬几个能随时捡起地上垃圾的环保意识好的学生，这对做得不够好的学生是一种鞭策。

在学习英语的过程中，学生会碰到许多由于缺乏背景知识或由于中西文化的不同而产生的文化"休克"现象。了解文化差异，增强世界意识，无论对培养学生的健全人格，还是提高学生的语言实践能力都是有好处的。但异国文化全部靠老师来讲解显然是不够的。在教会学生如何上网后，应该鼓励学生自己去获取自己需要的知识。例如，他们通过网络可以了解到许多的有关圣诞节、复活节、愚人节、感恩节等资料，这不仅帮助他们理解课文，而且某些方面还弥补了老师的短缺部分。所以对学生上网仅仅进行封堵是不妥的，关键是怎样引导他们把网络作为一工具去运用，从而形成良好的学习习惯和有效的学习方法和策略。

五、提供丰富的课程资源，使学生在广阔的空间中学会自主学习

在教 How to search the internet 后，学生基本上能上网查寻信息，但不熟练。就可布置学生预习 Around the world in a day，让学生先上网了解想知道的信息，然后在课堂上互相交流。学生既要了解地理、风景和人口等知识，又要准备用英语交流，所以需要花很多精力。在课堂上用 powerpoint 展示一幅幅图片时，学生可就他们感兴趣的问题互相提问、互相解答。在教学中跟着学生的思路，学生说到哪种景点，就同步用电脑显示书上的相关文字来进行学习，有些是书上没有的。这样教学就体现了一种灵活性，而不是死板地按照书上的描写来学习，课堂气氛也就显得非常活跃，体现了以学生为主体的学习方式，以问题为中心，以自主学习为基础，以网络多媒体为手段，从而突破了传统的时空局限。

在教学设计中，应该鼓励学生大胆地使用英语，并为学生提供自主学习和互相交流的机会以及充分表现、自我发展的空间；鼓励学生通过体验、实践、讨论、合作、探究等方式，发展听、说、读、写的综合语言技能；创造条件让学生能够探究他们自己感兴趣的问题并自主解决问题。

学生充分利用信息技术带来的广泛的课程资源可以弥补教材和课堂学习中的不足。学生还可以根据自己的兴趣或薄弱点，选择性地进行学习，如可以有的放矢地利用教学软件进行补缺补漏（通过对某一段反复播放），或大胆。利用网络环境锻炼口语。如对 WWW. cnradio. com 中的阳光英语节目，学生可以根据自己

的英语听、说、读、写方面能力的不同，各取所需。这在提高学生听说能力和交际能力方面有着传统教学无法比拟的优越性。再如学生可以自学英语，参与"英语学习论坛"，还可欣赏"英语歌曲"与"英语电影"，相对于传统的学习方式而言，信息技术与英语教学整合可以增强学生的自主学习意识，能够最大限度地发挥他们的积极性，没有时间和空间的绝对限制。

六、培养学生之间的合作精神，使学生在协作氛围中学习英语

英语学科涉及内容较为广泛，如古今的社会、经济、科学、历史、文化等多方面的内容，而一个人的知识与能力是有限的。因此，在英语学习中开展协作学习是非常必要的，而多媒体计算机网络则为实现协作学习提供了环境基础，学生可以打破时空限制，围绕共同的学习任务，合作进行信息的采集、加工、处理、展开师生间、生生间、个人与小组间、小组间的网上讨论或交流性的协作式学习。

在教学关于"气温"的内容时，不同的地方气温相差很多，学生很有兴趣，对此类信息缺乏系统的了解，因此让班上学生自由组合成几个合作学习小组，上网找寻天气方面资料，小组成员各显神通，利用网络资源，进行资料收集和组合分类。学生在协作学习中既分工又合作、既独立思考又相互交流，得到了求知与做人的双重收获，有利于实现高级认知技能，人际交流技能以及情感交流等有关的教学目标。

七、培养学生的创新精神，使学生在探究问题中学习英语

创新能力和信息实践能力是信息社会新型人才必备的基本素质。在原 TF 教育，教学条件下，许多学生的学习偏重于机械记忆和简单应用，往往立足于被动地接受教师的知识传输。这种学习方式不得工学生创新精神和实践能力的培养。英语教材中有些内容涉及自然现象，许多学生感到抽象，一时难以理解。而这光靠教师口头讲解没有用。用多媒体制作意图辅助理解这不仅可加深学生对课本知识的理解，也培养了学生主动求知和独立思考的习惯。正确运用多媒体技术，特别适合学生进行"自主发现，自主探索"式学习，这恰好为学生创新思维的发展和实践能力的培养营造了理想的环境。总之，信息技术运用于英语教学，使课程结构复合化、多样化、信息化，这就是新课程标准的课程结构创新的特点，信息技术的运用，优化了教学过程，又增强了学生的工作意识，使学生走进社会、体验社会、关注社会、服务社会，不再做一个脱离社会的书呆子，并为学生的终身

发展打下了基础。

八、英语教学方法的特点

英语教学历来都是教育学科的热点，因为普及面广，学生学习英语的人数多，对英语教师的要求也是越来越高。对学生操作和实际运用能力的培养也是英语教师面临的一个难题。教学方法的先进与否对英语教学能力的提高起到举足轻重的作用。传统的英语教学方法面临改革，新的教学方法层出不穷，教学方法的改革也不是一朝一夕的，这需要英语教师的共同努力，才能提高。英语课程是基础课程，主要培养大学生的英语理论知识和实际操作的能力，实际操作能力也是一种应用能力，是学生在实践中必须掌握的一种技能。而这种技能在工作中起到不可替代的作用。在英语教学中，要让学生们能够掌握实用的技能，教学方法就显得尤为重要。

（一）与时俱进

英语这门学科的内容是不断更新的。英语学习的内容基本以英美文章为主，而这些文章主要是来自报刊的文章，因此时效性特别强，都是最新的文章。可以指导学生学习报刊里的简单词汇开始，逐步深入学习比较难的词汇。正因为英语学习的内容每天都在变，因此要求相应的课堂所传授的是最新的、最及时的内容。与时俱进是新时期英语教学方法最显著的特点。但目前我国英语出版的书籍还没有完全做到与时俱进，这就需要英语教师认真细致地学习教材，多多查阅国内外书籍报刊，收集国内外最新科研成果和发展趋势，开阔教师本人的视野，并有取舍的用于课堂教学，拓展学生的思维空间。并在课堂上传授给学生尽可能多的最新的英语知识，包括英语词汇知识、英语背景知识、英语文化知识。教学方法的这种特性，对英语教师也提出了更高的要求，不仅要抓住时代脉搏，还要抓住最新的消息。

（二）发展性

中国要想走出国门，必须适应国际化的需要，让全世界更多的人了解中国，这其中之一任务就是对语言的掌握。语言是一切文化和文明予以了解的桥梁，要让全世界去更好，更深入地了解中国，只有将中国的古老文明与现代文明用多种语言进行不断宣传，这个任务就交给我们这一代人。目前，除汉语是世界上使用最多的语言，就是英语。那么对于教师而言，将所学知识传授给学生，是教师义不容辞的责任。对于中国的英语教学，应该从小抓起，因为随着目前全球化得变革，英语已经不再停留在考试，学历，以及找工作的砝码。它已经变成一种技能，这种技能应该从小抓起。因为学习任何一门语言，都是越早越好，对于中国可能没有有利的英语语言学习环境，所以从小培养孩子们英语技能，就变得尤为重要。孩子正处在生长期，对于知识的掌握要比成人来得快，记忆久。对于今后的更深学习基础是非常重要的，因为成人学习外语是要和多年形成的母语进行斗争，因为，多年已经养成母语思维习惯，所以学习外语而言相对难一些。而孩子们学习外语则不存在这些，他们每天都在接受新事物，所以学习外语也和学习其他知识一样，没有任何压力，而且能很快掌握。中国人现在有几亿人在学习外语，能用好的方法去领导孩子们，掌握一门语言，并应用在今后的工作学习中，是我们应该深思的东西。这些技能都得到全面发展，不能仅停留在做题，读懂课文的阶段，而是从听、说、读、写几方面全面发展，才能真正将英语作为一种技能。

（三）实用性

英语具有很强的实用性，尽管大多数人学习英语并不是为了应用，但也不能抹杀英语的这种特性。英语是应用性最强的一门学科。在进行英语教学时，要改变过去那种单纯为教语言而教语言的做法，而是要把知识的传授和语言技能的训练有机结合起来，最终使学生既学习专、也知识又提高了外语水平。以学游泳为例，我们学游泳是阅读有关游泳的书籍，还是在游泳池或江河里在实践和领会。答案当然是众人皆知的。同样，在语言教学中，学生也应像学游泳那样，充分接触真实的语言材料，参与真实的语言交流活动。英语在多种场合都能用得上，也体现实用性，英语教学要讲授实用性的知识。如书信、招聘文件、传真等英语应用文，这样才能是学生真正得到专业知识，也利于他们找工作。英语的实用性这个特点决定在英语教学中要在众多材料中寻找切实可行的适合教学用的东西。然后由教师组织起来，引导学生们学习，目前英语教学中，都要渗透给学生实用性这个理念，对于学生来说，学习英语无非两个目的，考试过关和工作上应用。而英语教学应侧重后者。当然目前我们的教材还没有一本完全是应用型英语的，一般都是按照单元分，每个单元都有一篇主打文章和几篇阅读文章。选材范围基本都是议论文或说明文，个别的是记叙文，关注点还是语法和词汇。这样还是传统的，希望今后的大学英语教材能与学生考试和实用性文体挂钩。比如选择英美报刊文章，多写一些简单的书信、便条、电子邮件等应用文。让学生多做、多写，多听，增强他们的实战能力。这样更能提高他们的英语实效水平。

（四）几种具体教学方法

1. 启发式教学

启发式教学是比较常用的教学方法，不仅在英语教学中，其他学科的教学也采用这种方法。启发式教学方法，也叫开放性教学方法，其主要内容是通过开发思维方式、丰富想象，培养对学生进行创造性思维。英语教学中要尝试挖掘学生的思维，在互动中让师生都处于积极思维的状态中，主要用教师的思维带动学生的思考。在授课过程中，教师可以采取试探或提问等方式和学生互动，引起学生的兴趣，加强学生的思考能力。如讲授英语语法时，可以采取运用逻辑思维的方法，针对不同的语法点进行比较并发现其中的内在逻辑关系。定语从句和同位语从句这两个重要从句就可以采取这种方法。主要分析定位词与修饰成分之间的内在逻辑关系。然后得出结论并结合例句。又如在讲跨文化交际这门课时，要自始至终让学生扮为外国人，让学生学会用外国人的思维方式来思考问题，并和中国的行为方式、习惯作比较。学生可以和外国人接触，学习英语口语，外教可以由学校聘请。通过和真正的外国人，和外国人交流学习到正宗的英语，这样学生的努力就会有效果。

这样通过中外文化、生活的比较、才能加深认识，有利于学生进一步学习。课堂讲授采用启发式方法。一步一步引导学生掌握应英语学习的要点和内容，要预先设置问题让学生去预习查找资料，并在课堂上引导学生去解决那些问题，讲课时应经常注意学生的反应，以便调整讲课的速度和方法，要为学生着想，为学生的角度去考虑，所提出的问题要让学生量力而行。

2. 多媒体教学

多媒体教学就是运用现代化的教学工具来实施教学活动。常见的有幻灯片、视频、投影仪、录音笔、电脑等现代化的电子设备在多媒体教学中，学生与计算机之间通过双向交流活动进行教学。按双方在交互活动中的控制权不同，有计算机控制为主、学生控制为主、混合控制等方式。多媒体课件及多媒体设备教学的交互性使学生与计算机之间、学生与教师之间、学生与学生之间进行广泛的教学交流和及时的反馈，形成了开放、积极的交互教学环境。

例如，教师可以把英美国家的有关背景制成幻灯片、视频放给学生看，最好结合学生特点多加入动漫元素我们在教学中就运用这种方法播放美国的视频，简单介绍美国地理、历史、风土人情、社会生活等方面内容，让学生在美妙的片子中获得美的感受，同时更好地学习英语。

3. 反馈法

反馈法也称座谈法，和以往教师只负责课堂上不同，反馈法要求教师关注课下和学生的交流，这是一种教学方法上的突破和创新。教师在课余时间组织学生开座谈会，倾听学生的宝贵意见，学生根据自己的体会畅所欲言，指出教师在教学上的成功之处和不足，并对今后如何学习英语和教师沟通，达到双方满意的结果。还可以采用调查问卷的方法听取学生的意见。具体操作是由教师设计调查问卷的格式和内容，然后组织学生根据实际情况填写，再由教师收回，整理并分析，最后通过分析得出结论。分析的方法可以是参数法或者模型法，还可以通过比较法，来分析学生都有哪些建议和不足，便于教师在教学上能够引起足够的注意。

方法只是英语学习的工具和载体，无论采用哪种教学方法，只要教师和学生相互配合，相互沟通，基本都能取得不错的英语学习成绩，进而达到掌握在工作中所需英语的能力要求。

《英语新课程标准》明确提出："使学生养成良好的学习习惯和形成有效的学习策略""让他们在学习和运用英语的过程中学会如何学习，发展自主学习的能力。"当代世界教育发展的三大必然趋势是自主学习、合作学习、探究学习。所以转变学生的学习方式迫在眉睫，认真研究各种教学模式和总结自己多年的教学经验，现略谈自己的一些浅见。

（五）什么是自主学习

自主学习是指学生在明确学习任务的基础上，自觉，自主地进行学习，并努力自己完成学习任务的一种学习方式。它是一种独立性学习．独立性是自主学习的核心品质，是从"我要学"向"我能学"的强化。它强调自主性：自己学习——不依赖老师和别人；自觉学习——不需别人强迫或督促；主动学习——根据自己内在的需进行学习。自主性属于意识、精神的范畴，是非智力因素。

（六）现阶段学生自主探究能力现状分析

1. 中学生自主学习，自主探究的能力差强人意。他们依赖老师的讲授，老师讲多少他们就学多少。完全是被动地局限于老师的思维之内。他们缺乏自主发现问题、解决问题的能力，也无从谈起个性的发展。

2. 教师的授课方式陈旧。受中考的"应试效应"的负面影响，大部分教师"重教轻学"。教师的天职似乎就是在有限的45分钟内，尽快授完课，"一言堂"，"满堂灌"的陈旧的教学方式不利于发展学生思维。

3. 成绩优秀学生的英语自主能力显著高于成绩较差的学生。

4. 学校的教学条件受限。学生的自主学习、自主能力的缺乏其中一个客观存在的原因就是有些学校的教学条件受限。要想培养学生自主学习、自主探究的能力，导学案非常重要。它是引导学生学会学习，学会探究的主线。学生可以在它的引导下逐渐养成会学习、想学习、要学习。但是现在有些学校条件较差，不能做到导学案人手一份，从而使得老师的教学方式的转变阻碍较大。

九、如何在英语翻译课堂上落实自主、探究式学习

（一）教师角色转变

《新课标》要求教师不再是单纯的"传道、授业、解惑"。教师不再是课堂的主宰，而应成为学生学习的组织者、引导者、参与者、合作者和促进者。教师的主要任务加强学法指导，培养学生自主学习，自主探究的能力。让学生养成自主学习，自主探究的习惯。所以，在我的课堂上，我就尽力只做组织者和引导者。例如：在新授课上，我不再教学生新单词和呈现新的词组。而是让他们根据导学案的引导，自主阅读课文，自己猜测里面的意思，完成导学案上的问题。

（二）学生角色的转变

学生应变学习的"被动者"为"主动者"；变教师"要我学"为"我要学"；变"我怕学"为"我能学"。学生的主要学习任务不再是机械地接受，而是应该学会学习、学会做人、学会生存，学会反思自我，真正成为学习的主体。所以在我的课堂上，不再是老师提问题，学生回答。而是学生自己组织问题，相互解答。

（三）课堂作用的钱变

原来的课堂是老师讲，学生听、记、回答等必须认真学习的比较严肃的"圣地"。老师的主宰地位不能挑衅，这样就严重扼杀了学生的创新能力。我们的课堂应成为学生亲历，参与，实践的主阵地，而不是老师唱"主角戏"的舞台。所以在我的课堂上多了一些游戏，小品，角色表演，竞赛等等。老师尽可能想方设法去彰显学生的个性。

（四）师生关系的转变

师生之间的关系应为平等、民主、和谐。教师不应是课堂的"权威"和"操纵者"，而是学生学习的指导者，适当的时候可以成为"参与者"，成为学生中的一员。老师经常参加学生的游戏，也经常就某一个问题和学生进行激烈的辩论。

（五）生生关系的转变

学生之间不应只是竞争对手，他们之间应成为关系融洽的合作者，相互学习，相互帮助，相互进步。这样才能形成一个幸福、和谐的集体。

（六）评价机制的转变

在评价机制中，教师应该改变原来以成绩定优劣的单一机制。采用让学生参与进来，形成教师点评，生生互评和学生自我评价的多元评价。我给我班的学生订立了新的班规：每个星期小组内组员就本周各科所学的内容进行相互测评；就

各个组员本周的操行进行测评。每个月组和组之间进行总评。任课老师进行综合测评。三者的结果加起来进行奖惩。

(七)学习形式的转变

我们的英语教学不能只受限于课堂,还要把它延伸到课外。开展形式多样的活动,为学生创造更多的学习英语的机会,挖掘学生的英语学习潜能及创新潜能。让学生办英语板报;星期天晚自习举办英语角,自由用英语交流;每月举行一次英语朗诵比赛或演讲比赛"授人以鱼,只供一饭之需;授人以渔,终身受用不尽"。学生只有掌握开启学习和创造之门的钥匙,才能可持续发展的潜力,才能真正自由地进入学习和创造的殿堂。因此,培养学生的自主学习,自主探究的能力应是当前教育工作的重点。

第二节 英语翻译教学中导入跨文化因素

一、跨文化教育在英语翻译教学中的需求

在目前全球化和多元化的时代特征背景里,客观上要求现代的英语教学应加快从早期的纯语言技能教育,向思想和文化教育的转变。通过深入学习、了解与自己生活习惯、思维定式全然不同的他种文化,拓宽视野丰富自己,在与他种文化的比照中深入地认识自己,提升自己。所以,大学英语教学在尊重不同文化的前提下,很有必要为促进不同文化间的相互了解、相互借鉴,有目的、有计划地实施跨文化教育。跨文化英语教学的根本目的是为了加强国际间更好的交流,文化差异使得国际交流障碍不只是语言,更有交流方式的阻碍。教学中培养学生的跨文化意识是英语教学的一项艰巨任务,是时代的需要。教师在英语教学中不能只单纯注意语言教学,而应根据学生的年龄特点和认知能力,注重英语国家文化背景知识的渗透,逐步扩展跨文化知识的内容和范围,加强语言的文化导入,重视语言文化差异对语言的影响。只有这样,才能引导学生在实际中正确运用语言。因此,教师要不断提高自身的业务水平,扩大知识面,当好主导,把握新的机遇,迎接新的挑战,为培养适应 21 世纪的人才而努力。这种必要性能够明显地体现在以下四个方面。

(一)大学生语言学习能力的需要

当脱离文化背景去理解一种语言,既是不现实的,也是不可能的。当今社会

是一个文化多元的社会，各种不同文化、不同社会背景的人的交往首先是通过语言交流而实现的。不理解交际双方在语言知识、文化背景知识方面存在的差异，在跨文化交际过程中由文化差异导致的误解在所难免。因此，学习语言必须学习相应的文化。学习外语，也得了解相应的文化传统和文化本身。作为高校英语教育工作者，必须正确理解和处理语言与文化内在的丰富内涵，在英语教学中不能只单纯注重语言教学，而必须加强语言的文化导入，要引进跨文化交际学的理论和方法，帮助学生理解目标语文化以及相关的交际，不仅要让学生掌握正确的语言形式，还应该重视语言运用是否恰当得体。

语言能够推动社会的进步与发展。语言是人类在长期的劳动生活文化创造活动中产生的，在其产生、发展和变化过程中，它必然会受到本民族文化的制约和影响。从小耳濡目染本国文化的中国学生在学英语时，思维上的定势往往不自觉地以本民族的文化来看待目的语文化，这种文化上的干扰势必导致学生对所学内容的不理解。在外语教学中，不能仅从本国文化的心理去考察语言差异，而应兼顾不同文化背景的人们所共享的信仰、价值观念、时间观念、行为准则、交往规范以及认知模式等方面的差异，即目标语语言系统和交际原则。在传授必要的语言文化知识的基础上，进行文化差异方面的比较，注意词语的文化内涵、句法功能和搭配关系的异同。这是了解中西思维的差异在文化及语言中表现的有效途径。重视语言的文化差异，进而自觉培养一种文化洞察力，不仅是实施交际教学原则的要求，同时也是进行跨文化教育和国际交流的迫切需要。

（二）大学生社会性发展的需要

今天的社会，受到经济发展、网络技术和全球化的影响，我国青年的社交对象更为多元，社交方式更为多样。通过跨文化教育提高、培养学生跨文化交际、交流，与不同的人进行合作的意识和能力，有利于他们认识到不同群体、不同文化背景的人都在为世界的发展、社会的进步做出了自己的贡献，并认识到世界的发展、社会的进步最终还是要靠全世界人们的通力合作才能实现。因此，跨文化教育与当前青年学生实现社会化的目标比较吻合。

（三）文化交流和发展本土文化的需要

发达国家的文化和三观的内容大量涌入，滋长了许多发展中国家中青少年对本民族文化的怀疑与自卑情结，造成本土文化的身份与认同危机。所以，面对网络时代的文化渗透，要保持文化的封闭状态是不可能的。英语教师要帮助学生通过了解西方文化来建构"民族意识"，形成"民族自豪感"，要通过跨文化教育帮助学生认识到文化没有优劣之分，不同民族的文化具有平等的对话、交流的资格和权力。我们必须探讨如何面对外来文化，才能在跨文化交际中寻找到各自的优势，自觉地进行文化沟通，实现文明的交流、互鉴。要培养具有跨文化的人才，适应现代社会的发展，外语教学必须给予跨文化教育更多的重视。

（四）教育国际化发展趋势的需要

跨文化教育在高等教育发展中是一种新趋向。它有助于我们学习国外的教育理念和模式，理性地看待中国高等文化和教学，既考虑具有全球性的普遍问题，又考虑中国本土性的问题。将本土经验与国际经验相交融，从而形成和发展中国的教育，促进我国高等教育的深入发展。

（五）跨文化英语教学是加强国际交流的需要

美国教育家温斯顿-不伦姆伯格曾经说过："采取只知语言而不懂文化的教法，是培养语言流利的大傻瓜的最好办法"。因为在国际交流的过程中，只是学会英文的语法单词只能培养出能考试，考高分的应试产物，在实际交流中依然是有很大语言障碍的。现在的中国需要的是面向世界的，对异国文化有相当了解和认知的人才，这就要求在初中阶段的跨文化英语教学必须摆在一个相当重要的位置，并引起高度的重视，让中国的学生在交流时具备多元化的包容性。以前对于英语的普遍认知都是要学单词、要学语法、词汇，认为这样就足够了。实际上这种想法是十分片面的，并且是十分不可取的。当然，对于基本词汇、语法的学习是必须要扎实地掌握，因为这些是基础，是非常有必要的，但是学习英语毕竟不是为了学习语法词汇，而是为了交流，与世界接轨。从某种意义上说，英语学习的好坏不光是指词汇量，而是指与别人交流的程度，交际能力也是衡量英语能力的一种尺度。

（六）跨文化英语教学是综合能力发展的需要

在英语素质的范畴里，包括语言知识、说读写的能力以及交流的能力，而交际能力必须处理好文化与语言表达的合理关系，只有对文化差异有足够的理解，才能在真正意义上提高学生的语言素质。英语教学不只要教语言，更重要的是思维、品格、文化和意识的教育，这是初中时期全面发展所必须拥有的成长过程。这一过程最具体的措施就是实现英语教学的跨文化教育，将这一理念融合在初中英语教学的各个环节，在学习英语的时候加深对文化差异的理解，同时在学习不同文化时融合英语的教育，彼此互补教学，让学生能够充分了解语言与文化的关系以及文化差异对于不同区域不同国界之间交流的影响，使其在跨文故而化交流时更加流畅，有效提高综合素质。

（七）跨文化教育是中学英语新课程标准的要求

随着世界交流的增加，跨文化交流的问题也越来越突出，改编后的新课标英语教材，已经加入非常多的跨文化教学的元素。其中较为明显的就是对于其他国家的优秀传统文化以及一些特殊的文化习惯的介绍，并要求对此有一些自己的认识和态度，这是增强初中学生世界意识非常有必要也是卓有成效的方法。新课标中的跨文化教学不止能看到异国文化，用正确的方式和国际交流，同时也有益于了解、包容、学习异国文化。跨文化英语教学是现如今英语教学的主流，很多中学都有自己的教育方法，由于以前传统的英语教学思维模式的固定，故而跨文化英语教学的质量是有待提高的。

二、如何在英语翻译教学中进行跨文化教育

在实施文化教学的过程中，教师的作用是至关重要的。如果要想让文化教学取得效果和进展，教师应从以下几方面开展工作：

（一）充分挖掘现有课程的文化因素

在现有的英语课程设置中，贯彻实施文化教学最可行的一条途径就是充分利用、挖掘各个课程中的文化因素，把文化教学真正落到实处。以精读课、听力为例。精读课以培养学生的综合语言能力为目标，从选取的材料中获得丰富的文化信息。如：教育方式、家庭关系、价值观念、文化、传统等。听力课程也蕴含着丰富的文化内容，许多的功能对话包含了日常生活中的许多方面，如问候、看病、度假、聚会、打电话等等，这些对话本身就为得体的交际提供了很好的典范，而且通过一些真实的社交语境，学生可以很容易掌握一些词的文化内涵和寓意。

（二）利用原汁原味的语言材料，获取更多的文化信息

鼓励引导学生多接触英美原版的东西，如报刊、电影等，从中领略英美国家的风土人情、语言行为，体会英美文化与汉语言文化的差异。使学生改变思维方式，思维方式的改变对跨文化交际能力的培养和减少文化冲击的影响有很大的帮助。原版的一些经典影片由于其经久不衰的口碑而受到我的大力推荐。其中的一些经典台词也成为大家耳熟能详的句子。如：《Kungfu Panda（功夫熊猫）》中：The secret ingredient of my secret ingredient soup is...nothing.To make some thing special, you just have to believe it is special.（我私家汤的绝密食材，就是什么都没有。认为它特别，它就特别了。）

（三）把握机会进行跨文化体验

让参加者进行跨文化体验，或通过模拟体验使当事人理解跨文化的特征；另外与当地文化的出身者或者具有这方面丰富经验的人一起行动，使其能够在直接的相互作用中克服自身不安与不快感。如：角色表演，鼓励与英美人士交往，开展与文化知识有关的讲座讨论等。

在中国学生的求学生涯中，英语学习成为其学业中的重要内容。我们不能任学生在无效学习中肆意挥霍着美好时光，我们也不允许高投入后学生张口无言没有高产出。从跨文化的角度对中英语教学现状进行梳理，通过对英语教学困境的深层次剖析，教材内容以跨文化交际相关理论为指导，以现行英语教材为基础，对跨文化交际内涵与发展，英语跨文化交际目标、英语跨文化交际知识、英语跨文化交际教学以及英语跨文化交际学习等进行了系统全面的论述。提出在英语的教材内容选择上、教学目标上、教师队伍的培训、教学过程的改进上要体现对文化的重视，使学生能够用其独特的"边缘"视角审视母语文化和目的语文化，为英语教学的研究提供了新的角度。帮助学生通过熟悉的文化现象去了解其他国家的文化习俗、培养学生的跨文化意识、提高跨文化交际能力，从而实现提高学生整体英语水平的目的。

总之，学生英语能力的培养和水平的提高不是一件轻松的事，它需要教师和学生双方不断的努力。根据不同的学情、不同的教学内容、不同的文化视角来选择或组合最佳的教学方法。一方面可以极大地促进有限课堂的有效性，使教师的主导地位得以充分发挥；另一方面，使学生熟悉了相关的文化知识，积极性、主动性也得到了极大调动，学习兴趣极大提高。

三、跨文化教育与多元文化教育

联合国教科文组织发布的国际教育大会建议书《教育对文化发展的贡献》中正式提出了跨文化教育：跨文化教育（包括多元文化教育），是面向全体学生和公民而设计的、促进对文化多样性的相互尊重与理解和丰富多彩的教育。进行这种教育的真正方式不应只是局限于提供一些补充性内容，或局限于辅助性教学活动或某些学科，而应推进到所有的学科教学或整个学校的结构。这种教育要求教育工作者和所有有关的合作伙伴，包括家庭、文化机构与传媒，共同负责。基于普遍的理解，跨文化教育（包括多元文化教育）包括了为全体学习者所设计的计划、课程或活动，而这些计划、课程或活动，在教育环境中能促进尊重文化的多样性，增强对于可以确认的不同团体的文化理解。此外，这种教育还能促进学生的文化融入和学业成功，增进国际理解，并促进与各种歧视现象作斗争成为可能。其目的应是从理解本民族文化发展到鉴赏相邻民族的文化，并最终发展到鉴赏世界性文化。

我国出版的《教育大词典》中也编写工"跨文化教育"这个词条，该词典对跨文化教育的定义是：（一）在多种文化并存的环境中同时进行多种文化的教育，或以一种文化为主兼顾其他文化的教育。（二）在某个文化环境中成长的学生，到另一个语言、风俗、习惯和价值观、信仰都不相同的文化环境中去接受教育。（三）专门设置跨文化的环境，让学生接受非本民族语言、风俗、习惯和价值观的教育。

由上述定义可以看出，跨文化教育主要是指不同国家文化之间的教育活动，但也包括同一国家之内不同民族文化之间的教育活动（即多元文化教育或跨民族教育），并延伸至同一国家内不同社会群体之间的教育活动，也就是说，跨文化教育可以是不同种族、不同国家、不同民族、不同宗教、不同地域或性别等社会群体之间的教育活动。

多元文化论反对同化主义和融合主义，提出重新认识少数民族及其文化、尊重各民族的独立性特征和民族感情，实现社会的多样一体，这也成为多元文化主义和多元文化教育的基本理念。多元文化教育是指在多民族国家当中，为保障持有多样民族文化背景者特别是少数民族和移民的子女，能享有平等的教育机会并使他们独有的民族文化及其特点受到应有的尊重而实施的教育。其代表人物为美国的班克斯(James.Banks)，他认为多元文化教育的根本目标是："属于不同文化、人种、宗教、社会阶层的集团，学会保持和平与协调互相之间的关系从而达到共生。"

20世纪以来欧美等国家的一批学者对跨文化教育进行了大量而细致的调查研究，尽管各自的立足点及内容和方法不尽相同，而且得出的结论也有相悖之处，但是这些应该是结合了它们产生的历史背景和条件，不能只是简单的评论孰好孰坏，因为它们都在一定程度上揭示了事物发展的客观规律。只是借鉴这些经验和教训，结合我国民族教育的实际情况，才能对民汉分校的跨文化教育研究提出相应的建议和对策。

"多元文化"这一术语，在西方20世纪20年代就已经出现，但是在20世纪50年代以后才得到人们的关注。刚开始"多元文化"仅关注宏观层面，即种族、民族差异，后来逐渐进展到涵盖微观层面即价值规范等的差异，开始越来越多地与"文化"自身的含义相对应。也就是说，多元文化指的是人类群体之间价值规范、思想观念乃至行为方式上的差异。随着对多元文化的重视，文化多元论作为一种文化理论萌生，大体可分为古典的文化多元论和现代的文化多元论。前者要求对不同文化基本持不干预的态度，要容忍、尊重不同的文化，并且要尽力维护这些文化特色；后者在承认文化间相互独立的同时，要求基于共同的利益而相互协作，以便达成单一群体无法达到的目的，在这一过程中，群体间会增进相互之间的依赖性。这便是多元文化的由来。

在现代社会中，多元文化的出现对教育产生了冲击。首先促使教育日益多元化，比如文化模式的多样使得教育上的模式越来越呈多样化、个性化的特点。其次引发了教育中的文化冲突。再次，弱化了教育的文化整合功能。在当今社会，多元文化建的共存以及文化的口主、自律倾向日益明显，而且随着各文化群体的成员主体意识的提升，要求尊重和学习不同文化，这在很大程度上弱化这教育的文化整合功能。最后，多元文化推进教育变革。

在这样的社会背景下，多元文化教育逐步发展起来，它的定义即：多元文化教育是以教育中存在的文化多样性为出发点，使具有不同文化特征的学生都能够享有同等利益的教育；这种教育是在尊重不同文化且依据不同的文化背景、文化特征的条件下实施的，目的在于帮助学生形成对待自身文化及其他文化的得当方式及参与多元文化的能力。

当今社会下，一方面文化无孔不入地渗透到教育过程中，另一方面教育又无时无处不在程度不同地反映着这些多元文化，因此，考察教育中的多元文化类型就成了有效实施教育的前提和必要条件。在划分多元文化类型的时候，我们可以以由近及远为标准划分文化类型，奥尔波特按由远及近、由外到内的标准把教育中的多元文化划分为：人类文化、种族文化、民族文化、国家文化、城镇文化、邻里文化、家庭文化；也可以以共享范围为标准划分文化类型，戈尔尼克等人首先把教育中的文化类型划分为宏观文化与微观文化，然后在此基础上具体说明了微观文化所包含的类别；还可以以文化的普遍性与差异性为标准划分文化类型，包括普遍文化、选择文化、特殊文化三种类型。

第三节　跨文化背景下英语专业翻译教学发展策略

面对多元文化的冲击以及教育自身所反映出的复杂多样的文化类型，教育在多元文化中承担着一定的角色。同化论认为社会中的各小族群的文化均无助于丰富现有的文化，应把它们视为外来者，使具有少数族群背景的人们只能去融入主流文化，诱使他们放弃自己本民族的风俗习惯，接受主流文化的语言和行为。这种理论认为，教育是将多元文化群体塑造于主流文化之中的必要手段，在教育上要做出在制度上的限制，迫使各不同群体的人们在行为上统一到主流文化中来。融合论把社会看成是多个群体的综合，社会中现有的占主导地位的文化群体会接受外来多种文化的人们，然后把他们纳入一个共同的或融合的文化之中，而外来文化的人们则相应地需放弃其原有文化中的一些成分，以使自己更像是一个主流文化人。按照融合论的观点，教育应对所有的群体予以关注，它要将众多不同的文化汇总在一起，形成一种新的文化类型。多元论认为应把族群文化视为特殊的、单独的成分，对这些文化要加以保存，而不是加以压迫、消灭和混合。如此看来，在多元文化已成为当今时代的一个显著特征且对教育构成一定冲击，在教育中多元文化格局已经形成的情况下，对教育所扮演的角色持一种"保守的多元论"的观点是必要的。

一、以教师为中心转变为以学生为中心

新课程内容强调以人为本的教育思想，强调学生的情感态度及健康的人生观等。教师不应再是课堂的中心，教师要认识到自己角色的转换，单纯的以教师为中心的满堂灌的做法已经不适应时代的要求。无论在备课、授课还是课外，教师首先应该考虑学生，他们的智力水平，心理发展水平，语言水平，兴趣以及情感需求。教师不应只考虑某节课或某个阶段自己要完成的教学内容及教学计划，而应考虑如何去激发学生的学习兴趣和热情，如何培养学生自主学习的能力和学习策略从而为终身学习打下良好的基础。此外，教师还要处处以学生为中心考虑问题，在设计教学内容和活动时要考虑学生是否愿意做，是否能做以及如何做的问题。这显然对教师提出了相当高的要求，只有教师的观念改变，才能够真正做到以人为本。

二、以知识的掌握为中心转变为以能力的培养为中心

新课程一改过去把掌握基本知识、培养基本的听、说、读、写技能放在首位的做法，而是开始把能力的培养放在了首位。这就表明新课程提倡以培养学生的能力为中心。这种能力包括两方面的含义，一是综合运用语言知识的能力，二是运用相应的学习策略进行自主学习的能力。从综合运用语言知识的能力方面来说，教师要避免培养出全面成绩很好却张不开嘴的高分低能的学生，所以教师不能总是把分数当成唯一的衡量标准，不能只填鸭式地将知识技能教给学生，并时不时

地用试题去测试他们是否掌握。而应该将自己的注意力转向培养学生综合运用语言的能力上来，通过语言知识的学习，提高对语言功能和结构的理解和对语言差异的敏感性，以更好地理解语言的意义和功能，为有效的开展交际而服务，使学生真正能用语言这个工具为自己服务，表达自己的思想，与外宾进行交流等，而不是为了学语言而学语言。从学习能力的培养上来说，教师应该意识到"授之以鱼不如授之以渔"的道理及其重要性。只要学生的学习能力、研究能力提高了，知识技能的掌握就不再是一个很大的问题。学生就有能力自己独立获取知识，培养技能。相反，教师将知识技能教给学生而不注意培养他们自主学习的能力，那么他们一旦不再接受训练，他们已有的知识技能将很可能会发生退化。

三、教师传授知识的模式向学生探究知识的模式转变

新课程强调兴趣、自信心、合作精神、创新精神等。所有这一切决不是教师一言堂所能实现的。教师如果仅仅以讲解为主，那就只能使学生对英语逐渐失去兴趣，对英语学习失去兴趣的学生是不可能学好的，因此，教师要转变教学观念，从灌输的方式转变为让学生去体验、探究从而发现了解英语语言规律的方式。学生在体验和发现的过程中本身就需要主动地、创造性地运用语言去交流、探究及解决问题。而学生在探究知识的过程中体验到了成就感后，自信心和与人合作交流的动力就会大增，探究到的知识也将牢牢地纳入学生的知识结构中，所以这种学习方式无疑是学生喜欢的方式，值得大力推荐。

四、促使教师掌握新的教育教学方法

新课程倡导新教学方法及学习方式，如任务型语言教学、合作学习、体验学习、全语言教学。这一做法是前所未有的，以往的英语教学大纲大多认为在国家级的纲领性文件中倡导某些教学方法及学习方式是不合适的，然而此次新课程却大胆地提出了新颖教学建议，在教师培训中帮助教师了解、理解、掌握新的方法和理念是十分必要的。有些教师可能会感到无所适从，面对这些新事物不知该如何去取舍，也不知该如何理解和处理它们与旧的方法之间的关系。这几种教学方法和学习方式其实并不矛盾，它们有以下几个共同点：

（一）鼓励学生用语言去做事情，在做中学。语言只有在用中才能得到进一步巩固习得。

（二）主张真实的语言输入。教师应当给学生最真实的语言输入，创设真实

的语言情境。

（三）提倡合作学习。教师应鼓励学生相互之间进行积极、主动的交流，共同完成某种学习任务等。语言是有社会性的，它是人们交流沟通的工具。因此，学生一定要在合作中用语言传达信息共同完成学习。

（四）提倡学生通过自己的体验发现语言的规律。这就要求教师改变过去授课的方式，给学生创造机会，让他们创造性地使用语言、体验语言。

以上几种新的教学方法体现了新课程的思想，即教师提出要求，在了解、学习、尝试、掌握新的教学方法后，能够更好地理解、领会新课程的新思想，从而从根本上去转变教学观念，把我国的英语教学水平提高到一个新的层次。

五、教师在使用新方法时注意的几个问题

（一）不能把它们理解为单纯的方法或是技巧

这些其实都是一种教学理念、教学思想。它们只有原则可以遵循却没有一个固定的模式，在介绍它们时所举例子都只是它们的一种写照，一些成功的个案，决不能照搬。任何期望将其直接复制到自己的教学中去的想法都是不对的。教师需要通过专家讲座、专著研读、示范课观摩、评析等活动自己去体会并领会其最核心的思想和原则，从而能在自己的教学实践中进行尝试。

（二）实际教学中要始终以学生为中心

不能生搬硬套，研究自己的学生，研究自己的教学内容，不能为了用方法而用方法，而是要尝试找到一个最佳切入点，结合点，让方法为教学服务。例如，新方法强调合作学习，教师要设计一些活动使其有机会能与学生进行合作，在这些活动中，两人活动或小组活动不应该是摆设，而应是促成学生真正意义上的合作学习的一种有效途径，教师需要改变学生的某些学习习惯。

（三）使用新方法不等于摒弃所有旧的东西

在教师实践过程中应该有一些非常好的经验和做法，只要符合新课程的总体思想，就应该继续使用，不必完全抛弃。当然，那些与新课程背道而驰的做法是应当立即抛开的。教师还应避免穿新鞋走老路的做法，这样做尽管可以省了自己一时的力，但会害了学生，也会影响自己的发展。

六、丰富教师相关学科理论基础知识

英语教学绝不仅仅涉及语言学习理论，它还涉及到其他几门相关学科，如心

理学，教育学，心理语言学，社会语言学等。对中学英语教师进行培训就应该考虑配备一定数量的相关学科的课程。教师了解一些心理学的知识有助于提高他们分析、了解当代中学生心理特点的能力，并能根据学生不同的学习风格、不同的心理特点和心理需求设计出不同的课堂教学方式，从而使语言教学与心理发展达到最佳契合状态。教育学的学习则可以帮助教师掌握一些教育原则和教育方法，使英语教育具有自身的特色，又不失教育的总体原则。

作为一名英语教师，仅有专业知识是不够的，毕竟英语是一门语言，而语言是文化的载体，它是用来传递信息的，因此英语教师需要有较宽泛的跨学科知识，学科交叉是现代教育所倡导的，而英语学科是最容易做到学科交叉的，这就要求英语教师必须具备用英语讲授其他学科的一些基本知识的能力。在培训中，教师可能需要进行相关知识的培训。

七、提高教师处理教材的能力

英语的内容比小学英语要丰富得多，各种教材的编写方式也不尽相同，教师在拿到一本教材后需要根据情况进行处理，取舍。因此教师还要具备处理教材的能力。

教师可以按照该教材编排的顺序进行教学。但是，由于教材编写者并不能到每个真实的课堂中去进行实际教学，因此教材中的每个部分的安排未必见得适合每个教师的实际情况。教师应该按照自己学校、班级的具体情况对教材上的内容进行重新组合安排自己的教学。除此之外，教师还可以根据全语言的原则，将最后的招聘广告提前，即先给学生提供一个范例，或者说创设一种较为真实的情境，让学生能够体会到学习本课与现实社会的联系，这样会帮助他们产生学习的动机，如果能够让他们写出广告并进行简单的招聘的面试演练，学习会更为生动、有趣。灵活使用教材不是一件简单的事，它需要教师多研究各种教材，体会教材编写的思想与原则，成为教材的主人而不是被教材牵着鼻子走。这样的课堂才是丰富多彩、因人而异、因材施教的课堂。

八、提高教师的教学技能技巧

英语教学中教师需要具备某些教学技能，如板书、英文歌曲的教学，英语游戏及其组织、简笔画及其在教学中的应用、常用教具的制作、电教仪器的使用、计算机及多媒体辅助英语教学等。教师要了解并掌握这些方面的知识并不代表教师应该成为全才，但是每种技能出于它对英语教学不可估量的作用，教师应当适当掌握，这样对于促进教学有极大的作用。例如教育技术已经是当代英语教育中不可缺少的一部分。许多中学有条件也有能力建设机房、多媒体教室、网络教学等，但是与这些硬件相配套的软件的建设则还不能完全跟上。因此教师培训中教会教师如何更好地利用计算机制作课件进行英语教学应该是非常重要的内容之一。

教师还要掌握一些课堂教学的微技能，如提问的技能、纠错的技能、导入的技能、呈现的技能等。这些微技能再配合好的教学方式就能够形成非常成功的一节课。教学技能是渗透在教学的方方面面的，这里提到的只是其中的一部分，教学技能也并非一朝一夕所能培养起来的，在教师培训中，这些内容应当被包括在内。教师只有了解教学技能的重要性、意义及其内容，才能在日常教学工作中有意识地培养自己的教学技能。

因我国目前跨文化教育起步较晚，总体来说这方面的教育还处于混沌无序的状态。在阐述跨文化教育在英语教学中必要性的基础上分析目前在英语教学中跨文化教育中存在的问题，针对这些问题提出了有效加强跨文化教育的措施与建议。

九、导入渗透英语的文化内涵

（一）充分挖掘教材内容，寻找有关文化意识的信息

在现行教材的内容中，对话，短文及练习都很注意文化背景知识及社会习俗的渗透。在英美国家有委婉语和禁忌语的文化特色。在中国，人们询问体重、年龄、收入、婚姻等很正常；但在英美国家，这些都是不礼貌的询问，都要尽力回避。特别是对于女士，体重、身体、年龄、财产这类话题非常敏感。所以应避免"How old are you, madam？""You are getting fat."这类的话，以免造成尴尬的场面。在现实生活中，英国人最忌讳的禁忌语主要有三个方面：1.生殖方面的词汇。2.种族方面的言辞。3.宗教方面的禁忌语。这些在我们教材中是不涉及的。教育工作者要注意引导学生学会尊重外国文化。从课本中的多以谈论天气作为开场白的交际教师可抓住这一点贯穿该语言的文化背景。学生们方理解这样的谈话方式与英国的气候特点有关；后来演变为初次见面或在彼此不是很了解的情况下，谈论天气是最稳妥的办法。A：What a beautiful day, isn't it？ B：Yes, it is, I'm happy. 双方以此引入新的话题。他们看来，最方便也最安全的办法是谈话天气。因为人人都可以发表意见，且不涉及个人私事（英美人视打听私事为大忌），也不至于失礼或造成误解。这种从课本知识中剖析的文化材料让学生学起来饶有趣味，且印象深刻，避免了单一的文化传授的枯燥、乏味。

（二）注意介绍词汇的文化含义

在长期的使用中，词汇被给予了更丰富的文化意义。重视剖析词汇的文化背景不失为一个好方法。如："news"一词可引导学观察 north、east、west、south 的首字母，学生顿悟：原来四面八方的消息，组成了"新闻"。再如了解 potato 一词的文化内涵不难理解：a small potato-head（笨蛋）。英语词汇的文化内涵极其丰富多样。有句谚语 Love me, love my dog（爱屋及乌）。为什么用 dog 呢？学生们了解了西方人眼中的 dog 是人类的朋友，对人忠诚，尽责。又如"she looks blue."，（她看上去很忧伤）。若不知道 blue 一词可作"忧伤"解就无法理解这句话的含义。"I am a green hand（我是个生手）从中挖掘出"green"（生疏的）。再如英美姓氏的由来有很多途径。有的以职业名称为姓，如：Carpenter（卡彭特），Tailor（泰勒），Smith（史密斯），Baker（贝克）等姓氏分别源于木匠、裁缝、铁匠、面包师傅等；有的以居住地的城镇或村庄的名称为姓，如：York（约克），Kent（肯特）等；有的以一个人特征为姓。例如：Small（斯莫尔），Long（朗），分别表示"小个子""大个子"等个性特征；有的以颜色为姓，如 Black（布莱克）、Brown（布朗）、White（怀特）等等。不论英语还是汉语，许多词汇都含有丰富的文化背景，只有深入理解附加在这些词汇上的文化内涵，才可以准确地区别并使用它们。

十、通过对英汉两种文化进行比较加强跨文化教学

课程标准明确规定："为了突出教学重点和难点，教师可以采用英语和母语对比的方法。"中西两种文化的差异是教学中显著难点之一。初学英语的学生喜欢把英语和母语等同起来，这种学习方法往往会成为日后运用英语的障碍。如果在教学中把中西文化比较起来就会取得事半功倍的效果。比较二者的差别不仅有利于学生增强对跨文化的敏感性，而且对更好地认识中国文化是大有益处。"早上好，老师"就不能说成 Good morning, teacher，因为英语中 teacher 是职业，而不是称呼，所以应称呼 Sir、Mr、Mrs、miss 等。再如英语中地点和日期表达的循序是从小到大，而汉语恰恰相反。"2008年5月29日星期四。"英语表达是"Thursday 29th May, 2008."这就说明了中西文化的差异。教师利用英汉对比法教学这部分学生就更容易理解。对于许多涉及文化差异的日常交际用语和习惯表达方式，将他们的文化背景与我们的文化作比较，这样才能让学生领悟纯粹的英语。

十一、创设文化氛围，在潜移默化中培养学生的文化意识

　　课堂教学是文化渗透的绝好契机。让学生在营造好的文化氛围中进行角色扮演活动，亲身体会异域文化，达到恰当使用语言的目的。鼓励学生进行适当的课外阅读和实践，增加文化积累，获取有关知识的文化背景、社会习俗、社会关系等。例如可让学生在课外阅读一些英美文学作品和英语报纸杂志、收看英语节目、听英语广播、听英语歌曲、看英语电影等。学校计划举行一些英语活动，像英美文化阅读比赛，演讲比赛，英美文化风情知识讲座等形式来促进学生对这一部分的涉猎。这样更有利于培养他们的跨文化交际意识和交际能力。在写作中强化文化意识。写作的过程也是语言与文化背景相结合的过程。写作时要力求把文化标志与语言知识联系起来。如介绍中外的名胜古迹、旅程安排、天气情况、风土人情、东西方礼仪文化等，还有办英语墙报，扮演课本剧，给学生提供一些英语网址，让学生欣赏到异国风情，重要节目假日的来历，了解西方人是如何度过这些节日的。

　　在英语教学过程中，要加强对跨文化知识的教学。我们首先要有丰富的跨文化知识，跟上时代的步伐，不断地更新我们的知识库。在教学中要把语言学习同文化学习结合起来一起进行。正如格拉斯所说："语言和文化紧密地交织在一起，语言既是整个文化的产物或结果，又是沟通文化其他成分的媒介。语言不仅为我们提供了交际的体系。更重要的是，语言制约着我们交际的类型和方式。"我们学习语言的最终目的是交际，但交际是在一定的文化背景下进行的。如何在进行传授语言的同时加以文化传播，还需要我们在教学中不断探索和创新，从而能够科学地实施跨文化教学。

　　经济全球化带来了文化的全球化，在这个过程中，西方文化必然冲击着本民族的文化。不同文化背景的人们在宗教、文学、历史等方面的差异，会体现在言语行为上，从而造成跨文化交际的障碍。仅掌握一定的语法规则却忽视文化知识，是达不到语言交际目的的。因此，教师若能不失时机地进行知识文化的介绍，让学生在学习实践中跨越学习过程中的文化障碍，便能丰富学生的语言体系、培养学生的文化意识，使他们熟悉英语语言风格和表达特色，扫除因文化背景知识匮乏所带来的理解障碍，从而培养学生的交际能力，提高学生应对外来文化冲击的抵抗能力。

参考文献

[1] 曹传锋.乌鲁木齐高校英语专业学生英语学习中翻译使用观念及翻译使用策略研究 [D]. 新疆师范大学,2008.

[2] 庞春燕.功能对等理论视角下商务英语信函的翻译研究 [J].现代语言学,2023,11(6):8.

[3] 李颖露.思政素材融入《高职商务英语翻译》课程的探索与实践 [J].空中美语,2022(3):325-327.

[4] 谢梦琳.跨境电商背景下商务英语翻译技巧探讨 [J].花溪,2023(8):94-96.

[5] 巫安琪."互联网+"背景下的商务英语翻译教学研究——以跨文化语用学视角为例 [J].海外英语,2022(8):2.

[6] 邹榕,蒋雷雷.跨境电商背景下商务英语翻译技巧研究 [J].海外英语,2022(24):3.

[7] 金惠康.跨文化交际翻译 [M].中国对外翻译出版公司,2003.

[8] 汪火焰.跨文化交际与英语语言教学 [M].武汉大学出版社,2016.

[9] 古德昆斯特.跨文化与不同文化之间的交际 [M].上海外语教育出版社,2007.

[10] 朱彤勋,陈兆军.跨文化交际与商务英语翻译研究 [M].中国商务出版社,2005.

[11] 张晓翠,郭思含.跨文化交际下的现代英语教学研究 [M].吉林大学出版社,2013.

[12] 刘淑珍,居永梅.《英语国家社会与文化入门》课程教学中跨文化交际能力培养探析——基于Byram的ICC理论模型 [J].邢台职业技术学院学报,2023,40(1):11-13.

[13] 夏巍."八八战略"融入跨文化交际教学的探索与实践 [J].金融理论与教学,2023(2):103-106.

[14] 何莹.跨文化交际与第二语言教学的关系 [J].教育进展,2023,13(4):5.

[15] 袁瑾. 高职旅游英语教学中跨文化交际能力框架构建刍探 [J]. 成才之路, 2023(1)：61-64.

[16] 黄丹, 黄丽. 初中英语教学跨文化交际意识的培养研究综述 [J]. 教育进展, 2023,13(5)：7.

[17] 王岩. 翻译工作坊在大学英语专业翻译教学中的应用 [D]. 内蒙古师范大学, 2013.

[18] 薄振杰. 中国高校英语专业翻译教学研究 [D]. 山东大学, 2010.

[19] 孙利苹. 非文学文体翻译及高校英语专业翻译教学的转向 [D]. 山东师范大学, 2010.